智能化技术在图书馆服务管理中的应用

傅少君 刘诗君◎著

吉林科学技术出版社

图书在版编目（CIP）数据

智能化技术在图书馆服务管理中的应用 / 傅少君，刘诗君著. -- 长春：吉林科学技术出版社，2023.3
ISBN 978-7-5744-0287-4

Ⅰ.①智… Ⅱ.①傅… ②刘… Ⅲ.①智能技术－应用－图书馆服务－研究②智能技术－应用－图书馆管理－研究 Ⅳ.①G25-39

中国国家版本馆 CIP 数据核字(2023)第 065317 号

智能化技术在图书馆服务管理中的应用

著	傅少君　刘诗君
出 版 人	宛　霞
责任编辑	马　爽
封面设计	皓麒图书
制　　版	皓麒图书
幅面尺寸	185mm×260mm
开　　本	16
字　　数	310 千字
印　　张	13.5
印　　数	1-1500 册
版　　次	2023年3月第1版
印　　次	2023年10月第1次印刷

出　　版	吉林科学技术出版社
发　　行	吉林科学技术出版社
地　　址	长春市福祉大路5788号
邮　　编	130118
发行部电话/传真	0431-81629529 81629530 81629531
	81629532 81629533 81629534
储运部电话	0431-86059116
编辑部电话	0431-81629518
印　　刷	廊坊市印艺阁数字科技有限公司

书　　号	ISBN 978-7-5744-0287-4
定　　价	75.00元

版权所有　翻印必究　举报电话：0431-81629508

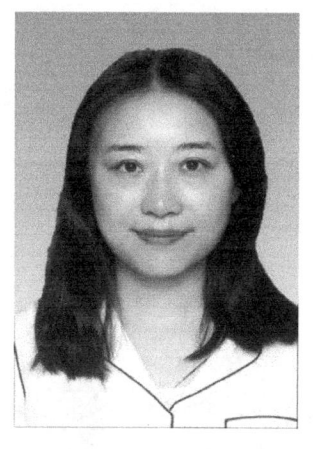

傅少君，女，汉族，1982年1月出生，山东青岛莱西人，毕业于青岛大学。2002年工作至今，一直在青岛市黄岛区图书馆从事图书工作，先后成人外借室、学生借阅室、采编室工作。

刘诗君，女，汉族，1976年9月出生，湖南衡阳人，本科学历，毕业于中南林学院资源与信息管理专业，2002年至今一直从事公共图书馆读者服务和文献资源管理工作，公开发表论文4篇。

目 录

第一章 图书馆管理与信息服务概述 1
  第一节 图书馆管理的内容及意义 1
  第二节 书馆工作组织管理及管理模式 3
  第三节 信息服务的概述 7
  第四节 图书馆的信息服务 11

第二章 图书馆的相关管理 17
  第一节 现代图书馆的知识管理 17
  第二节 现代图书馆文献信息资源管理 23
  第三节 图书馆参考咨询服务管理 26

第三章 图书馆信息服务工作内容与形式 29
  第一节 常规服务 29
  第二节 检索服务 34
  第三节 课题服务 39

第四章 物联网技术及应用 47
  第一节 物联网技术 47
  第二节 图书馆的感知设备 49
  第三节 RFID 技术及应用 50
  第四节 蓝牙技术及应用 53
  第五节 Wi-Fi 技术及应用 54
  第六节 ZigBee 技术及应用 55
  第七节 Beacon 技术及应用 57
  第八节 NFC 技术及应用 58
  第九节 其他几种近距离无线技术 60
  第十节 几种定位技术比较 63

第五章 共享数据中心 67
  第一节 数据管理方面存在的问题 67
  第二节 共享数据中心概述 68
  第三节 共享数据中心平台架构 69
  第四节 信息标准建设 72
  第五节 ETL 技术及工具 74
  第六节 ETL 工具简介 75
  第七节 ETL 技术实现 82
  第八节 数据治理 87
  第九节 共享数据中心平台功能 91

第十节　应用系统的集成 93
第六章　云计算技术及应用 97
　　第一节　云计算技术概述 97
　　第二节　云计算架构及服务类型 100
　　第三节　云计算支撑技术 105
　　第四节　云计算服务商及产品简介 107
　　第五节　云计算在图书馆的应用 108
　　第六节　新一代图书馆服务平台 110
　　第七节　图书馆行业云平台 112
　　第八节　私有云在图书馆的应用 114
　　第九节　云计算的安全 115
第七章　大数据技术及应用 118
　　第一节　大数据概述 118
　　第二节　Hadoop 及相关平台 119
　　第三节　大数据技术图谱 126
　　第四节　大数据技术在图书馆的应用 138
第八章　数据挖掘技术及应用 143
　　第一节　数据挖掘概述 143
　　第二节　数据挖掘技术 148
　　第三节　数据挖掘工具 156
　　第四节　图书馆的数据源 159
　　第五节　数据挖掘在管理方面的应用 161
　　第六节　数据挖掘在服务方面的应用 164
　　第七节　Web 数据挖掘 166
　　第八节　流通数据挖掘 168
第九章　人工智能技术及应用 170
　　第一节　人工智能简述 170
　　第二节　基于人工智能的智慧图书馆分析 179
　　第三节　人工智能技术在智慧图书馆中的具体应用 183
第十章　图书馆网络和电子阅览室建设 187
　　第一节　图书馆网络系统需求 187
　　第二节　图书馆网络技术应用 190
　　第三节　图书馆网络建设 194
　　第四节　电子阅览室建设 197
参考文献 208

第一章 图书馆管理与信息服务概述

第一节 图书馆管理的内容及意义

一、图书馆管理的内容

图书馆管理是通过决策、计划、组织、控制和协调实现的。各环节之间不是相互割裂的，而是相互联系，相互制约，共同作用于管理运动的全过程，形成图书馆管理的特定内容。

（一）决策

任何图书馆系统及其所属的子系统的管理过程都离不开正确的决策。图书馆系统的决策主要包括图书馆发展方针、政策、战略方面的决策；各项业务工作的决策，如采集文献品种与复本数量的决策、分类法的选择、馆藏划分最优方案的选择、排架方式的选择、开架与闭架方式的选择等；人事方面的决策，包括人员智力结构的确定、人员更新与培训的方式、奖惩制度的制定等；财务、设备方面的决策，包括经费预算及其合理分配，设备、用品的选择等。正确的决策来源于正确的判断，正确的判断来源于周密细致的调查研究。因此，深入调查研究是决策过程中避免失误和少犯错误的重要前提。

（二）计划

计划是管理过程中的一个十分重要的因素。计划是一种预测未来、确定目标、决定政策、选择方案的连续过程，是图书馆各项活动的指针，图书馆系统的各方面决策都是要通过计划去实现的。

图书馆计划包括两个基本方面：国家图书馆事业发展计划和个体图书馆的发展计划。国家图书馆事业发展计划应包括：①图书馆事业总体规划，规定图书馆发展的总量与速度，确定重点与比例，平衡各类型图书馆的建设和布局；②图书馆网的发展计划，规定图书馆网的组织形式及其结构；③专业人员的培养计划，包括正规的校教育、职业技术教育、函授教育、在职教育等多层次教育形式；④科学研究与协调发展计划，包括基础理论研究、重要科研项目、技术设备和服务手段以及引进技术与大型协作计划等。

个体图书馆的计划有长期计划与短期计划、全馆计划与各个业务部门的计划、本馆的整体发展规划与各局部的发展计划等。

计划是由定额、指标和平衡表三部分组成的。各项定额是发展计划的基础，计划的内容和任务则体现在指标上，计划就是综合平衡，平衡表是基本手段和工具。国家图书馆事业发展计划是各分项计划的集合，一个馆的总体计划是本馆内各个部门计划的集合。在制订各项计划时，应明确该项计划的主要任务及其在总体规划中的地位和作用，认真选取衡量该项计划发展水平的主要指标，确定发展的规模和发展速度，突出发展重点，规定适当比例，注意各项计划之间的协调。应指出，在编制图书馆计划时，必须通过统计工作收集可靠的数据指标并根据各项相关的指标谋求最佳的发展方案。

（三）组织

组织指对活动所需的资源加以组合、建立组织的活动与职权间的关系的过程。组织是发挥管理职能，实现管理目标、完成计划的保证。组织工作是个分工的行为，同时又是一个组织各方进行协作的行为。组织工作还包括人事工作，也称人员配备，即为组织的工作过程中设计的工作岗位配备合适的职工人选。因此，在图书馆管理系统中必须要有健全的组织机构，明确各个工作岗位的职责，确立各级人员之间的相互关系，做到职责分明、权责结合。只有这样才能实现管理过程中的各项决策和各项计划。

（四）领导

领导影响人们为实现组织的目标而努力的程度，包括激励、沟通等问题。图书馆要建立合理的领导层的群体结构，注意选拔主导型人才重视领导者群体的智力结构，加强领导者之间的团结协作。图书馆的领导者应当注意在正确运用合法权利、奖励权利、强制权力之外，学习和掌握图书馆专业知识与管理知识，不断完善自身各方面的素质，增强自己的影响力。要重视对领导艺术的学习与实践，包括授权艺术、决策艺术、会议艺术、用人艺术与奖励艺术等。

（五）控制

按既定的工作计划、标准去衡量各项工作成果并纠正偏差，使工作按计划的方向进行。所以，控制不仅是对现有工作成果进行评定，更重要的是认识和判断工作发展的趋势并为改进工作提供信息反馈。可以说，没有良好的信息反馈，图书馆就无法对自己的各项工作进行有效的控制。这是因为控制的功能是通过输入、中间转换、输出、反馈四个环节实现的。输入包括两个方面：一是物流的输入（包括资金、设备、物资、文献等）；二是信息流的输入（包括各种决策、计划规章制度等）。中间转换包括物流、信息流在图书馆各层次系统中的实际运动过程。输出包括品种、数量成本等各种指标。反馈即将输出信息回收到输入端，与原给定物流、信息流进行比较，发现差异，查明原因，最后干预以消除。这样就达到了控制的目的。反馈是控制中最重要的一环，反馈的信息有真假之分，必须对反馈的信息进行分析，去伪存真，以便对图书馆系统的各个工作环节进行有效的控制，保证图书馆均衡地完成工作计划，取得最佳的服务效果。

（六）协调

协调是管理过程中不可缺少的环节，它可以使图书馆事业的建设或图书馆的各项工作趋向和谐，避免矛盾和脱节现象。图书馆的协调从微观角度来看，是指图书馆内部纵向和横向的协调。纵向协调就是要保持图书馆各层次子系统的上下平衡；横向协调就是要保持图书馆系统各层次彼此之间的协作，以避免各个工作环节和各个部门之间发生脱节或失调现象。图书馆的协调从宏观角度来看是指与图书馆外部的协调。这种馆际之间的协调也分为纵向层次的协调和横向层次的协调。纵向层次的协调指的是本系统图书馆从上至下的协调；横向层次的协调指的是本图书馆系统方针、任务与其他图书馆系统的协调。如省级图书馆属于公共图书馆系统，除了要与整个公共图书馆系统协调外，还要同高等学校图书馆系统、科学图书馆系统及其他图书馆系统进行横向协调，使各个图书馆系统紧密联系、均衡发展，从而充分发挥各种类型图书馆的功能，为广大用户服务。

二、图书馆管理的意义

（一）图书馆管理是图书馆发展的需要

一个图书馆少则几十人，多达数百人甚至上千人，其工作内容复杂，程序繁多。面对这样一个系统工作，需要将它的工作流程的每一个单元环节、物资设备和工作人员按照一定的组织法则有序地装配在一个系统的链条上，加以调节，合理运作，统一指挥，否则，图书馆无法达成其方针任务。

随着人类社会的进步和科学文化的发展，图书馆的数量不断增多，类型不断增加，同用户的联系更加广泛。这说明图书馆已不是孤立的单个的存在，而是一个社会化的有机整体，因此，需要通过管理密切图书馆与书馆之间、图书馆与用户之间的联系。图书馆事业是由各种不同类型的图书馆组成的。要使具有全国规模的图书馆事业布局合理，使之协调而又有计划地发展，必须对全国图书馆事业实行科学有效的管理，以便把丰富的文献信息资源当作全社会的共同财富，有效地加以开发和利用。

（二）图书馆管理是信息服务和用户需求的需要

科学技术的快速发展、世界文献量的急剧增加、信息污染日益严重。给承担文献信息收集整理社会职能的图书馆提出了更高的要求：一方面，要对数量庞大、内容复杂、载体多样的文献信息进行准确的采选、迅速地加工、科学的管理。另一方面，要采用各种方式和途径，迅速、准确地将知识信息提供给需求多样的不同用户。为此，应对图书馆工作进行合理的安排，对馆员进行不断的培训，对社会信息资源和社会需求进行调研和预测，对用户进行大量的组织工作，这就是图书馆管理所肩负的重任。

（三）图书馆管理是图书馆现代化的基础

随着信息技术的迅速发展和在图书馆中的广泛应用，现代图书馆的主要特点为馆藏多样化、工作标准化、技术自动化、储存数字化、服务网络化以及组织管理科学化等。计算机等现代技术装备和应用要靠严密的组织、规范化的操作程序和严谨的组织体系才能正常运行，充分发挥其作用。由此可见，科学管理不仅是现代化的重要内容和条件，而且是实现图书馆现代化的基本保证。

第二节　书馆工作组织管理及管理模式

一、工作组织管理

（一）业务机构的设置

图书馆业务工作是一种工序繁多、前后衔接、连续性强的工作。把图书馆业务工作的许多任务合理地组织起来并设置一些业务机构把它统管起来，是做好图书馆工作的一个重要条件。图书馆需要设立哪些业务机构一般没有统一的标准和规定。各图书馆可以根据自己的任务、馆藏、人员、设备等因素统一考虑，统筹安排，业务机构设置首先应该有利于管理，各部门之间应有明确的分工，体现各个部门的工作范围、职责，又便于相互协作，互相补充，发挥整体的作用。机构的上下之间分级管理能充分调动全馆工作人员的积极性。要把那些性质相近的工序组织在一起，减少往返传递，避免重复劳动，节省人力和时间，提高各项工作的速度和质量工序是图书馆设置业务部门的主要依据。按工序设置业务部门有利于组织业务工作，便于业务部门之间的互相联系。

通常来说，传统的图书馆通常设立下列部门：①采编部门。采编部门主要负责文献资料的征集、验收、登录及注销；分类、编目和主题标引；协调和馆际交换；编制新书通报等。②外借阅览部门。外借阅览部门主要负责用户登记、发放借书证件；办理馆藏文献的外借和阅览；管理并指导用户使用目录；帮助用户复印复制资料等。③参考咨询部门。参考咨询客户咨询等。④文献典藏部门。文献典藏部门主要负责基本书库和保存本书库的组织管理；办理文献的出库和归架；做好文献保护工作。⑤业务研究辅导部门。业务研究辅导部门主要负责本地区、本系统图书馆的业务辅导工作；组织本地区、本系统图书馆工作经验的交流和图书馆业务的研究；收集、整理并保管图书馆学专业文献资料。⑥特藏部门。特藏部门负责珍本、善本文献和其他特藏资料的管理和流通。⑦自动化部门。自动化部门负责本馆自动化管理系统的开发、管理与维护工作。

由于影响图书馆业务机构设置的因素很多，所以各个图书馆的机构设置并不是完全一致的。规模较大的图书馆可以分别设立采访部和编目部。规模较小的图书馆经常把采访与编目合并，设立采编部；把阅览与典藏合并，设立典阅部；把参考咨询合并到阅览部，不另立参考咨询部。我国的省、市公共图书馆普遍设立业务研究辅导部；有些大型的科学图书馆也设立了业务研究辅导部。有些大型图书馆按出版物类型把图书与期刊分开，单独设立期刊部；有些科学和高等院校图书馆按学科设置业务部门；也有许多图书馆采取先按工序，再按语种组织业务工作，采访部下面分设中文采访组和外文采访组；编目部下面分设中文编目组和外文编目组；典藏部下面分设中文书库和外文书库。有的图书馆为便于对不同类型文献的搜集、整理和利用，专设了古籍或地方文献部门，形成了一个从采访、典藏到流通的独立系统。为了加强信息服务工作，有些图书馆设立了信息服务部。

以上这些业务部门，依据图书馆规模的大小，可以称部，也可以称组，但部或组的工作性质和范围是相同的。

图书馆的全部业务工作是由上述各个业务部门分别完成的。各个业务部门既有明确分工和职责范围，又是相互联系的。在图书馆的全部业务工作中，用户服务工作是其中最重要的工作，文献搜集、馆藏管理、文献保管等各项工作都应以方便用户利用文献作为出发点。因此，图书馆业务机构都应以用户工作为中心来组建，抓住了这一点，业务机构的设置就有了明确的方向。

在虚拟环境下图书馆的工作环节和程序将发生变化，相应的传统图书馆职能部门如采购、典藏、服务等部门的职能将扩展，可按任务组成信息采集部、信息转换部、数据描述部、数字化服务部、技术支持部等部门。为适应市场经济对图书馆的要求，有些图书馆还设立了文献开发部门，负责创收与开发工作。当然，传统型出版物的典藏、服务部门等还会继续存在。

（二）规章制度的设立

1.建立图书馆规章制度的意义

图书馆规章制度是指图书馆工作人员或用户必须遵守的工作条例、章程、规则、细则和办法。它是图书馆实行科学有效管理的依据和准绳，是整个图书馆工作正常而有秩序进行的保证。

各种类型的图书馆，特别是工作内容比较复杂的大型图书馆，必须建立一套严密的、科学的规章制度。一个图书馆工作效益的大小、工作秩序的好坏都与是否认真建立或严格执行各种规章制度有着直接关系。严密的、科学的规章制度不仅要正确地反映图书馆业务工作和技术操作的特点和规律，成为进行业务技术工作的准绳，而且要正确地解决图书馆内各个部门、各个工序和各个环节的业务技术问题，工作人员之间的关系问题以及图书馆与用户、一部分用户与另一部分用户之间的关系问题。

严密的、科学的规章制度应体现出人们在实践中积累起来的成功经验，也可以说是经验的法定化、条例化、规范化。它应当揭示出图书馆提倡什么、反对什么、约束什么，使图书馆的管理者和使用者都按照规章制度办事，保证工作正常有秩序地进行下去。图书馆规章制度是图书馆工作实践经验的总结和概括，但随着图书馆工作的开展和人们认识的深化，它并不是一成不变的。人们应当根据客观情况的变化及时地检查规章制度，发现确实有不合理的或者是有弊病的，就得坚决地加以改革。在改革规章制度时，要严格划分合理的制度与不合理的制度、正确的制度与错误的制度、必要的制度与"清规戒律"之间的界限。图书馆业务工作具有很强的积累性、持续性和连锁性，尤其是属于业务操作技术方面的规章制度，更要保持最大限度的稳定性和规格化，应尽量减少和避免不是十分必要的变动。对于必须要改的规章制度，破了必须要立，最好是先立后破、边立边破，以防青黄不接、难以为继，使工作发生混乱。

所谓对用户的便利，是指对全体用户的便利，不能是便利一部分用户而妨碍了另一部分用户的利益。而且，这种便利是长远的便利。因此，需要以科学有效的管理来保证。

2.用户与用户的关系

制定规章制度时要体现在保证重点用户需要的前提下满足一般用户文献信息需求的原则。从整体上看，图书馆要保护多数用户的利益。例如，图书馆为了严防丢失、损坏文献资料而订立的某些制度，目的就是要保护全体用户的共同利益。

3.利用馆藏文献与保管文献的关系

图书馆的各种规章制度应当从方便用户利用馆藏文献出发，但同时也要考虑到保护图书馆财产的完整。利用文献是图书馆工作的目的，保管文献是为了更好地利用馆藏。图书馆工作人员应从健全规章制度和掌握规章制度方面来调整利用馆藏文献与保管文献的关系。在一般情况下，图书馆的馆藏以满足借阅为主，但在某些情况下，某一种文献或某一类文献，在一定时间内，也可以仅供用户在馆内阅览，不能做馆外流通，某些文献只借给科学研究用户，不借给一般用户。这样做是为了保证重点用户的迫切需要，也是从便利用户借阅出发的。

二、图书馆管理的模式

（一）资源管理模式

图书馆资源管理模式可归纳为以下几种，图书馆可根据自身的发展目标，本馆的特点加以选择或组合。

1. 小而全模式

小而全模式指图书馆的整体规模（如藏书、建筑等）维持目前的动态平衡，但其服务手段和服务能力需要不断地加强，达到齐备完全的程度。对于小型图书馆，要保证配套设施的新颖性和全面性，力争与国内的同行业保持同步，这样才能保证图书馆网络化、自动化、数字化工作的顺利开展，以准、快、精、全的服务质量树立图书馆的新形象。采取"小而全"模式的图书馆，应在检索手段、服务手段和网络设施等硬件建设上加大投入力度，给图书馆的"软"工作创造一个扎实的"硬"环境。

2. 专而深模式

现代意义上的图书馆不再是文献资料的收藏中心，必须要在如何充分利用现有的文献信息资源上下功夫。考虑到文献数量剧增、文献价格上涨、购书经费减少、服务对象的特殊性以及文化环境的独特性等因素，采取专而深模式的图书馆，其文献收藏要求"求专舍全、求深舍广"。收藏重点应放在本馆读者最常用的文献资料上，做到收藏有重点、服务有特色。

专而深的特色资源作为全球虚拟图书馆最基本的组成部分发挥着极其重要的作用。这些来自某个区域的各个分支信息，在网络上汇集成一个完整的虚拟图书馆，给人们提供全面而系统的服务。在新技术对传统图书馆的强烈冲击下，建立专而深的图书馆模式已经成为人们考虑的一种新的管理模式。

3. 网络化模式

在信息飞速增长的今天，再大的图书馆也无法包罗万象、全面收藏。因此，现代图书馆如果不借用外力去充分利用已有的劳动成果、开展馆际协作、实现资源共享，那它的路将越走越窄，服务只能越来越被动，逐渐被读者遗忘。信息化程度的提高和电子网络的建立使馆际交流与协作变得容易而频繁。从文献采访到文献查重，从集中编目到联合编目，从目录检索到全文信息检索，从馆际互借到资源共享，图书馆的基本业务都可以通过网络来实现。

（二）组织机构模式

在现代与民主、自由与创新的管理趋势下，不同类型的图书馆可根据自身的具体情况采用适合本身特点的管理模式。图书馆组织机构的管理模式可以有以人为本的价值导向、以柔克刚的管理理念、有机弹性的组织结构、系统化的管理手段与方法、和谐一致的人际关系和文化氛围。

1. 柔性化管理模式

组织机构是图书馆管理活动及其他活动有序化的支撑体系。传统的组织理论强调结构稳定、组织内部等级森严、层次间界限分明，通常会形成缺乏沟通、办事刻板的组织，这样的组织是无法适应多变环境的。柔性管理不再把组织结构看成一个刚性的东西，而是把它看作柔性的、有适应性、有学习能力的有机体。很显然，柔性化的组织强化了部门间人际交流合作，为图书馆的发展创造出了一个和谐融洽的内外环境，营造出了一种全新的文化范围，为每个人的思想发挥提供了充分的条件和空间。

2. 扁平化管理模式

扁平化是对"金字塔"式的层级管理模式的创新，其组织形态由传统的塔形结构向扁平型转变。组织结构扁平化取消了中层管理环节，既节省了一批人力资源，又使信息沟通与决策方式得到改善，客观上促进了领导与下属之间的交流与协商。扁平化管理提倡团队精神，虽然图书馆员根据工作需要经常流动，岗位不断变化，但责任依然明确。随着信息传递方式由阶层（等级）型变为水平（自由）型，与此紧密相关的图书馆管理组织结构也将从尖顶的-金字塔形向扁平的矩形网络转变。一些中层组织将被削弱或走向消亡。那种分工过细、相互割裂的管理组织已不适应发展的需要。把相互关联的管理组织加以整合成了大势所趋。临时性的、以任务为导向的团队组织将取代原有结构中固定的和正式的组织。这种柔性的、灵活的虚拟组织已成为图书馆组织管理的重要形式。

3.虚拟化管理模式

虚拟化是指通过借用外部共同的信息网络及通道提高信息数据存储的一种方法。引用到组织管理中是指协同外部力量、整合外部资源的一种策略。沿海城市图书馆与内地图书馆，高校图书馆与公共图书馆，省级图书馆与市、县级图书馆，它们之间现代化的程度存在着很大差异，发展水平也极不平衡，甚至出现了"两极分化"现象。因此，寻求一种能够解决现阶段乃至今后我国图书馆事业发展的管理策略就显得十分必要。虚拟化管理模式所追求的目标是突破组织自身的有形界限，达到全方位借用外力的效果，以期取长补短、协同发展，各合作方达到"共赢"的效果。

第三节 信息服务的概述

一、信息服务的概念

信息服务的概念有广义和狭义之分。广义的信息服务概念泛指以产品或劳务形式向用户提供和传播信息的各种信息劳动，包括信息的收集、整理、存储、加工、传递、提供以及信息技术服务等；而狭义的信息服务则是指专职信息服务机构针对用户的信息需要，将开发好的信息产品以用户方便的形式准确传递给特定用户的活动。

信息服务与其他服务行业相比，是一种更具社会性的服务。中国信息经济学界一般认为，凡是属于信息的识别、采集、分析、生产、加工、处理、传播、分配、咨询、销售的行业或职业活动，都可以称为信息服务。而从事信息设备制造、建设、施工的行业或职业活动不属于信息服务。这里需要强调的是，在信息时代，最重要的信息服务是利用通信和计算机手段的信息服务。日本信息服务协会干脆把信息服务业定义为应用计算机和通信线路进行信息处理并提供各种服务的产业。其实人类使用语言、文字生产和传递信息已经有几千年的历史，一直到电信和计算机相当普及的现代社会才被认为是人类进入信息时代。因为信息时代的标准重要的不在于产生出什么样的信息，而在于怎样传播和处理这些信息。可见信息的技术组织方式才是信息时代核心的标准。也许日本信息服务协会给信息服务业下的定义有些绝对，但它可能更代表未来。

在现代社会中，无论是经济建设、文化教育、军事、医药卫生、工业的生产与经营、农业的种植与发展、商业的流通与营销，还是社会管理与服务，所有行业都离不开信息的发布、传递、收集、处理和利用。每个领域都需要信息服务，相应的信息服务能够为其提供信息保障，使其业务活动能够顺利开展。因此，社会发展离不开信息服务。

信息存在于人类社会活动的各个领域，是社会得以存在并不断发展的重要基础。随着社会分工的日趋细化和科学技术发展水平的迅速提高，人们的信息联系日益广泛，不同范围、不同层次、不同学科之间的信息交流日趋复杂。所有社会成员，包括不同职业的个体和组织对信息的需求已经远远超出了自身的信息活动能力，各种专门的信息服务机构所提供的信息服务，已经成为各种职业活动得以顺利开展的重要基础条件。

二、信息服务的对象

广义而言，信息服务的对象是指对信息具有客观需求的所有社会主体，包括社会组织和社会成员。在信息服务的活动中，这些社会组织和成员被称为信息用户。他们是信息的接收者，是信息产品的利用者。

在图书馆和信息情报部门，其信息用户通常是指进行政策制定、规划设计的政府机构、科研单位、企业、文化教育、医药卫生等机构，从事科学研究、技术开发、生产、管理等工作的组织和个体成员，以及广大的社会公众。在信息传播和交流服务中，信息用户主要指具有信息传播与交流需求和条件的所有社会组织和成员。在其他专门化的信息服务中，信息用户还具有其他的含义。

根据社会信息的产生、传播、接收和使用规律，任何社会组织和社会成员既是信息的创造者和传播者，同时又是信息的接收者和利用者。社会中的任何人，只要具备利用信息的智力和与他人发生交往的需求，就必然成为信息用户。因为他们在获取和利用信息的同时，必然伴随着新信息的产生和传播，表现为信息与用户间的交互作用。因此，凡具有一定社会需求和社会信息交互作用的条件的一切社会组织和成员，都属于信息用户的范畴。

三、信息服务的性质

信息与信息用户的关系是信息服务活动得以开展的基础。在讨论信息服务的性质和内容之前，有必要先分析信息与信息用户的关系问题。信息与信息用户主要具有以下基本关系：①信息因信息用户的使用而有价值，信息用户在各项社会活动中都离不开信息。信息与信息用户相互依存。②信息用户在利用信息的过程中会根据自身社会活动的要求对信息作出选择，以使信息活动与信息用户主体活动相适应和匹配。③信息的价值是在信息用户利用信息的过程中予以评定的。④根据信息与信息用户的关联作用，信息用户对所接受并存储于大脑中的信息会进行可能的加工，再用新的方式予以表达。⑤信息用户在获取和利用信息的同时也在不同程度地传播信息。因此，信息传播的主要方式之一是用户与用户之间的信息传递。⑥任何信息用户在吸收某一信息的同时都会创造出与此有关的新信息。信息只有通过信息用户的吸收才具有新的生命。

通过对信息与信息用户关系的分析得知，社会需求决定了信息服务的性质和基本内容。信息服务总是从社会现实出发，以充分发挥信息的社会作用和沟通信息用户的信息联系，并以有效组织信息用户的信息活动为目标而进行的一种社会服务。信息服务在社会活动中具有以下主要性质。

（一）社会性

人类社会中处处存在着信息，产生、传递和利用着信息。信息服务的价值也必须通过社会实践加以检验和衡量，并由此决定信息服务的社会规范。

（二）知识性

信息服务是一种知识密集型服务，它不仅要求信息服务者具有综合的知识素质，还需要信息用户具备相应的知识储备。当信息用户的知识与信息发生匹配时，信息服务才能够有效地进行。

（三）关联性

信息、信息用户与信息服务之间存在着紧密的联系，三者之间的内在联系决定了信息服务的方式和工作模式，也是组织整个信息服务活动的基本依据。

（四）时效性

信息服务具有很强的时效性。信息只有在需要的时候才能发挥理想的价值，否则将无用甚至适得其反。

（五）特指性

信息服务是针对特定用户和用户信息活动而提供的服务，在服务过程中信息必须定向组织传播，信息用户也需要定向获取和利用。

（六）伴随性

信息服务的进行必须伴随着信息用户的主体活动而展开，并随时根据信息用户主体活动的需要而适时调整，以求辅助用户达到主体活动目标和任务的实现

（七）共享性

相对于特定信息用户的信息服务而言，公共信息服务也是信息服务的任务之一，它可以同时为多个个体信息用户或群体信息用户提供服务，即发挥信息共享性的功能。

（八）受控性

信息服务活动的开展必须在国家政策和社会道德准则的导向和约束下进行，必须确保国家和公众的利益不受损害。

（九）增值性

信息服务的增值性与信息的增值性有关。信息虽具有确定性价值，但在不同的时间、地点，针对不同的用户会引申、推导、繁衍出不同的意义，从而使信息增值。信息服务亦然，同样的信息为不同的用户服务，可能使其增值。通信信息服务的增值又是另一方面：一是通信网的增值；二是基本业务以外的增值，如电话信息服务就是利用现在的电话网络附加以必要的技术，传送电话基本业务以外的各种信息服务。

四、信息服务的内容

信息服务是信息机构以信息为内容，按一定方式将信息提供给信息用户的过程。这一服务过程是：促进和协调信息用户的信息利用活动，促进和协调信息用户与信息资源发生交互作用的过程。它包含着十分丰富的内涵、表现形式和组织方式。各种信息服务的交替和结合就构成了事实上的社会化信息服务。从信息用户和社会信息源与信息流的综合利用视角分析，社会化信息服务的内容主要有以下几个方面。

（一）信息资源的加工与开发

世上没有无用的信息，关键在于怎样挖掘、开发，并提供给需要的用户。按对信息的加工程度，信息服务可分为：①一次信息服务（即以原始信息为内容的服务）；

②二次信息服务（在原始信息的基础上编制的目录、索引、文摘、题录等）；③三次信息服务（在原始信息的基础上经过研究和分析所作出的综合述评、评价、分析、预测等）。

　　（二）信息的传递与提供

　　信息是需要交流和传递的，只有在不断交流传递、提供的过程中才能显示出信息的价值。按信息交流传递的范围，信息服务可分为：①内部信息服务；②外部信息服务。

　　按信息的流向，信息服务可分为：①单向信息服务（指向单一信息用户提供的服务）；②多向信息服务（指同时或分时面向多个信息用户的服务）。

　　按提供信息的方式和手段，信息服务可分为：①传统信息服务（如提供实物材料、样品、样机、纸质文献等信息载体所进行的信息服务）；②现代信息服务（数据信息数字化、网络化信息服务）；③被动信息服务（根据信息用户提出的服务要求，再进行组织的信息服务）；④主动信息服务（服务者主动面向用户提供的服务）；⑤长期信息服务；⑥即时信息服务；⑦有偿信息服务；⑧无偿信息服务；⑨信息代理服务（如中介服务等）。

　　（三）信息的发布与利用

　　信息产生之后，需要及时地加以宣传和发布，以便信息得到有效利用。按信息服务的业务形式，信息服务可分为：①信息传输服务（通信服务）；②信息宣传报道服务；③新闻出版服务；④消息发布服务；⑤信息检索、咨询服务等。

　　（四）信息用户的信息活动组织与信息保障

　　在信息社会中，人们所具备的对信息处理的实际技能和对信息的筛选、鉴别、使用能力具有较大的差异。它涉及信息意识、信息觉悟、信息心理素质、信息检索、信息加工利用以及信息传播能力等方面的内容。在科学技术日新月异的信息时代，知识信息的时效性日益加强，对信息用户信息活动的组织，以及对信息用户信息意识、觉悟、心理素质、检索、加工、利用、传播能力的培养就显得尤为重要。

　　这项信息服务能够增强信息用户对信息价值的认识和利用信息的主动性，从而使其主动获取各种需要的知识信息。

　　对信息用户的信息活动组织服务内容包括：①图书馆导引（内容主要是向新用户介绍如何使用图书馆，方式一般为课堂教学、参观图书馆、印制使用指南、用户答题等）；②举办培训班和专题讲座（定期或不定期面向信息用户组织各种培训班或专题讲座，内容主要讲授最新信息技术、应用软件和图书馆资源的使用等，方式有讲解、演示、实际操作等）；③在线教育，如国外大多数高校图书馆建有用户教育指南网站或网络教学平台。

　　在科学技术飞速发展的现代社会，任何单一的信息服务机构都无法保障信息用户全方位的信息需求。因此，在一个系统，一个地区，甚至更大范围内提供整体性的信息保障服务十分重要。它充分利用信息的共享性和增值性，最大限度地利用资源，为信息用户提供信息保障服务。

第四节 图书馆的信息服务

美国图书馆学家谢拉曾说过,服务是图书馆的基本宗旨。服务是贯穿图书馆发展的主线,是图书馆的核心价值观。图书馆现代化发展的最终目的就是提供更好的服务,图书馆是人类文献信息资源的集散地,图书馆提供的服务可以说就是信息服务。

一、图书馆信息服务的原则

与社会其他服务相比,图书馆的信息服务有着特定的原则及内涵,主要应包括四个方面的内容:平等原则、开放原则、人性化原则和满意原则。

(一)平等原则

平等原则既是图书馆信息服务的首要原则,又是其他原则的基础。平等原则主要体现在两方面。

1.平等享有权利

平等是现代民主社会的基本价值之一,是自启蒙运动以来在人类现代文明中得到普遍承认的理念,是人类社会发展的必然结果。这种伟大的理念在图竹饷事业中最重要的体现就是对用户的平等服务。联合国教科文组织与国际图联 1972 年公布的《公共图书馆宣言》中早就写明:"公共图书馆的大门需向社会上所有成员开放。"2002 年国际图联(IELA)颁布的《格达斯哥宣言》中也明确宣称:"不受限制地获取、传递信息是人类的基本权利,图书馆与信息服务机构应该为所有用户提供平等的服务。不允许有种族、国籍、性别、性取向、年龄、是否残疾、宗教信仰和政治信仰的歧视。"可以说,平等原则是图书馆信息服务最基本的原则。

世界近现代图书馆的历史实质上是图书馆逐步走向公共、公开、共享的发展史。图书馆实现公共、公开、共享的发展过程实质上是图书馆用户平等利用图书馆的权利逐步完善的过程。只有在图书馆用户能够充分享有平等利用图书馆权利的前提条件下,图书馆的信息服务才真正具有意义。

2.平等享有机会

平等原则不仅是国际组织在各种宣言、声明中大力倡导的原则,也是各国立法工作力求保障的原则。它作为图书馆信息服务的基本原则,是一种形式平等与实质平等相结合的内涵平等:一方面,图书馆应该保障用户平等利用图书馆的权利;另一方面,图书馆应该为所有图书馆用户提供平等利用图书馆的机会,不应有任何用户歧视。国际图联起草的《联合国教科文组织公共图书馆宣言》1994 年修订版强调:"每一个人都有平等享受公共图书馆服务的权利,而不受年龄、种族、性别、宗教信仰、国籍、语言或社会地位的限制,向所有的人提供平等服务;还必须向由于种种原因不能利用其日常服务和资料的人,如语言上处于少数的人、残疾人或住院病人及在押犯人等提供特殊的服务和资料。国际图联 1999 年制定的《图书馆与知识自由宣言》中指出:"图书馆应该平等地为所有用户提供信息、设备及服务,不允许种族信仰、性别、年龄歧视或任何其他形式的歧视。"这清楚地表明,图书馆服务的平等不仅要求形式上的平等,更要求实质上的平等;不仅要求杜绝歧视,更要求通过积极的服务,弥补用户自身能力的客观差异。

图书馆要保障用户享有平等利用图书馆的权利和机会，就必须坚持其公共性和公益性，否则就会背离人类社会的基本价值观和图书馆发展的方向。当然，图书馆平等原则的实现程度，注定会受到现实的制约，需要与经济发展程度相适应，与社会主流道德观念相适应，否则也会无法操作。

（二）开放原则

随着人类社会文明程度的提高，人们对图书馆的需求和科学技术的发展，图书馆从封闭到局部开放再到全面开放，经历了漫长的转变过程。开放服务已成为现代图书馆的重要特征。开放原则是图书馆的关键原则，是其他几项原则的基础平台，它体现的是现代图书馆服务的基本方向。它主要包括以下方面。

1. 资源及设施的开放

图书馆开放原则的实质有三方面：一是，图书馆应该向用户开放所有的馆藏资源（包括实体馆藏和虚拟馆藏），用户可以自由地选择利用图书馆的资源；图书馆不应人为地划分用户等级，限制使用内容。二是，图书馆应该向用户开放所有的馆内设施，用户可以根据需要自由地选择利用图书馆的设施和场地；图书馆不应人为地划分区域，限制出入。三是为了切实实现图书馆的开放原则，图书馆应积极做好有关馆藏布局、设施利用、路径标引、新书报道等宣传工作，并建立健全检索查询体系，为用户自由利用全开放的图书馆创造条件。

2. 时间的开放

图书馆应该最大限度地延长开馆时间，为用户利用图书馆的各项信息服务提供时间保证。应该学习发达国家的有益做法，努力做到节假日和公休日不闭馆，馆内开展任何公务活动不影响正常开馆，保证开馆时间的完整性或连续性。

现代图书馆在先进的计算机技术、网络通信技术的支持下，网上图书馆应该保证 24 小时不间断地全开放，使用户在任何时间都可以利用图书馆的信息资源。

3. 人员的开放

公共图书馆应不分用户的国籍、种族、年龄、地位、向所有人开放。高校图书馆和专门类别的图书馆则应该在保证履行其特定职能的前提下，向社会用户开放。因为图书馆不仅仅是一个阅读场所，也是人们提高文化修养、欣赏水平和增长见识的场所，是具有综合功能的社会文化中心。图书馆能够向社会上所有的人开放无疑是现代图书馆最具魅力之处。

4. 馆务公开

图书馆应该把涉及用户利用图书馆信息服务的有关制度、规定、决策等向用户公开。这是图书馆决策民主化的需要，也是图书馆信息服务取信于用户的需要。实行馆务公开要做好几方面工作：①制定馆务公开制度。对需要公开的事项时间、方式等作出明确规定，并使其制度化。②建立用户参与管理和决策的机制。凡是与用户利益相关的重大决策都应事先征求用户的意见，并尽可能地让用户直接参与决策过程。为此应设立"用户监督委员会"之类的非常设机构。③公开用户监督途径。如公开用户监督电话（首先应公开馆长电话）、设立书记信箱、用户意见箱、公布领导接待用户日等。④公开接受用户评价。图书馆信息服务工作的优劣主要应由用户来评价，用户是否满意是衡量图书馆信息服务工作质量的主要标准。

（三）人性化原则

"以人为本"一直是图书馆信息服务的基点，是现代图书馆信息服务的内在品质。人性化原则就是要以满足人的需要，实现人的价值，追求人的发展，充满人文关怀，体现美与和谐的形式来开展图书馆的各项活动。图书馆信息服务的人性化原则主要体现为环境的人性化，资源组织的人性化，技术、服务及设施的人性化，一切以方便用户利用图书馆为目的。

1.环境人性化

营造一个人性化的图书馆环境是提高图书馆信息服务质量的基础条件之一。图书馆环境包括图书馆的外部环境和内部环境。图书馆的外部环境主要指图书馆的馆舍位置、图书馆建筑设计和周围的自然环境布局。在网络条件下，图书馆与用户的距离问题已不那么重要，但是网络环境无论多么发达也不可能取代物理场所的图书馆。亲身到图书馆里享受恬静、舒适、典雅的快意，是网络环境所不能提供的。因此，图书馆馆舍位置的选择应在客观条件允许的情况下，尽可能靠近其主流用户群，即以方便主流用户群为前提。美国学者索普通过调查研究得出结论：一个信息源在物理距离上越易接近，被利用的可能性越大。可见，图书馆的地理位置是否方便用户到达，是影响图书馆利用率的重要因素。

此外，图书馆建筑设计也是体现人性化原则的因素。如建筑结构合理，方便用户使用以及充满人文特色的外观等，都会营造一种浓郁的文化氛围，吸引用户前往。当然，图书馆周围和谐、自然而优美的环境布局也很重要。宁静、幽雅的环境能够让用户流连忘返。图书馆的内部环境需要具有亲和力的内部装修，清洁的功能设施，清新、和谐的色彩搭配等，为用户创造一个明快、幽雅、整洁的阅读环境，以达到用文化知识陶冶用户情操、净化用户心灵、感染用户情绪的目的。图书馆的家具设备也应体现人性化，如符合人体力学的阅览桌椅、方便用户取放书刊的书架及报架、配备小范围的研究室、设置方便的上网插口，以及为特殊用户设置无障碍通道等。总之，营造一个舒适便利、赏心悦目、充满人文关怀的人文环境，是图书馆提供信息服务的必备条件。

2.资源组织人性化

图书馆是专事收集、组织文献信息资源，提供社会成员使用的社会组织。图书馆的资源组织方法应从人性化的角度，一切以方便用户使用为原则而组织。一般要遵循两个原则：一是文献保障原则。要根据图书馆的性质和任务及文献资源建设原则，全面收集和充分揭示文献信息资源。二是用户保障原则。要按照用户需求组织信息资源。即按照方便用户检索和利用的原则组织信息资源。如在馆藏资源的空间布局上最大限度地拉近用户与资源之间的时空距离。现在建设的新型图8馆在书库和阅览室的设计上多采用大开间格局，藏书和阅览同在一室，改变了封闭式的书库管理模式，采用藏、借、阅、咨一体化管理，以此缩短用户与藏书之间的空间距离；设立新书展示区域、新书到馆分编。加工后及时展现在用户面前，以此缩短用户与文献信息资源之间的时间距离；建立健全馆藏信息资源的检索查询系统，全面揭示馆藏，力争达到"一检即得"的效果。

3.技术及服务设施人性化

现代信息技术在改善服务条件，提高服务水平等方面发挥了巨大作用，但是技术不能决定一切，更不能代替一切。技术是受人控制并为人所用的，技术因素只有与人文因素有机地结合在一起，才能真正发挥作用。图书馆应该利用先进的技术为用户提供方便快捷的服务，如设计友好的网络用户界面、为用户提供个性化的信息推送服务、开展网络参考咨询服务等。服务设施的人性化体现在多个方面，如在图书馆的建筑格局和家具摆设上充分考虑用户利用的方便性，采用大开间、灵活隔断的开放式格局，各阅览分区用适当高度的家具进行隔断，通透明亮，走进图书馆，各主题分区一目了然。还应专门为弱势群体提供方便。

如儿童阅览室一律配备低矮的阅览桌椅，以方便儿童坐阅；本着"无障碍设计"的思想，对盲人、残疾人专门设置特别设施，提供特别服务，如轮椅通道、伤残用户接待室、专用电梯、阅览专座、专用厕所等，甚至提供楼梯扶手上的特殊触摸符号，提示盲人用户何处该转弯等。

4.服务人性化

图书馆信息服务的人性化包括服务理念的人性化，服务制度的人性化，服务行为的人性化和服务方式的人性化。在服务理念上应处处体现图书馆"为人找书，为书找人"的职业精神，以此构建图书馆的形象识别和概念识别体系；在服务制度的制定上应充分相信用户，尊重用户的人格，以激发用户心灵的真善美；在服务行为上应注重行为举止的文明礼貌，态度的亲切友善，避免使用生硬的语言；在服务方式上应灵活多样，以方便用户为目的，从细微处入手，千方百计减少对用户的限制，关注并满足个别用户的个别需求，甚至深入校区或街区设立分馆，或采取流动图书馆的做法，尽可能地让图书馆贴近用户。

（四）满意原则

满意原则是图书馆信息服务的核心原则或最高原则，用户满意是图书馆开展各项工作所得到的最好结果，是衡量图书馆信息服务质量的重要标准，也是现代图书馆信息服务的终极目标。目前测定图书馆用户满意程度尚无统一的标准，有的图书馆根据本馆设计的标准，采取向用户发调查问卷的方式进行用户满意度调查，也有以美国宾夕法尼亚州立大学的安达利和西蒙兹提出的测评：用户满意度的五个命题作为标准的，即对图书馆资源质量的评价；对图书馆工作人员反应敏捷度的评价；对图书馆工作人员能力的评价；对图书馆工作人员道德行为的评价；对图书馆设施的评价。图书馆管理是以用户为导向建立的，以追求用户满意为基本精神，以社会和用户期待为理想目标的管理模式。

二、书馆的信息服务模式

网络环境下图书馆的信息用户对图书馆的信息服务提出了更高的要求，因此，图书馆必须在传统信息服务的内容和方式上不断创新和深化，以适应网络环境下信息服务业的发展需要。目前，在网络化和数字化背景下，国内外信息服务的主要模式有以下几种。

（一）用户驱动模式

用户驱动模式，即以用户需求定服务的模式。在设计建构图书馆的网络信息服务模式过程中，始终遵循以用户的信息需求为中心，以用户的行为习惯为栏目参照，以层次信息产品为提供对象，针对性地集成各类文献信息资源，驱动图书馆数字化、网络化信息服务模式构架的建设。

这是为了从呈现图书馆自身丰富的资源为主，转向支持用户方便检索集成资源为主；从按照图书馆的资源与机构分类组织为主。转向按照用户习惯方式提供服务为主；从按照统一化系统进行服务为主，转向按照用户需要分拆服务并嵌接到用户服务流程中为主。从而达到按照用户的使用习惯和能力。通过最简洁的流程，采用最容易的方式满足用户信息需求的目的。

用户驱动的服务模式特别注重用户的需求层次。心理学认为，人的需要是从低级需要逐步向高级需要发展的。用户对信息的需求也是同样，首先是对求知的需要，包括学习、增长见识、积累知识等，发展到释疑的需要，包括解决学习、生活和工作中的疑难问题等，再发展到较高层次的需要，如进行科学研究、攻克技术难关、开展创造发明和作出科学决策等。用户对信息需求的层次性，决定着图书馆信息服务的层次化。图书馆要以用户信息需求层次的不断升级为驱动，适时调整和改变提供信息服务的层次性。

（二）用户中心模式

用户中心模式就是以服务用户为中心，以提高人的科学文化素质、思想道德修养，推动科技进步和社会发展为宗旨，建立个性化、互动性为主要特征的信息服务模式。这是人类社会发展观从以物为中心过渡到以人为中心的改变，是图书馆界日益高涨的人文关怀思潮涌动的结果，也是技术创新向图书馆价值回归的体现。

传统的图书馆信息服务以到馆服务为主，是被动的阵地式服务，面对层次不同、需求各异的用户均提供统一的适合各层次的一般性服务。在图书馆内部管理、馆藏布局、部门设置、工作流程及服务方式上都围绕方便地管理信息资源而设计，用户的需求得不到充分的尊重和满足。用户中心模式强调用户的主导地位和主观能动性，以计算机网络为平台，支持用户的"自助式服务"。这一服务模式鼓励用户在信息的检索和获取过程中充分发挥对信息的分析能力、鉴别能力和获取能力，图书馆馆员则将更多的时间和精力放在前期准备和幕后服务方面，担负起信息导航员的角色。他们的主要任务是帮助用户发现和掌握"能找到什么，怎样去找"的内在规律，协助用户发掘潜在信息和解难答疑。为此，图书馆必须针对不同的用户类型开展用户培训服务。

网络环境下图书馆的信息用户大致分为：①高层用户群，具有利用图书馆信息资源的明确目标，且能熟练使用计算机网络获取所需信息；②常规用户群，有应用要求，能基本掌握计算机网络应用技术以获取信息；③初级用户群，有利用图书馆的要求，刚开始尝试使用计算机网络的用户；④次初级用户群，有利用图书馆的要求，但对网络和计算机不太了解的用户。要真正使以用户为中心的服务模式运行良好，图书馆就必须高度重视并通过各种方式、培养、提高用户对信息的鉴别、筛选、分析、预测能力，使大多数用户能够有效地利用图书馆的信息服务。

（三）智能代理服务模式

智能代理是近年来人工智能、软件工程及信息服务领域研究的热点，其基本思想是通过拟人化软件（智能代理）提高信息服务的自动化水平和智能化水平。智能代理必须在用户提交的信息查询请求和对某主题信息的提供要求的基础上开展服务。它是针对用户明确的信息需求，运用智能代理技术，搜索某专业领域的信息资源，并按用户要求组织整理，再提供给用户的信息服务。它的工作流程是：用户通过图书馆主页链接到统一信息服务网络平台，启动图书馆发布的用户服务客户端页面（浏览器方式），提出服务请求。统一信息服务网络平台完成对用户合法身份的认证。用户服务智能代理按照用户请求调度服务组件并与用户需求绑定（建立一种引用方式），传递给数据存取智能代理。数据存取智能代理查找并定位文献，根据用户需求对数据进行整合、变换、排序、绑定或嵌入页面布局及数据显示代码，回送给用户。

智能代理服务具有优化用户提问，检索目的明确，服务自动化，智能化程度高，有利于深层数据挖掘和分析等优点，是网络环境下信息服务的重要模式。

（四）一站式服务模式

图书馆"一站式"服务模式是通过对图书馆资源的优化整合和相关部门的合理组织，为用户提供综合统一的服务平台，使用户的各种需求能够"一站式"，即在一个场所或一次性得到满足，用户在图书馆内能够享受到方便快捷、个性化、多元化的综合性优质服务"一站式"服务最早起源于英国，它是一种商业服务理念。商家为了让消费者不再东奔西跑，把分散服务变为集中服务，使用户方便而快捷地在一个地方满足所有的消费需求。实践证明这是一种服务效益较高的服务模式。

图书馆的"一站式"服务模式需有两种设计，是按学科专业将不同载体类型的文献资源集中陈列在一个场所（如一个书库或阅览室），使用户在查找某一学科专业文献时，可以从查询文献线索到获取文献原作全文的全过程都在这一场所完成。这是对图书馆将纸质文献与电子文献分离组织的传统方式的变革。二是指在网络条件下，使用户通过网络，能够一次性检索到多个相关的书目数据库，通过查询。一次性地获得从纸质型文献到电子型文献的各种原文信息，并且使这些所需要的文献信息能够以用户指定的方式，如邮寄、传真电子邮件等，借助馆际互借网络尽快送达用户手中。图书馆的"一站式"服务模式充分体现出"服务至上""用户第一"的服务理念。

（五）中介性服务模式

网络环境下的中介性服务模式是指服务机构本身不直接生产和不收藏数据库产品，而是通过购买或授权许可使用他人的数据库产品或其他电子信息资源，直接提供（不经过加工处理）给用户的一种服务方式。它所起到的是信息中介作用。这种模式是网络条件下最常用的信息服务方式，它主要是通过数据库联机、数据库联机系统的终端检索、互联网信息检索等多种形式加以完成。这种形式极其有利于资源共享。

中介性信息服务经常采用的联机检索，是指联机检索者（最终用户或提供代检服务的联机检索中间机构）利用终端设备，通过远程通信线路，运用一些特定指令和检索策略，直接查询联机检索系统的数据库的过程。提供这种服务需要联机服务（检索）中间商在获得许可证的条件下，以一定的价格向数据库生产者购买数据库产品，装入自己的大型计算机系统，经过一定的数据转换并开发检索软件，向用户（中介性服务机构或个人）提供有偿的远程联机检索。

互联网信息检索服务也是中介性服务模式的重要内容，但这种服务的开展必须依靠专业化、智能化的搜索引擎支持。

第二章　图书馆的相关管理

第一节　现代图书馆的知识管理

进入 21 世纪以来，世界经济的发展已经步入了知识经济时代，社会经济的发展越来越依靠知识创新型经济增长模式，知识成为社会经济发展的第一要素。知识在经济、科技与社会发展中的重要作用得到社会各界的普遍关注，人们纷纷开始重视知识价值的发挥，注重知识的开发与管理，由此，知识管理应运而生。知识管理的出现带来了现代管理的变革，标志着管理的革命。知识管理的思想源于社会经济发展中知识的重要作用，在信息管理概念基础上产生的知识管理是一个新的学术领域。知识管理是知识经济时代的一种全新的管理。它是人类管理史上自 19 世纪末 20 世纪初泰勒科学管理模式以来的一次最伟大而深刻的革命，是信息化和知识化浪潮的产物。知识管理产生于知识型企业的管理实践并已得到了成功的验证，正在成为世界范围内企业管理的新趋势。图书馆作为知识的宝库，有必要及时研究和借鉴知识管理的经验，不断改进现有工作，与时代前进的步伐保持一致。

一、图书馆知识管理的任务与原则

（一）图书馆知识管理的任务

图书馆知识管理是现代化信息技术下的一种新型的图书馆管理理念和工作方法。图书馆知识管理的任务具有明显的时代特征。图书馆知识管理的任务，就是要通过提高图书馆员的工作积极性，不断开发和利用图书馆文献中的知识与信息，致力于推进这两类知识的创新、挖掘、整合与共享，促使其充分发挥科学研究、教育教学与社会服务等方面的综合效益。

图书馆知识管理的任务具体包括以下方面：①合理组织与利用以知识资源为主的图书馆各种资源（包括物质资源、技术资源、人力资源、知识资源与组织资源），使之充分发挥作用；②促进图书馆内部员工知识发展，包括隐性知识与显性知识的交流、共享与利用，拓展图书馆知识资本；③构建知识型、学习型组织以优化工作效率；④加强人力资源、人本资源管理以提高工作效率；⑤营造创新型图书馆文化.塑造图书馆知识管理环境；⑥拓展知识服务以提高服务层次和水平；⑦评价图书馆知识管理实践以改善知识管理水平和效率。

图书馆知识管理是图书馆工作的新理念和新实践，有许多理论问题需要研究，有许多方法技术问题需要探讨，有许多实践经验问题需要总结。随着图书馆知识管理理论和实践的不断发展，一定会推动图书馆学的理论和实践的不断创新，不断发展。

（二）图书馆知识管理基本原则

1.开放性原则

要建立一个开放的图书馆知识管理平台，让所有成员能把自己的新知识添加到知识管理平台中去，同时也吸收和利用外部知识、丰富图书馆的知识库。

2.共享性原则

知识管理的一个重要任务，就是要建立知识的共享网络，即数据库和知识库，从而在技术上给知识的共享提供一个支撑平台。当图书馆成员间的知识得到共享时，图书馆的知识存量将成倍地增长。并且由于知识的共享是一个过程，需要转让者和接受者共同参与，成员在转让知识的过程中，能使自己的知识得以深化，或者获得一些新的知识。当员工能及时分享和运用知识，继而就能创造新的知识，最终使组织取得绩效，获得竞争优势。建立在知识共享的原则上，我们需要为知识共享搭建基础平台，如建立图书馆知识管理系统，创建学习型组织，使图书馆成为学习资源中心，创建知识共享的组织文化，营造知识共享的环境与氛围，建立知识共享的激励机制，促进员工参与知识共享。

3.层次性原则

图书馆知识管理可分为三个层次：一是信息管理，即对信息的收集、整理、贮存、查找和利用的过程；二是对知识的管理，即包括对读者的知识加以识别、获取、分解、储存、传递、共享、创造、价值评判和保护，并使这些知识资本化和产品化的过程；三是对图书馆知识资本的管理，也就是对图书馆人力资本、市场资本、结构资本和知识产权资本的管理。

4.发掘性原则

图书馆应该认识到知识在图书馆产品及其服务的价值创造中所具有关键作用，图书馆需要明确知识的价值，并将其挖掘出来。网络环境下的图书馆知识管理工作的着眼点，应该是充分发掘优势潜力，向读者提供各种形式的信息资源服务。以图书馆丰富的馆藏与网络资源为基础，以图书馆专业人员的知识信息服务能力为依托，提供满足读者特定需求的某一具体信息和内容的服务。

5.增值性原则

由于知识具有收益递增的特性，图书馆员工通过知识共享，可以分享个人的知识和经验，减少团队的学习时间，实现知识价值的增值与功能放大。知识管理中学习是核心。个人与组织是一个双学习系统，个体通过学习不断获取新思想，并将知识用于行为的改善。组织和团体通过学习形成人才梯队，激发群体智慧，人员交流渠道畅通。个体、团体和组织相互间与个体间、团体间和组织间开展多向的交互学习模式，它们相互促进工作与学习，良好互动，最终创造学习型组织来保证对知识资本的管理。

6.参与性原则

知识管理强调的是"人人被管理，人人皆管理"的管理思想，即强调组织成员都要参与到组织管理中来。我们要培养馆员参与图书馆知识管理的积极性，鼓励馆员参与知识管理的各个环节，并善于发现他人的思维价值，要使馆员意识到自己所从事的工作是图书馆整个知识管理过程中不可或缺的一环，以此来激发馆员参与的积极性。

个体参与原则，既体现了管理者对馆员的尊重，又可以锻炼馆员的思维能力，并在组织中建立集体智慧的动力机制，使管理人员能够更好地决策，并使更多的馆员主动配合决策的执行；同时，联系读者、服务读者是图书馆存在的基础，得到反馈，发现需求，又使图书馆不断调整发展的方向。

图书馆可实施以下举措加强与读者的交流，进行读者调查：一是图书馆在作出重大决策或推出服务新举措之前，做相应的读者调查，根据民意来判断改革是否可行；二是在进行调查的各种活动中，加强图书馆与读者间的互动，扩大图书馆的社会影响，这将有助于服务推广活动的顺利进行。

7. 协作性原则

基于知识共享性，图书馆团队间的协作活动变得非常重要。团队协作能真正将知识资本挖掘出来并加以形式化和资本化。因为只有在知识得到共享之后，知识才与图书馆员的个人知识相对独立。只有在此时，才能说明图书馆对知识有了更大的所有权。此时，当某个图书馆员离开图书馆时，他们的知识才会留存在图书馆中。

8. 创新性原则

创新是知识管理的灵魂，图书馆知识管理要突出创新原则。图书馆要用创新性原则来实施知识管理策略。也就是说，要用知识创新的观点来构建图书馆知识管理理论，并加强其组织建设、制度建设与文化建设。

图书馆通过知识管理，实现组织与文化的创新，建立学习型图书馆，充分发挥用户的主观能动性，激活人的潜在能力，促进知识的不断再生与创新，实现主动学习的信息获取机制。

二、现代图书馆知识管理的内容

关于图书馆知识管理的内容，不同的学者从不同的研究视角出发，提出不同的观点。综合一些学者的观点，我们认为图书馆知识管理的重要内容可分为显性知识的管理和隐性知识的管理。显性知识的管理包括显性知识编码化、显性知识组织、显性知识综合化、显性知识的转化与创新、馆藏资源数字化、知识资源库的建立、知识地图的开发、知识资源共享等。隐性知识的管理则以用户和馆员为主体，着重考虑图书馆文化、人力资源管理。图书馆知识管理的主要内容应包括以下几个方面。

（一）图书馆知识活动管理

知识活动是指知识的采集、整理、共享、交流、利用等过程。知识图书馆的重要资产，它的一个重要特征在于它一直处于动态变化中。

在动态变化中实现自身的更新和增值。知识的动态变化，是通过一系列知识活动实现的。知识活动管理，侧重于对知识的动态变化过程的管理。在时间维度上，知识会经历一个从诞生到消亡的过程，表现为知识的生命周期。一般来说，知识的生命周期会经历以下几个阶段：①收集。收集有可能形成知识的数据、信息等素材。②整理。对素材进行整理加工，从而形成知识。③审核。对初步的知识进行审核，形成正式的、可发布的知识。④发布。通过各种渠道把知识发布出去。⑤利用。知识被用户和馆员访问并加以利用。⑥更新。知识在使用过程中不断得以改进和更新。⑦淘汰。过时的知识被逐渐淘汰。

管理知识活动，就是要注意检查和监控知识生命周期中的各个步骤、环节，了解各个环节的执行情况，查找其中存在的问题，并加以解决。从而使各项知识活动都能够顺利进行。

（二）图书馆内部知识的交流、创新与共享

只有经过交流，知识才能得到发展；也只有通过共享，才可能产生新的知识。对一个组织来说，创新是竞争优势之源，而创新本身归根到底是一种新知识的创造，也是组织知识资源的一种积累。因此，在图书馆内各个部门以及各个员工之间，在内部与外部之间，都必须加强知识的交流与共享，否则就不可能实现创新。要建立图书馆内部信息网以便于员工进行知识交流，利用各种知识数据库、专利数据库存放和积累信息。从而在馆内营造有利于员工生成、交流和验证知识的宽松环境，并制定激励政策鼓励员工进行知识交流，通过放松对员工在知识应用方面的控制，鼓励员工在馆内进行个人创业来促进知识的生成。经济时代的市场竞争中。知识是竞争力之源。图书馆要想立于不败之地，就必须拥有比别人领先一步的知识产品、技术或管理优势，而这些优势必然源于以创新为目的的知识生产。无论是什么知识，只要是先人一步掌握，就可能给创新带来极大的便利与可能，甚至带来巨大的利润。因此，创造适宜的环境与条件，充分开发和有效利用图书馆的知识资源，进行以创新为目的的知识生产，是知识管理的一项重要内容。

（三）知识的积累及知识资源融合

图书馆的知识资源是创新的源泉。因此，图书馆要使创新不断进行就必须积累和扩大自己的知识资源。这种知识积累又不能仅仅依靠图书馆自身知识的生产，因为这是很有限的，所以必须注重从外部获取相应的知识，并进行消化吸收，成为图书馆自己的资源。供应商、用户和竞争对手等利益相关的动向报告，专家及用户的意见，员工情报，报告系统的信息，行业领先者的最佳实践调查等，都可以成为外部知识的来源；知识管理的直接目的是创新，使图书馆赢得持久竞争力。创新是使图$馆的知识资源转化为新产品、新服务、新的组织管理方式等，因此，创新离不开知识资源与知识产品或服务及其生产过程和管理过程的融合。所以，知识管理的一个重要内容，就是要明确图书馆在一段时间内所需的知识以及开发的方式和途径，贯彻相应的开发和利用战略，保证图书馆的知识生产和知识资源的积累与扩大，以及产品、服务、生产过程和管理过程紧密结合。

（四）图书馆文化、知识资本管理与人力资源

图书馆文化的形成主要包括：调查知识在员工中的分布情况；评估馆内知识，发现知识差距，通过招聘新员工和培训加以解决；设计员工工作岗位，使知识活动与具体业务有机结合；建立实践社区，为员工提供良好的交流与学习环境；衡量员工的知识贡献，激励员工贡献知识。

知识资本主要包括四个方面：市场资产（来自用户关系的知识资产）、知识产权资产（纳入法律保护的知识资产）、人力资产（知识资产的主要载体）、基础结构资产（组织的潜在价值）。图书馆的知识资本包括知识产品、知识服务、知识型员工、组织文化和馆藏资源。

人力资源管理是知识管理的重要内容。显性知识管理主要依靠强大的信息技术手段。目前的信息技术所取得的进展，也确实为显性知识的管理提供了强大的工具，比如知识门户、文档管理、搜索引擎等。知识活动的管理，既需要管理制度，也需要信息技术提供支援。现代知识管理系统和工具，提供了大量诸如统计分析的功能，来帮助进行知识活动的管理。对于员工的管理，则主要依赖人力资源管理手段。

三、图书馆知识管理基本方法

目前，比较适宜的知识管理方法、主要有目标管理方法、科学管理方法和全面质量管理方法几种。

（一）目标管理方法

1954年，美国管理学家德鲁克第一次提出目标管理后，不仅在理论上得到迅速发展、完善和系统化，而且在实践上得到广泛推广和应用。20世纪80年代中期，"定额管理"被引入图书馆。从此以后，目标管理开始在我国图书馆领域得到广泛应用。

图书馆目标管理，是在重视成果的思想指导下，图书馆主管人员与下属人员共同选定一定时期的共同目标，即制定方针，层层分析目标，落实措施，安排进度，具体实施，取得成果，严格考核与评价图书馆内部自我控制和自主管理并达到管理目标的一种科学管理方法。

图书馆实施目标管理遵循的基本原则有以下内容：①激励原则。即通过建立激励机制，促进部门与员工更好地完成目标所规定的各项任务。②竞争与协作相统一的原则。即一方面要激发部门与员工的竞争意识与行为，另一方面强调发挥图书馆的整体效用与相互协作。③统一指挥与参与管理相结合的原则。即要求图书馆目标管理在实施过程中有统一领导，建立起严格的责任制，消除多头领导和无人负责的现象；也要求员工积极参与图书馆的各项工作，以实现各项管理目标。④权力与责任对等的原则。即要求员工在行使岗位职权时，必须履行相应的岗位职责。

图书馆目标管理的过程，一般包括目标制定、目标实施、目标评价三个阶段。图书馆知识管理，对图书馆目标管理的创新如下：知识管理方法强调"以人为本"，尊重员工的作用和重视员工本身的发展，强调运用人本管理思想来加强对员工的管理，以柔性管理方式取代目标管理中的硬性管理，使员工的工作热情与创新精神能够得到最大限度地释放。知等参与，在图书馆内营造一种平等竞争的气氛，充分发挥人的积极性和创造性。知识管理还通过营造一种知识共享文化，形成一个能够让知识自由流动的环境，这样就可协调图书馆各部门的工作任务和员工之间的关系，使图书馆成为一种学习型组织，从而促进知识共享和知识创新。

（二）科学管理方法

20世纪80年代初，科学管理成为国内图书馆界研究的热点问题。从1981年教育部制定的《中华人民共和国高等学校图书馆工作条例》到2002年颁发的《普通高等学校图书馆规程（修订）》都规定高等学校图书馆应实行科学管理。《图书馆学基础》中指出：图书馆的科学管理，是指图书馆工作和图书馆事业达到计划性、合理化、规格化的要求，并具有先进水平的一种组织活动。

图书馆的科学管理包括三方面内容：①图书馆科学管理的范围，包括图书馆工作组织和图书馆事业组织；②图书馆科学管理工作，可划分为行政管理、业务管理、设备管理、干部管理等；③图书馆管理工作的内容，包括计划、组织管理、规章制度、统计、标准化以及分工协调等。

图书馆科学管理，应遵循集中统一原则、民主管理原则、计划管理原则、经济效果原则和责任制原则。知识管理是对图书馆科学管理的创新，知识管理继承了科学管理。主要表现在以下方面。

第一，强调"以人为本"。与泰勒的观点不谋而合。泰勒指出，管理人员的责任，一方面是细致研究每一个工人的性格、脾气和工作表现，找出他们的能力；另一更重要的方面，是发现每一个工人发展的潜能，并且逐步地系统地训练、帮助和指导每一个工人，为他们提供上进的机会。

第二，强调和谐合作。泰勒认为，劳资双方雇主与雇员之间亲密友好的关系是科学管理的前提，与知识管理提倡的知识共享是不谋而合的。

第三，强调对人的激励。泰勒认为，为了调动工人的积极性，既要考虑工人物质方面的需要，实行刺激性的工资制度，也要考虑工人心理方面的需要，真心实意地关心下属的福利待遇。这与知识管理的激励机制有相同之处。

第四，知识管理发展了科学管理。具体包括以下四点：①创新精神的发展。知识管理把创新作为自己的灵魂与主旋律，从内容与功能上更加强调了创新的作用。②组织结构的创新。知识管理从便于组织知识交流与共享入手，通过引进组织学习、建立学习型组织，实现组织结构的创新。③"知识观"的发展。知识管理不仅把知识作为组织战略资产来进行管理，而且以知识为核心来设计组织结构、建设组织文化、构建组织核心能力，从而发展了科学管理的"知识观"。④"学习观"的发展。知识管理把学习作为创新的源泉动力，积极推广与实施组织学习。这种组织学习，是组织全体成员在组织运行过程中通过实践、互动和创新来进行的团体学习，它超越了组织内部个人学习的简单相加。在这里，组织成员通过共同的观察、评价并采取一致的行动，来迎接组织面临的挑战。因此，知识管理发展了科学管理中的"学习观"。

（三）全面质量管理方法

全面质量管理源于美国。费根堡姆博士1961年出版的《全面质量管理》最先提出全面质量管理的概念。所谓全面质量管理，是一个组织以质量为中心，以全员参与为基础，目的在于通过让顾客满意和本组织所有成员及社会受益而达到长期成功的管理途径。20世纪90年代，全面质量管理成为国外图书馆界的一个研究热点。1998年以后，国内有关图书馆全面质量管理的研究日益增多。

图书馆全面质量管理，是图书馆为保证和提高信息服务质量，动员图书馆的各个部门和全体员工，综合运用管理技术、专业技术、思想教育、经济手段和科学方法，建立健全服务质量保证体系，对服务的全过程实行有效控制，从而经济地开发、设计、生产和提供用户满意的信息产品与信息服务，做到最适质量、最低消耗、最优生产和最佳服务，最终实现不断提高服务质量的目标。约翰森认为，全面质量管理本质上是一种密集型信息管理。图书馆知识管理，在管理对象、管理方式和管理技术上都有所拓展。第一，在管理对象上，图书馆知识管理更重视对员工的管理，特别是员工隐性知识的管理，以提升图书馆的核心能力。第二，在管理方式上，图书馆知识管理、可以将信息管理和协同合作紧密结合起来，将个人知识（隐性知识）转化为集体知识（显性知识），并把新的显性知识传递给员工，使这种显性知识再被其他员工吸收，成为指导个人行为的新的隐性知识。第三，在管理技术上，图书馆知识管理深化了对包括计算机技术、通信技术等先进信息技术的运用，充分利用数据仓库、数据挖掘、人工智能技术，获取信息中隐含的知识；广泛利用大型数据库技术、新型检索技术、搜索引擎、智能代理、网络技术、群件技术，来保证知识的存贮、传播和共享。

知识管理方法与全面质量管理方法也有许多相似之处。如全面质量管理强调图书馆员工的"全员参与",这与图书馆知识管理倡导的知识共享有相同之处。全面质量管理对员工的培训很重视,认为只有提高员工的技能,才能生产高质量的产品,这与知识管理重视学习一样。知识管理把学习看作创新的动力与源泉。只有不断加强个人学习与组织学习,图书馆才能提供卓越的知识服务。全面质量管理要求实现"持续改进",在发现问题、解决问题的过程中不断提高产品和服务质量。总之,知识管理方法发展了全面质量管理方法。

第二节 现代图书馆文献信息资源管理

一、现代书馆文献的信息职能

目前,图书馆的馆藏文献仍以纸质文献为主,同时缩微技术、声像技术、计算机技术、数字技术、网络技术也得到了较为广泛的应用。计算机技术、数字技术、网络技术自 20 世纪 80 年代以来在图书馆的应用发展也很快。美国学者兰开斯特教授指出,不管我们是否喜欢,"无纸社会"正在迅速逼近;然而,纸质载体将长期存在。随着科技的发展,新型文献载体具备了纸质文献载体的全部优点。纸质载体或许会像甲骨、竹简等那样自动退出历史舞台。并且纸质载体是人们使用最长久、最广泛的信息载体,人们长期以来形成的阅读习惯一时也难以改变,因此,纸质载体依然是图书馆多种载体文献的主流,将长期与新型文献载体并存。

现代文献信息向综合性多功能信息转变。从古代藏书楼到近代图书馆演变的过程,其实就是图书馆的信息化程度逐步增强的过程。从传统的秘不示人到对外开放,是一次突破性的进步。当信息时代到来的时候,近代图书馆必须具备更强的信息功能,更加信息化。因此,现代图书馆越来越倾向于向综合性多功能信息化的方向发展。

第一,收藏与整序职能是现代图书馆仍具有的基本职能,但含义有所改变。在收藏职能下,图书馆已形成了庞大的以纸质文献为主的资源体系,并且尽最大努力收集各类文献,不断扩大馆藏数量,这几乎是所有图

书馆长期不变的生存与发展模式。整序则是对所采购的文献在馆内进行登记、分类、编目、排序等工作。对于现代图书馆来说,馆藏的概念和质量都有所不同了,馆藏的内容除了纸质文献外,更多的是新型载体的文献,以便节省空间,也包括丰富的网络信息资源。馆藏不是由数量多少和规模大小决定,而是取决于对联机数据库和网络信息存取速度与存取质量以及用户满意度。整序职能除了原有的馆内资源整序,还承担着网络信息整序的工作,而且将越来越侧重于后者。

第二,网络信息职能是传统图书馆以向读者提供文献为己任,它所处理的对象是文献,对传统图书馆来说,文献借阅的册数和读者到馆的人次,是衡量一个图书馆服务效益好坏的重要标志。然而今天现代图书馆的服务职能是使读者在最短时间内能最有效地获取他们所需的信息。因此,信息的可存取性和参考咨询工作的质量已成为衡量图书馆服务效益的重要指标。加强信息开发,发展信息产业化成为图书馆发展的主要目标。

二、图书馆文献信息资源管理

信息用户对信息的需求是图书馆信息服务工作的对象和依据，用户在利用网络信息资源时，如何采取科学有效的方法和手段对各种信息资源进行筛选和整理，进行深层次的利用，是图书馆所面临的最艰巨的任务。

（一）网络信息资源建设

1.特色馆藏数据库建设

馆藏资源数字化，是图书馆建设的基础性工作。其中主要包括对普通馆藏，如图书文献、期刊文献、电子文献等目录信息的数字化。学术信息实用性强、价值高、专业性强、利用率高的特色文献数字化应用于学位论文库和国别报告库等。

2.随书光盘数据库的建设

近年来，图书馆采购的图书中含光盘的数量大量增加。尤其是计算机方面的图书，90%以上附有光盘。随书光盘已经成为现代图书馆又一重要信息资源，成为广大读者获取信息知识的新途径。但随书光盘占用的储藏空间大，储藏条件要求高，且容易损坏，不易保管。图书馆可通过计算机技术把光盘转换成电脑可识别的数字化资料，储存在电脑网络服务器上，构成具有馆藏特色的随书光盘数据库。

3.学位论文数据库的建设

学位论文具有较高的学术价值和一定的独创成果，是宝贵的学术信息资源。例如，清华同方的博硕士论文库、CALIS的博硕士论文数据库的建设，经过多年的积累也已经达到了一定的规模。一方面有原有纸质学位论文的镜像数据库；另一方面有电子版学位论文的系统转化数据库同时可以利用与CALIS学位论文数据库建立链接，自建学位论文数据库。

4.网络导航系统的建立

网络导航系统就是把互联网上有关国内外某一学科或主题范畴的各类信息资源，采用实效的方法进行搜集，对大量分散的信息资源进行合理整理和重组，从逻辑上将有关信息联合起来，形成信息集成系统，提供给用户查找和使用。

5.学科导航系统的建立

学科导航是对提供某一学科各类网络信息资源的站点和网页的链接。学科导航虽然类似于搜索引擎，但是在查询有关学科的具体内容信息时要优于搜索引擎。专业学科资源导航系统的建设对于研究人员来说十分必要。

6.加强虚拟馆藏

虚拟图书馆是以计算机为基本信息载体，以互联网为传播介质，将网上信息资源汇集起来。数字图书馆的信息资源不仅包括实体馆藏，而且大多数信息的获取都来自虚拟馆藏。在开发利用时，要从用户的需求出发，搜集、整理优秀网站，有鉴别地加以选择和利用，不仅要选用对用户具有学术性、权威性、可信度高的免费数据库，而且要根据本馆的馆藏特点进行合理的利用。开发和利用网络上免费数据库对于研究者来说十分重要，加强虚拟馆藏建设是图书馆根据用户需求进行的知识信息资源开发、利用、组织和管理的必要工作。

（二）书目数据库的建设

图书馆计算机管理集成系统的建立，必须以馆藏书目为基础。因此，大量书目信息的回溯建库则成为图书馆自动化建设过程中第一步，初步实现了系统的公共检索、馆际互借、文献传递、协调采购、联机合作编目等功能，基本建成了书目数据库保障体系的框架。大中型图书馆的机读书目信息资源已有相当程度的积累，为文献信息资源的共建共享奠定了一定的基础。

网络信息资源的特点可以概括为：网络信息资源是以网络为传播媒介信息系统的集合体。在网络时代，信息的存在是以网络为载体，以虚拟化的状态展示给用户，读者可以在网络上获得信息，而且信息资源极为丰富，覆盖面广。网络资源有多种的信息类型和众多的表现形式，包括电子出版物、书目信息库、各种软件资源，还有大量即时动态信息，除保留传统文献文本信息、图表、图形外，还增加图像、声音、动画等多媒体信息，存储信息数字化，传递速度快。信息资源由纸张上的文字变为磁性介质上的电磁信号或者光介质上的信息，使信息的存储、传递查询更加方便。而且所存储的信息密度高，容量大，可以通过信息网络进行远距离快速传送。

（三）图书馆网络环境下用户信息需求

以计算机、通信、网络为核心的现代信息技术，形成了互联网和数字图书馆相互联系的崭新的信息环境，它带来了信息资源的多元化及获取信息手段的多样性。网络环境下的学术研究人员，其信息需求有以下特点。

1. 信息源多样化

现代信息技术的发展打破了传统图书馆印刷型馆藏文献一统天下的格局，电子图书、电子期刊、全文数据库、录音录像制品、网络资源等对信息用户的吸引力日益显现。信息网络的建设发展，为信息用户提供了广泛的资源获取途径，也使信息的涵盖范围更加广泛。图书馆应不断加大馆藏的数字资源比重以满足用户对信息的多元化需求。

2. 服务形式多样化

数字资源的快速增长使读者不必到馆即能获取信息资源。资源载体和信息获取途径的多样化，用户对图书馆服务形式也呈现出多样化的要求，联机检索、FAQ、全文传递、信息推送、定制服务、网络导航、虚拟参考咨询等服务形式正在成为图书馆服务的常见形式。

3. 服务手段集成化

现代图书馆有必要按学科组织信息单元来实现信息资源的集成化管理，用户也迫切地需要图书馆提供一站式的集成化信息服务。

4. 服务时效要求高

现代生活节奏加快，网络环境下信息的快捷传递成为可能，这就使得用户对信息服务的时效有了更高的要求。面对网络环境下的用户信息需求，图书馆要在管理体制、技术设施、馆藏布局、服务手段、人员配备等方面不断改进，为包括学术研究人员在内的各类用户获取知识和提供满意信息的服务。

（四）图书馆实现文献资源共建共享

文献资源共建共享是信息化发展的必然趋势，是图书馆在信息时代满足读者需求，体现图书馆为用户服务的理念。

图书馆要建立和完善计算机管理系统，要引进、配置先进的现代化设备，利用光盘、局域网和互联网检索方式,将信息资料搜集、整理,高密度储存在载体上,实现信息系统的微机化、通信网络的自动化管理,努力实现与其他馆的信息网络系统的链接,推动图书馆向数字化、网络化发展要实现全方位的文献信息资源共享,一方面要增加文献资源经费投入;另一方面要在管理体制和资源配置方式上进行改革,专门的数据库建设指导机构,要紧密协作,统一规划,整体建设文献信息保障系统,加强文献数字化建设。

各馆应在协作的基础上,建立特色馆藏,在书目文献数字化建设的同时,加强重点专业和重点学科文献的全文数据库建设,向信息互联网提供体现自己馆藏特色的文献。实现文献资源优势互补,信息资源属各成员馆共有,共同参与建设,共同分享所有资源。

第三节 图书馆参考咨询服务管理

参考咨询服务是现代图书馆建设的一个重要组成部分,是数字图书馆公共服务的一个方面。它通过网络,利用图书馆资源和服务对象进行各类咨询活动,用户获取信息和知识不受时间和空间限制。在图书馆发展过程中,咨询服务经历了被动服务阶段、静态服务阶段、动态服务阶段、参考馆员主动服务阶段。传统的参考咨询模式、服务手段与思维方式,在网络环境下正在发生着深刻变化,虚拟咨询、学科馆员制度、个性化咨询服务层出不穷。图书馆咨询系统平台的组成是传统参考咨询在网络环境下的延伸与发展。

一、参考咨询服务概述

(一)参考咨询服务的定义、特点及内容

1.图书馆参考咨询服务的定义

图书馆参考咨询服务,也称虚拟化参考服务,电子参考服务,在线参考服务是一种以人力资源为媒介,基于Internet的各种信息交流手段的人工协调的提问—问答服务。核心是一种分布式信息网络中具有特定知识和技能的咨询专家对用户的个性化服务。数字化咨询是以数字化文献为基础,以计算机、网络检索为主要方式,通过网络,利用图书馆资源和服务的一切用户为对象而进行的各类咨询活动。数字化参考咨询服务是图书馆建设的一个重要组成部分,是数字图书馆公共服务的一个方面。

网络环境下,用户需要的是一种不受时间和空间限制的、能够方便获取包括数字资源在内的各种信息和知识技术的个性化服务。传统的参考咨询服务受到时间和空间的限制,不能满足用户个性化信息服务的要求。而数字化参考咨询服务以多层次、主动化、个性化、高质量、全程式的服务最大限度地满足用户信息需求,有效地弥补了传统图书馆服务方式的局限性,拓宽了图书馆服务的用户对象,发挥了各种数字资源的潜在使用价值。

2.图书馆参考咨询服务的特点

图书馆参考咨询服务的特点主要包括:一是在服务目的上,协助读者寻求知识信息;二是在服务手段上,利用各种资源,加工整理信息,方便读者查阅信息;三是在服务观念上，教育读者，传播知识。当前，随着网络技术普及应用，数字参考咨询服务应运而生，参考咨询的内容、形式、范围都发生了很大的变化，用户的需求得到了进一步的满足，突破了传统参考咨询服务时间和空间的限制，是一种灵活的个性化信息服务。

3.参考咨询服务的内容

参考咨询服务内容是随着社会及图书馆的发展而不断变化的，主要分为传统参考咨询和数字参考咨询。

传统参考咨询服务以馆藏资源和咨询馆员为中心，以纸质及图书馆硬件资源为基础，设置参考咨询台、参考书阅览室、文献检索室等。其通过多种形式解答读者咨询问题，包括读者当面咨询、电话咨询、QQ在线咨询等。咨询内容包括图书馆资源及其利用、文献查找过程中遇到的问题和图书馆各项服务，其咨询解答并不包括为读者查找资料的具体内容，但可以提供建议性的帮助。

数字参考咨询服务则在网络支持下将传统参考咨询服务范围加以延伸，将文献传递、科技查新、定题服务、读者教育等都融入参考咨询服务范畴，数字参考咨询服务是传统参考咨询在网络环境下的延伸与发展，各种服务方式交叉融合，共同构成复合型参考咨询服务体系。

（二）数字参考咨询服务的优势

数字参考咨询服务具有它自身所具有的将有优势，具体包括以下方面。

1.超越时空限制

数字参考咨询服务突破了时间和空间的局限，读者可以随时随地查询图书馆的信息，寻求问题的解答。同时，参考咨询馆员与读者也多；了一对一的传统模式，变成一对一、一对多、多对一、多对多的模式。

2.及时快捷，不被干扰

数字参考咨询服务，使读者能够及时快捷地利用信息资源而又不被干扰，无须面对参考咨询馆员，参考咨询馆员也能节省时间和精力去研究解决那些富有个性化特征的问题。

3.咨询解答的可保存性

对于一些口头的咨询答案，读者可能并不完全理解或易忘，而数字参考咨询服务是有记录的，答案可以让读者保存下来，而参考咨询馆员也可以保存记录，作为以后回答类似问题的参考依据，或是积累成为对FAQ的充实。

4.信息提供更具权威性

数字参考咨询服务，弥补了传统参考咨询独立运作、缺乏信息资源共享的不足，实现了服务方式的系统化。越来越多的图书馆之间的广泛合作，使数字参考咨询服务提供的信息更有明确性可用性和权威性。

5.从被动服务到主动服务

传统的参考咨询是参考咨询馆员在图书馆咨询台等候读者提出问题，然后给予解答。在网络环境下，更强调提供可检索的、高质量的服务，实现虚拟的"当地一站服务"。图书馆还应发挥自己的优势，主动对相关学科领域的网络资源进行汇总和整理，以便于读者利用。这种主动式的参考咨询代表了现代管理的方向。

6.完善数字参考咨询系统

数字参考咨询系统，是为数字参考咨询服务提供技术及资源保障的系统。越来越多的图书馆从提供一种或几种数字参考咨询服务方式，到将各种服务方式与相关网络资源整合，形成更加完善的数字参考咨询系统。

二、参考咨询的服务方式

（一）网络环境中参考咨询以专题库的方式操作

第一，建立本馆的虚拟馆藏组织。传统的文献资源组织是依据各种分类法建立各种目录体系来实现的，具有较强的地域性和不共享性。在网络环境下，信息资源在数量、分布和传播范围、信息类型及传递速度等方面，远远超越了非网络资源组织管理方式和技术所能覆盖的范围。网络环境为信息资源的管理制造了空前复杂的环境，对信息资源组织和管理提出了更高要求。

虚拟馆藏专题数据库组织是图书馆从数量众多、类型多样的网络专题信息资源中收集到对特定用户有用的专题资源的总和。通过相应的软件将其下载到已设计好的数据库中，该数据库具有系统分析的功能，是图书馆实现计算机网络化管理和服务的基础。通过对网络信息资源的选择、分类、编目、加工、整理等手段，将类型众多、分布零散、数量庞大的网络信息组建成本馆的虚拟馆藏。

第二，建设图书馆"重点学科导航库"。导航库是特色库中的子项目，涵盖多个国家级学科，全面而又系统地开发或组织某一个和多个专业的网络资源作为馆藏，并作为特色虚拟馆藏挂在图书馆主页上，提供给用户共享

第三，图书馆参考咨询工作通过联机公共检索目录深层次揭示虚拟馆藏，成为虚拟馆藏记录和图书馆信息查询的连接点。联机公共检索目录是图书馆自建的规模最大的数字化资源，也是读者最熟悉、最常用的检索工具之一，为图书馆参考咨询服务开辟了一个新的领域。参考咨询服务是"图书馆"的心脏。图书馆通过参考咨询服务来架起知识与咨询用户之间的桥梁。通过用户的利用，知识资源被转化为生产力。

（二）拓展网上参考咨询服务

随着网络技术的发展，不少读者对网上信息资源出现的多元化、多媒体、多语种、多类型和随意性感到无所适从，需要得到图书馆参考咨询工作人员的帮助，希望将自己进行研究的课题委托给参考人员代查。

参考咨询人员凭借自身熟悉馆藏和网上检索技术的优势，深度开发和利用馆藏和网上文献信息资源，多角度、多方位地为读者开展专题检索、科技成果查新、国际国内商情调研、文献定题服务和跟踪服务等咨询服务，成为图书馆的工作重点。

各类图书馆只有深化图书馆参考咨询服务，充分利用现代化手段和资源优势，在建设中逐步形成"你无我有、你大我专、你全我精"的特色资源，知识的价值才会被最大限度地体现出来，图书馆参考咨询服务也才能更好地实现其社会价值。

第三章 图书馆信息服务工作内容与形式

第一节 常规服务

一、阵地咨询

阵地咨询是图书馆任意一个服务窗口都有工作人员，可以回答你的问题，帮助你解决在图书馆查找资料时遇到的一切问题。通常他们都是坐在咨询台工作，可以处理读者提出的各种问题，从简单的到具有一定深度的研究型工作问题都会尽力给予解答。

（一）阵地咨询问题的类型和方式

1.阵地咨询的类型

阵地咨询问题的类型有以下几种：一是事实问题咨询。读者带着明确而具体的目的，根据已经掌握的线索，结合图书馆的藏书，查找有困难时找馆员帮助，馆员用一般工具书和日常积累的咨询档案便可提供答案。二是文献知识咨询。如读者掌握了文献线索，但找不到原始文献，这可能是缺少藏书号码或著录有错误；如果是简写缩写、术语略语、代号等，还要查考著录。三是专题研究咨询。如读者从事某项生产科研任务，总是以某一学科某一研究课题，从其沿革、动态、发展趋势，到这一课的某些具体环节，都要求详尽资料信息，这类咨询检索对馆员来说是最艰巨而又重要的工作了。

2.阵地咨询的方式

阵地咨询问题的方式有以下几种：一是口头提问。这要求读者把问题叙述清楚，把有关问题背景，涉及的专业知识，发展状况和他们已经掌握或已查看的情况搞清楚，以便咨询解答。二是书面提问。专业人员多以信函的方式提出询问，这类咨询要利用分类表、主题词表或请教专业人员才能搞清问题。三是电话、电脑提问。在接听来电话时，把问题弄清楚后，还要提问人重述一遍以免误听误事，并留联系电话。还有通过计算机发电子邮件咨询，视同书面提问，这些都应该及时答复。

（二）阵地咨询对馆员的要求

坚持阵地咨询，工作人员应加强读者研究工作。阵地咨询服务的对象是读者，通过读者来实现服务效益。咨询人员要注意掌握读者需求信息和利用馆藏文献的规律，观察用户的需求心理和倾向，从中透视整个社会的需求动态。减少工作的盲目性，发挥图书馆对人类生活及社会发展的作用和潜力。

坚持阵地咨询，工作人员还要熟悉运用各种工具书和馆藏图书，及时准确地解答咨询，耐心细致地为读者提供信息情报。坚持阵地咨询，工作人员只具有按传统方式提供文献信息服务的能力是不够的，还要有鉴别信息真伪的能力，以及在网络环境下的检索知识、为专业知识和计算机等现代化设备提供文献信息服务的能力。同时，网络环境下要具有用户直接参与、自我服务的特点。而专业人员会逐步过渡到指导地位。因此，对读者进行培训，教会读者最有效地运用现代技术获取所需信息，使读者直接参与到服务过程中来,也是阵地咨询的一项主要内容。

二、电话咨询

电话的普及和互联网的出现,使图书馆提供信息咨询服务的方式多样化。用户既可以到图书馆进行现场咨询,也可以通过电话或互联网来寻求信息援助。

(一)电话咨询的内涵

所谓电话咨询,对于读者(用户),就是利用电话主动向图书馆咨询,寻求问题的答案,接收所需要的信息。对于图书馆,就是通过电话迅速解答对方咨询,向读者提供咨询服务。电话是连接图书馆与读者的桥梁,它能穿越时空把图书馆与读者联系起来。

电话咨询的内容涉及相当广泛,咨询范围也从大到小,读者提出的这些咨询项目差不多都牵动图书馆的各个业务部门,如信息部、外借部、古籍部等。开展电话咨询是由图书馆的性质和服务目的所决定的。从世界观范围内来看,图书馆早已把提供服务置于与图书馆教育、建设诸工作同等的地位。提供咨询服务也不只限借还图书和查找资料,而是任何

文献需求都可以用电话的方式进行咨询。所以,电话咨询是图书馆服务离不开的一种咨询方式。

(二)图书馆电话咨询的特点

图书馆电话咨询具有远程、快速、方便等优点,它突破了传统图书馆的服务格局,拓展了图书馆服务的空间,提高了图书馆为读者服务的广度和深度。图书馆是信息的提供者,必然要考虑利用最方便、能快速的传播工具。在计算机技术和通信技术飞速发展的今天,电话仍然是我们当之无愧的首选方式。即使在高度发达国家,电话还在起着非常重要的作用。随着我国科学技术以及通信事业的突飞猛进发展,越来越多的人了解了互联网,并开始利用互联网获取信息。

但这并不意味着电话咨询服务失去了存在的必要,下面的统计数字可以显示图书馆电话咨询的巨大空间和强大的生命力。2019年,全国电话用户净增3420万户,总数达到17.9亿户,比上年末增长2.5%。其中因第二卡槽需求基本释放完毕,移动电话用户全年净增从上年1.49亿户降至3525万户,总数达16亿户,移动电话用户普及率达114.4部/百人,比上年末提高2.2部/百人。全国已有26个省市的移动电话普及率超过100部/百人。固定电话用户总数1.91亿户,比上年末减少105万户,普及率下降至13.6部/百人。以上数字不难看出,这对公共图书馆电话咨询服务来说,是多么难得的发展空间。所以,图书馆应利用这一有利契机,合理地利用已有的电话通信设备、人员、文献资源,积极的发展电话咨询服务。

(三)电话咨询的内容

1.简单问询

读者欲通过电话了解图书馆的地址方位、开馆时间以及图书馆的服务内容,如何办证以及进一步获取信息的途径等。这类读者电话咨询的内容比较宽泛,无需太多的专业技术,只要耐心给予解答即可。

2.图书查询

接了图书馆网,一通电话,几分钟内便能得到及时准确的回答,既方便又快捷,

大大提高了图书馆的服务效率。

3.电话续借

自图书馆电话咨询开办续借服务以来，深受读者欢迎。因为在此之前，续借图8必须由读者带着图书亲自到图书馆来，经由计算机对所借图书进行条码识别才能完成。但续借者通常由于受到各种条件的限制，如交通不便、距离太远、或没有时间等而影响续借。借助电话，费时费力的事情就变得简单多了。读者只需坐在家里或在办公室内拨通电话，告诉工作人员自己的名字、借书证号，或图书条码号，即可完成续借。电话续借成了电话咨询服务中举足轻重的一个项目。

4.研究咨询

此类读者的咨询内容都带有较强的专业性，大多是科研、生产第一线的人员，所咨询的问题针对性较强。此类咨询需要工作人员具体分析用户的信息需求和所要研究的问题：将其联系到可能的信息资源、设计和研究课题策略，为开展研究工作提供最合适的参考工具书和其他资料。此种咨询解答非三言两语或是简单地查询即能完成的，需要咨询人员作以记录，查询结果出来后，通知读者来图书馆选择，这就需要工作人员具备相当广博的知识和较高的业务素质才能完成。此类咨询也是电话咨询中比例较小，但最能反映工作人员水平和素质的服务。

电话咨询服务能帮助图书馆员"走出去"，带领公众"走进来"，从而延伸图书馆咨询服务的触角。我们知道，并不是每位需要信息的读者都能来图书馆，有的可能有惧怕心理，也有的可能受路远、交通拥挤、时间不允许等各种因素影响不便来馆。相反，电话就在边上，他们很容易使用。另外，在我国，有去图书馆习惯的群体或个人还是有限的，而电话咨询就能在图书馆和这些读者之间架起桥梁。通过这一桥梁，促进"馆员走出图书馆"，让读者走进图书馆。

三、信函咨询

信函咨询包括普通信函和电子邮件两种。通过信函交流方式展开咨询，比较适合大多数的咨询范围。

（一）普通信函

在传统图书馆咨询服务中，普通信函是图书馆最基本、使用最多的文献传输方式。它方便、简单的特点适合任何读者。尤其是对于那些行动不便、路途遥远的或是计算机运用不熟练的读者都是一种非常理想的咨询方式，特别适合老年读者。但是普通信函有一定的收费标准，如邮寄费、复印费、扫描费、加急处理费等。但随着公共图书馆公益性的逐步体现，大多数项目费用都有减免，如大幅度降低文献复印费、文献传递费、文献检索费、光盘刻录费。这样读者的查询费用就会降低，这更加促进了读者到图书馆的热情，也更好地发挥图书馆的功能。

国内大部分图书馆信息咨询室或参考咨询室对普通信函和电子邮件都有相应的表单，读者填写，以便及时、准确地把咨询结果发到读者手中。

（二）电子邮件

电子邮件也称电子信箱，是以计算机通信网络为基础的，专门进行电子信件的传递、接收和存贮的公共信息服务系统。随着计算机技术、通信网络的迅猛发展和普及，当前图书馆已进入网络化、自动化管理时期，电子邮件作为一种全新的通信方式，以其独特的优势在图书馆工作中得到广泛的应用,并发挥出巨大的作用。

随着数字化图书馆进程的加快,电子邮件作为互联网上最受欢迎、使用最多的一种通信方式,为图书馆提供了一个全新的应用和服务领域提供了改变工作方式和改善服务模式的机会,我们应当积极探求电子邮件在图书馆的全方位、深入的运用,以便提高图书馆的工作效率,增强服务效果,吸引更多的读者。

另外,在网络化发展比较深入的图书馆,其主页上都有提供各种用途的表单,供读者联机填写递交,如讲座登记、委托检索、推荐订购书刊、续借或预约借书表单等。这些表单的实质就是读者按照一定格式发送的服务请求电子邮件,表单递交后,图书馆工作人员就会收到电子邮件,进行相应的处理。这样通过主页和电子邮件的结合,在图书馆和读者之间架起了一座交互式远程服务的桥梁。

四、网络咨询

网络咨询服务,是以网络环境为背景,以馆藏信息资源和此界范围的网上虚拟信息资源为对象,根据用户的特定需求,以知识和信息的开发为手段,从事知识和信息的调研、搜集、加工、转换、重组与创新的一系列服务活动。图书馆开展咨询检索工作,利用网络条件是最重要环节,通过网络将信息服务代替传统的文献服务。接受用户咨询,就读者提出的情报信息及其深度和广度要求,进行网络上的信息收集、提炼、归纳、分析,除去检索中来自不同数据库的重复记录,比较整理各类数据库中的类似信息,去粗取精,去伪存真,以能够反映和满足用户的需要。

(一)网络咨询的形式

第一,实时咨询。在线与学科馆员交流,学科馆员在线实时回答用户的咨询问题。"实时咨询"是"一对一"的信息咨询服务形式,是利用 CHAT 软件进行的一种信息咨询服务。只要用户登录图书馆的站点,并遵循必要的协议,就可以实时地与在线的图书馆员进行交谈。实时咨询一经问世就引起使用者极大的兴趣。实时咨询信息服务能否顺利开展主要有三个因素:技术上的网络软件和软件的选择;具体的信息咨询服务的内容;学科馆员的业务技能。未来"实时咨询"信息咨询服务将实现实时咨询解答、远程信息教育、信息资源评价和资源加工整合等功能。

第二,延时表单提问。咨询馆员在两天内作出答复,并发送到用户的邮箱里。

(二)网络咨询的要素

网络咨询的要素包括信息源、咨询用户、网络咨询人员、网络咨询设备、咨询市场(用户信息需求)等。

网络信息源是指以互联网中一切传输或存贮介质为载体的各种形式(如声音、图像、文字等)有用信息在网络环境下。网络信息源是一种十分重要的资源,是网络信息咨询成功的基础和保障,咨询用户是网络信息咨询生存和发展的动力,是提出咨询问题接受网络信息咨询服务、评价网络咨询服务质量的读者。用户需求的变化,用户素质的高低,用户的兴趣和爱好等,都是咨询人员有效开展网络信息咨询的依据。用户是网络信息咨询的中心,用户的质变将最终导致网络信息咨询的质变。网络信息咨询的用户主要是源自企业科研、高校等工作者,而且与机构性质、用户年龄等因素有密切关系。网上用户教育也非常关键。这是图书馆的四大职能之教育职能。教育读者,使其具有一定的信息素养是网络咨询承担的一项很重要的工作,也是提高用户信息素养的重要途径。在网络环境下，传统的用户教育形式发生了重大变化，其内容也更加广泛。图书馆一般在网上以"小时（或半小时、90分钟）讲座"、开设"网络教程"、开放网络教室等形式开展网络用户培训，并将各类课件提供在网上，供读者浏览、下载。

网络咨询人员。数字化、网络化环境的形成，对信息咨询工作提出了更高的要求。信息咨询人员是工作主体，其专业素质和能力在很大程度上决定着咨询服务的质量。为了满足图书馆用户日益增长的需要，对信息咨询员的素质也有了较高的要求。具体来说主要体现在以下两个方面：首先，要有具备多种专业技能的复合型人才，如精通管理、信息技术、法律、商务、外语的复合型人才；其次，咨询人员还必须学习专业的咨询理论和方法，善于发现、分析、解决问题，并辅助用户实施解决方案。这又要求咨询员善于沟通，并具有丰富的咨询经验。咨询用户的复杂性使得咨询人员必须加强自身的职业素质培养，才能把图书馆的咨询服务真正提高上去。

网络咨询设备基于网络信息咨询服务来说，先进的技术设备是实现网络信息咨询服务标准化的基础，是保证服务标准化的一个重要因素。没有高质量的设备，没有掌握技术设备的人，一切都无从谈起。技术设备是指图书馆开展网络信息咨询服务所需的硬件和软件，硬件包括高质量的计算机、网络服务器、高速传输线路和数据输入输出设备等。软件包括操作系统、检索系统、信息管理系统和专家咨询系统等。因此，图书馆为保障网络信息咨询服务，需要从财政上加大信息技术设备的投入，从技术上加强信息咨询人员的引入和培训。既要保证技术设备的完整，又要充分利用技术设备，以便更好地为用户服务。

咨询市场（用户信息需求）是网络信息咨询发展的推动力量。用户的信息需求是咨询市场的驱动力，咨询成果是产品，供需双方分别是用户和咨询方。用户在市场经济和网络条件下提出咨询需求，咨询方采取适当方式将咨询成果传递到用户，满足用户的咨询需求，从而使整个咨询过程得以完成。

（三）网络咨询的内容

网络信息咨询是将传统参考咨询的内容都搬上了网络，还增加了许多新的内容，包括网上图书馆介绍、图书馆知识性服务、网络目录咨询服务、网络专题咨询服务、用户培训服务、提供镜像数据库服务、网络咨询协作系统建设、帮助读者选择和使用数据库、OPAC业务培训、联机实时帮助、远程检索服务、电子邮件服务、检索工具介绍评估、咨询数据库建设和网络信息提供服务等。

（四）网络咨询的服务方式

网上信息咨询服务的发展表明，其任务不仅仅限于事实性问题的解答，还包括网上信息开发、网络资源导航、特色数据库等不同层次和深度的咨询服务。为此，除了传统的咨询服务外，更要注意拓展和采用下述新型的网上信息咨询服务方法。

1. 远程数字化资源合作

远程数字化资源合作主要是以网络为依托，营建一个馆际间的信息咨询协作关系，达到咨询力量的协同整合和优势互补，以及信息资源和咨询案例的共享。例如由国家图书馆牵头组建的"全国图书馆信息咨询协作网"，就是我国第一个荟萃图书馆信息精华和凝聚咨询智囊的信息咨询服务网络，并建有咨询案例库，提供 E-mail 咨询服务。同样为能对重点学科科研用户提供便捷的网络学术信息查询服务，中国高等教育文献保障体系（CALIS）的网络信息共享系统，也规划建立了一批"重点学科导航库"。如 CALIS 成员馆在南京大学的"地质网络导航数据库"，就收有天文、地质、地理、气象等学科的国内外机构、科学家、团体会议、电子期刊等内容，可用来进行有关的信息咨询服务。

2.信息资源导航服务

网络信息资源是以超文本格式链接起来的非线性结构，构成了立体网状的信息资源体系，各个国家、各种服务器、各种网页、各种文章上的相关信息都可以通过结点链接起来。这种链接的方便性也带来了网络信息的错综复杂，交叉分布，使查找信息的复杂性加大，所以网络信息资源导航服务应运而生，并越发显露出重要性。总的来说，网络信息资源导航服务有以下标准：一是内容要全，要连结最新资料研究报告、各种国内外资源站点、国内外重要论文、相关标准等；二是导航数据库，如关于元数据导航，著录中文题名、作者、英文简介、中文简介等，其中中文部分为导航员添加，为用户提供了更多的信息来决定是否点击某一站点；三是源导航，该导航按学科组织，分别列出哲学、历史学、图书馆学、情报学、数学、生物学等，其中在图书馆学情报中设置的导航项目有基础资源、数字书馆、出版物、学术会议等。

第二节　检索服务

一、文献检索

（一）文献检索概述

文献，原指具有较高历史价值的文字材料，包括图书和资料。但随着时代的发展，文献载体形式也呈现出多样化的态势。目前，我们所说的文献是指记录有人类知识的一切载体。文献的载体形式，除了包括图书和资料等印刷品（即印刷型文献）外，还包括声像型文献（如录音带、录像带、电影胶卷、幻灯胶片等）、缩微型文献（将知识信号高度缩微，存储记载在缩微胶卷、胶片或光盘上）、电子出版物（电子文献）、网络信息资源（网上文献）等现代化的文献载体形式。

检索，是一个具有广泛意义的通用术语。而文献检索，则是具有特定意义的专用术语，它专指在图书情报工作中对图书资料的查询，即根据读者对文献的特定需要，利用书目（目录）、索引、文摘等文献检索工具，从已经组织好的大量相关文献集合中，查询与读者需要的相关文献的过程。读者到图书馆查资料，就是图书馆员利用图书馆检索工具进行文献检索的过程。

文献检索的对象是文献的有序化集合（体），包括各种图书馆、档案馆、文献情报中心的收藏，各种文献载体的数据库，各种类型的文献集合等。

文献检索既是图书馆和科技情报部门一种重要的服务方法，同时，对读者来说，也是一种需要掌握的技能之一。尤其是随着计算机网络技术的普及，读者可以足不出户，通过 Internet 网络登录到图书馆网站，利用图书馆提供的书目数据库、专题数据库,免费检索到自己所需要的文献资料。

(二)文献检索的步骤与策略技巧

文献检索既是一种技术方法,同时它又是图书馆工作人员为读者提供服务的工作过程,这个过程一般分五个步骤完成。

第一,弄清楚读者的真正需要。通过跟读者的沟通,了解读者的情况,读者提出咨询的问题是要解决什么。只有这样,咨询员才能有针对性地为读者提供确切的资料,满足读者的需要。

第二,摸清读者已掌握的情况和已做过的检索,了解读者来馆前已经查阅了哪些资料,以避免不必要的重复工作,尽量少走弯路。有时通过与读者的交谈,甚至可以给我们查找资料提供快速的途径。因为,读者通常对他们要求咨询的专业文献检索都有所了解,这些情况实际上包含着查找文献资料的线索,尤其是研究型的读者,更是在来图书馆之前,自己已经查阅到了许多相关资料,他们到图书馆来查资料,通常是对他们已经查找到的资料进行补充,利用图书馆丰富的馆藏,去充实自己的资料。只是他们对图书馆的检索方法还没有完全掌握,而咨询员对图书馆的馆藏文献比较熟悉,再加上精通文献检索的方法,因此,可以很快地帮助读者找到所需的资料。详细了解读者已经做过的文献检索,是做好文献检索工作的一个重要手。

第三,先当读者的学生,再当读者的老师。当读者要检索某一领域的文献,而咨询员对该专业不是很熟悉时,就要以读者为师,请他介绍这一专业的相关知识。这样对读者来说,可以准确地让咨询员知道他所需要的资料,而对于咨询员来说通过向读者学习,既可以开拓视野,积累知识,又多掌握了一项为读者服务的技能。先当读者专业上的学生,然后给读者当图书馆文献检索方面的老师。这是一个在文献检索服务工作中很好的工作方法。

第四,针对咨询中的共性问题,要做好充分准备。读者在咨询中提出的问题,多种多样,各不相同,似乎难以预料,无法事先准备,但是在大量的咨询问题中,实际上存在着一定程度上的共性。而这些共性是可以事先做好准备的。

读者咨询的问题,我们可以将其归纳为事实咨询和文献咨询两大类在事实咨询中,通常是一些名词术语、人物、事件、数据等;文献咨询中,通常是某一学科、某一专题的文献咨询。这些文献咨询的解决,则要依靠图书馆的馆藏目录进行检索,将相关的文献检索出来后,再对文献内容进行查找。因此,针对读者在咨询中提出的最常见问题,做好有关文献知识的积累,就可以使大量常见的咨询迎刃而解。

第五,不断研究读者咨询问题的变化情况,有针对性地为读者提供服务。一般来说,来咨询的读者可以分为两类。一类是一般读者,另一类是对某一专题进行咨询的读者。这两类读者的需要有着明显的区别。

对一般读者而言,通常是事实性咨询,查字典、手册一类的书,就可以解决他们的问题。而专题读者,他们通常需要大量的图书目录索引和计算机网上数据库的查询,才能满足他们的需要。我们在为读者服务中,就要有区别地对待。但是具体到某一位读者,他们的需要又是千差万别的。对于一般的读者,要着重研究他们的共同需要、共同点,而适当地照顾他们的特殊需要。对待专题性的读者,则要针对他们每个人的具体需要,不但要了解某一学科的读者的共同需要,还要进一步去了解这一学科的读者的个别需要,以及他们所掌握运用的语言文字、兴趣爱好、阅读规律等,为读者提供相应的图书馆馆藏资料以及网上的最新资料等。

二、专利检索

(一)专利文献的概念及分类

世界知识产权组织(WIPO)在《知识产权法教程》一书中将专利文献定义为"专利文献是包含已经申请并被确认为发现、发明、实用新型和工业品外观设计的研究、设计、开发和试验成果的有关资料,以及保护发明人、专利所有人及工业品外观设计和实用新型注册证书持有人权利的有关资料的已出版或未出版的文件(或其摘要)的总称。

专利文献,就广义而论,是指一切与专利制度有关的文件,包括发明说明书、专利说明书、专利局公报、专利文摘、专利分类表、专利检索工具、申请专利时提交的各种文件以及与专利有关的法律文件和诉讼资料等。狭义的专利文献通常单指专利说明书,是专利文献的主体。

为了方便专利的检索,需要对专利文献进行分类。世界各国都有自己的专利分类法,采用各自的分类体系和标识符号。按各种不同的专利分类法检索专利文献极为不便。目前大多数国家都已放弃本国的分类法,改用国际专利分类法。国际专利分类法是目前使用最广泛的一种专利分类系统,我国也采用国际专利分类法。

(二)世界专利文献检索

1. 德温特《世界专利索引》

德温特《世界专利索引》(WPI)是由英国德温特出版公司编辑出版的,专门查找世界各国专利文献的检索工具。从1951年创办第一种刊物《英国专利文摘》发展至今,共收录报道了世界上28个国家、两个国际专利组织及两种刊物上的文献,内容包括自然科学的一切学科领域。

2. 德温特创新索引数据库

德温特创新索引(DⅡ)数据库是英国德温特出版公司与美国科学情报研究所合作开发的专利数据库。该数据库将德温特出版公司的《世界专利索引》和《专利引文索引》的内容整合在一起,利用ISI统一检索平台,在ISI的WebofKnowledge网站上提供网络检索服务,为研究人员提供世界范围内的综合全面的专利信息。

3. 美国专利数据库

它是美国专利和商标局的网上专利数据库。所有Internet用户均可免费检索,该网站允许用户检索自1976年以来的所有美国专利的题目、文摘及其包括图在内的专利说明书全文等信息。

4. 欧洲专利局检索系统

欧洲专利局的Espacenet专利检索系统是综合性的检索网站,也是目前经常使用的免费专利检索数据库。该检索系统提供了包括欧洲专利局和欧洲专利组织成员国出版的欧洲专利数据库、世界知识产权组织WIPO出版的PCT专利数据库、世界专利数据库、日本专利数据库等。

(三)中国专利文献检索

第一,中国国家知识产权局专利检索系统。该系统由中国国家知识产权局和中国专利信息中心创建维护，从 2001 年 11 月 1 日开始对社会公众提供专利检索服务。用户可以免费获得 1985 年我国颁布专利法以来公布的所有专利文献。

第二，中国专利信息网。该系统由国家知识产权局检索咨询中心与长通飞华信息技术有限公司共同开发，于 1997 年 10 月建立，是国内最早通过互联网向用户提供专利信息服务的网站，用户可以检索从 1985 年至今的所有中国专利信息。

第三，中国知识产权网。网站由中国国家知识产权局知识产权出版社主办，可以检索从 1985 年以来我国的专利文献，包括发明专利、实用新型专利、外观设计专利等专利文献。

第四，万方数据资源系统的成果专利数据库。数据库的数据由国家知识产权局出版社提供，收录从 1985 年至今受理的全部专利数据信息，包括中国发明专利、中国实用新型专利和中国外观设计专利。

第五，CNKI 知识创新网中国专利数据库。数据库提供中国专利数据库检索，分为免费服务和收费服务。免费服务仅提供"中国专利题录库"浏览，收费服务提供"中国专利文摘"和"中国专利说明书全文"服务。

三、综合检索

（一）中国期刊网

中国期刊网是中国知识基础设施工程（China Nationa lKnowledgeIn-frastructure，CNKI）中的一个重要组成部分，由清华大学、清华同方光盘股份有限公司、中国学术期刊（光盘版）电子杂志社、光盘国家研究中心、中国科学文献计量评价研究中心和CNKI 知识网络服务集团主办并开展服务。于 1999 年 6 月在清华大学正式开通，是国内最大的期刊文献数据库之一。它的数据库主要有中国期刊全文数据库（CJFD）、中国重要报纸全文库（CCND）、中国优秀博硕士学位论文全文库（CDMD）、中国重要会议论文全文数据库（CPCD）、中国基础教育知识仓库（CFED）、中国医院知识仓库（CHKD）、中国期刊题录数据库（免费）、中国专利数据库（免费）等。

中国期刊全文数据库是目前世界上最大的连续动态更新的期刊全文库，收录 1994年以来多种中文学术期刊，数据每日更新。中国重要报纸全文库收录 2000 年 6 月以来国内公开发行的重要报纸，内容覆盖文化、艺术、体育及各界人物、政治、军事与法律、经济社会与教育、科学技术、恋爱婚姻家庭与健康，数据每日更新。中国优秀博/硕士论文全文库收录 2000 年以来我国的优秀博/硕士论文，数据每日更新。中国重要会议论文全文数据库收录 1998 年以来我国各级政府职能部门、高等院校、科研院所、学术机构等单位的论文集，数据每日更新。中国专利数据库收录 1985 年以来我国的发明专利和实用新型专利的文摘信息。

（二）重庆维普中文科技期刊数据库

重庆维普中文科技期刊数据库是目前国内推出的最大的综合性文献数据库之一。该公司共有 4 种数据库产品，即"中文科技期刊全文数据库""外文科技期刊题录数据库""中国科技经济新闻数据库""中文科技期刊引文数据库"。

中文科技期刊全文数据库收录从 1989 年以来的自然科学、工程技术、农业科学、医药卫生、经济、教育和图书情报等学科文献，核心期刊的覆盖率达 95%。中文科技期刊数据库（文摘版），是国内最大的综合性文献数据库。中文科技期刊数据库（引文版），收录 1990 年至今公开出版的科技期刊，内容覆盖了自然科学、工程技术、农业科学、医药卫生、经济、教育和图书情报等学科的信息资源。外文科技期刊数据库（文摘版），文献以英文为主，学科范围包括自然科学、工程技术、农业科学、医药卫生、经济管理、教育科学和图书情报等学科。

（三）万方数据资源系统

万方数据资源系统是中国科技信息研究所、万方数据集团公司于 1997 年 8 月联合研究开发的一个以科技信息为主体，集经济、金融社会、人文信息为一体的综合性、权威性的信息服务系统，内容涉及自然科学和社会科学各大专业领域。目前最新出版的万方数据资源被整合为科技信息子系统、商务信息子系统、数字化期刊子系统、会议论文全文子系

统、学位论文全文子系统和中国法律法规子系统。

科技信息子系统为我国唯一完整的科技信息群，汇集了科研机构、成果专利、中外标准科技文献等 110 多个数据库资源，年数据更新达几十万条以上。

商务信息子系统——中国企业、公司与产品数据库。该数据库信息 100%更新，提供多种形式的载体和版本，目前已成为国际、国内了解中国企业信息的重要途径之一。

学位论文子系统包括"中国学位论文文摘数据库"和"中国学位论文全文数据库"两个数据库，收录了自 1977 年以来我国各学科领域的博士、硕士研究生论文。

会议论文全文子系统——中国学术会议论文全文数据库，收录了 1998 年以来国家级学会、协会、研究会以及各省市部委集团公司组织召开的全国性学术会议论文。

数字化期刊子系统是万方数据资源系统的重要组成部分，目前已经集纳了基础科学、医药卫生、工业技术、农业科学、社会科学、经济财政、科教文艺、哲学政法八大类的多个类目的期刊全文内容，收录的期刊大部分都是进入中国科技论文统计源的核心期刊。

中国法律法规全文库收录了 1949 年中华人民共和国成立以来全国人大法律、国务院行政法规、最高人民法院和最高人民检察院等单位颁布的法律法规、司法解释等，同时还有各部门规章、各地地方性法规和地方政府规章，以及我国参与的国际条约和公约等。

（四）联机检索系统 Dialog

美国 Dialog 系统是目前世界上最强大的国际联机检索系统，其用户遍及世界多个国家的终端用户，也是我国图书情报机构最早使用的国外联机检索系统之一。Dialog 数据库提供的是收费服务，数据库涵盖了知识产权、政府规章、社会科学、食品和农业、新闻和媒体、商业和财务、参考、能源和环境、化学、生物医学、药物学航天、生物技术、科技等各种信息。

Dialog 数据库可分为两大类：一类是研究和开发数据库，有数学、物理、化学、地学、生物、药物、医学、工程、高技术、计算机、安全、标准等；另一类是商业方面的数据库，有财经分析报告、技术转让、专利、版权、商标等。

（五）联机计算机图书馆中心

美国联机计算机图书馆中心总部设在美国的俄亥俄州，是世界上最大的提供网络文献信息服务和研究的机构之一。美国联机计算机图书馆中心是一个面向图书馆、非

营利性质、成员关系的组织，它以推动更多的用户检索世界范围内的信息，实现资源共享并减少检索信息的费用为主要目的。其主要提供以计算机为基础的联合编目、参考咨询、资源共享和保存服务。

第三节 课题服务

课题服务是图书馆参考咨询工作中的深层次服务项目，是参考咨询工作信息化的一个重要体现。由于课题服务实用性、针对性强，服务方式灵活，服务效果明显，因此深受读者欢迎，成为图书馆信息服务工作中一个比较突出的服务项目。

一、课题服务定义与类型

（一）课题服务定义

课题服务是相对一般咨询而言的，是咨询员根据用户特定要求针对某一课题向其提供的专门服务，它经过与用户沟通、课题分析或论证、文献查找、选择与利用，提供原始资料以及书目、文摘、索引等文献线索，或对信息进行分析、综合、浓缩、转换与创新，提供给用户整合后资料的信息服务。课题服务的"题"是指科研、生产、教学中的专门知识或课题，是一个知识系列，要求提供的文献全面、系统、针对性强，因此咨询员完成解答的过程相对复杂。

随着时代的进步和图书馆事业的变革，作为图书馆参考咨询工作中的一项传统服务项目，课题服务在服务内容和服务方式上逐渐发生着变化，尤其是近些年来社会需求和技术变革给课题服务工作带来更明显的变化。技术变革带来的变化如网上咨询、电话咨询等馆外咨询增多；课题服务中技术含量增多，从扫描、刻录光盘、电子邮件、QQ到提供数据库形式的资料以至根据读者需求开发数据库软件；传统的信息检索以文献检索为主要内容，现在数据库检索和网上信息检索也成为重要组成部分；社会需求带来的变化如用户对信息内容的精确性与深度要求更高；需求形式从以文献信息为主到多种载体形式并重；需求图片资料的增多等。

（二）课题服务类型

课题服务根据用户需求、专业类别以及难易程度不同可以划分成不同类型，咨询员则要根据课题类型灵活掌握服务方式。

1.根据课题服务规模大小分类

可分为：小型课题服务、中型课题服务、大型课题服务。

（1）小型课题服务一般检索信息量少，涉及学科单一，单位时间内咨询员投入较少时间，利用的各类工具书少、查找文献量少，一般个体咨询员能够独自完成。例如：2007年沈阳市政策研究室委托辽宁省图书馆查找"东北亚区域中心城市"相关文献，该课题服务由1名咨询员利用2天时间，通过中国学术期刊网查找到相关文献，用户在写调研报告时利用了查找的资料。

（2）中型课题相对小型课题而言，其课题服务检索信息量相对增多，单位时间内咨询员投入较多时间，利用各类检索工具书，查找一定量的文献，一般指投入2～3名咨询员，历时1周左右的时间，合作完成的课题。例如：2007年辽宁省图书馆为辽宁省地方志办公室提供"解放前辽宁地区志书，包括总志、专志、市、县、乡志"的课题服务，读者要求提供书名、修志时间、作者、藏佚情况，并且涉及中文及外文的相关文献。该课题服务由2名咨询员利用10天时间查阅了馆藏古籍目录、地方文献联合目录、旧日文图书数据库等多种工具书、数据库，为读者提供400余种图书的相关情况。

（3）大型课题服务检索信息量大，涉及多种学科，单位时间内需要投入多学科咨询人员，而且耗时长，并且需要多渠道、多角度利用各类工具书及原始文献，一般指投入3人以上，历时1个月以上时间，经合作完成的课题。例如：辽宁省图书馆参与"中国抗战时期人口伤亡和财产损失调查—辽宁地区部分"课题服务项目，该课题服务由11名咨询员参与，投入1年时间，查阅图书文献500余种。1931-1945年中文报纸《盛京时报》《申报》、日文报纸《满洲日日新闻》、旧日文期刊10余种、中国学术期刊网等，查到相关文献4000余条，进行复印，装订成26册，并利用查找的文献写出14万余字的《抗战时期辽宁地区人口伤亡和财产损失大事记》。

大型课题服务与中小型课题服务有较多区别。

区别一：设有项目负责人。即根据课题需要，按专业需求设置，任务是通盘掌握、调度课题服务流程，保证课题服务质量。

区别二：服务团队组成。在项目负责人的主持下，根据课题需要配置不同专业学科背景、不同研究方向的咨询员通力合作。

区别三：服务结果分析整合。大型课题服务结果多数形成成果体系，需要将服务成果加以整合分析，最后附索引、分类装订成册，也可以按读者需要将资料做成数据库形式，进行多角度揭示与提供。

大型课题的完成，必须依靠团队的共同努力才能实现，而且团队服务是图书馆咨询服务的发展趋势。因为团队服务具有如下好处：团队合作能够提高课题服务的质量与效率。团队中每一名成员都明确个人要完成的目标，知道自己在实现目标过程中要做哪些工作及所起的作用，明确与其他成员之间如何进行协调。通过协调可以解决咨询服务中发生的"边缘"或界限"模糊"问题，在共同探讨中寻找共识，共同完成课题目标；课题服务中的团队合作有利于咨询员间开展业务交流，改进课题服务策略，提高课题服务水平。现在图书馆需要复合型人才，团队合作无疑起到了弥补复合型人才缺乏的作用。因此，在课题服务工作中应当培养团队合作意识，营造一种提倡、重视团队合作的氛围，根据学科、能力、年龄互补等因素组织团队，发挥好团队合作优势，这样才能面向全社会的读者开展多层次、多角度的参考咨询服务。

2.根据课题服务涉及的学科特点可分为：专业课题服务、综合课题服务

专业课题服务就是课题涉及某一学科领域的专门问题，广义上可以划分为自然科学课题，社会科学课题，狭义上可将自然科学、社会科学进一步细分，如经济、法律、历史、文学、医药、冶金等。例如：2006年沈阳金融博物馆为开馆委托辽宁省图书馆查找"东北金融资料"课题服务，该课题服务检索到文献资料线索2648条，涉及文献包括图书期刊160余种。其中清末报刊11种，民国时期图书38种，期刊92种；提供"东北金融资料"目录一份，包括题名、出处、年代、馆藏4项内容；从文献中整理出1948年以前沈阳金融人物、机构、货币资料50000字。

综合课题服务就是同一课题涉及多种学科领域，多种学科交叉在一起。例如：2000年新华社沈阳分社为举办"沈阳建城2300年图片展"委托辽宁省图书馆查找图片。该课题服务利用不同年代中外文图书、古籍文献近100种提供1000余幅图片，反映了不同时代的沈阳，从鸦片战争到解放后，并从市街、城区、名胜古迹、人物、宗教、民族工商业、殖民经济、金融、文化机构与教育、历史事件、沦陷时期的沈阳、解放后沈阳的土改与农业生产、重工业建设等全方面地反映了沈阳的历史。同时根据用户要求写出展览大纲及图片的文字说明。

3. 根据课题服务完成方式可分为：一次性课题服务、跟踪课题服务

一次性课题服务就是咨询员在规定时间内集中解答读者提出的咨询问题。图书馆多数课题服务是属于一次性课题服务。对于时间性要求很强的课题，要恰当组织人力，集中力量，做好服务。

跟踪课题服务就是根据读者课题进程，按需进行时段性查找，把检索到的资料随时或定期地提供给读者。跟踪课题服务是一项连贯性很强、长期性的工作，服务中要注意事项如下。

（1）针对性：跟踪课题服务一旦确定，必须始终围绕这一课题进行文献检索，并随时针对课题进展中出现的新问题调整检索策略，防止服务过程中偏离检索目标的现象。

（2）灵活性：跟踪服务中需动用不同类型的检索手段，搜索各种类型的文献资源。不应局限于馆藏的文献资料，在缺藏的情况下，要尽可能从馆外获取，以保证信息的完整性。

（3）连续性：跟踪服务是在一段时间内不断进行的，需连续不断地搜索课题在各阶段中所需要的文献信息，因此整个服务过程应成为一个系统的连贯的有机整体。

（4）及时性：跟踪服务十分注重信息的及时性，使信息的提供与读者课题的进展尽可能保持同步。要及时发现文献中反映出来的新动向，主动提供给读者。

（5）参与性：咨询人员在进行跟踪服务中，应具有主动参与精神，经常主动与读者沟通，了解读者课题的进展。在提供服务的过程中应主动做些记录和资料积累，对新情况及时进行总结研究，提高服务效率。

二、课题论证

课题论证就是图书馆针对读者提出的课题，根据自身情况。准备进行课题服务前，从文献资源、人力资源、物质资源等方面来论证图书馆能否接下课题。具体而言就是图书馆在哪些方面具有优势，哪些方面还需补充、改进，总之要考虑图书馆是否具备承担课题服务的能力，文献查全率，可以通过哪些渠道补充查找途径，提高查全率，只有这样才能做到"心中有数"，把接手的课题服务做得更好。

（一）文献资源

搞清自己的"家底"，了解馆藏资源是否具有这方面优势，是否基本具备课题所需文献。

（二）人力资源

咨询员是否有能力承担这项工作，包括具有与选题相关的专业知识和针对课题进展的不同阶段灵活主动地提供服务的技能。

（三）物质资源

图书馆设备条件是否完善，或可能根据课题配备相关设备，抑或课题带来的效益是否值得配备设备等。

图书馆课题服务论证有两种，一是接受读者提出课题服务之后进行论证，二是图书馆根据自身馆藏情况、咨询员的业务水平情况来论证可以接受什么样的课题或者准备开展什么样的课题研究。前者是在充分了解读者需求后，咨询员根据读者需求及馆藏文献、服务人员、设备等因素论证课题是否可行，能否满足读者需求，满足到什么程度及服务中可能存在的不足，把论证的结果与读者沟通，再决定是否进行下一步工作。后者的论证是贯穿在平时的业务工作中的。把已做过的课题服务重新温习，看一看哪些地方做得好，哪些地方可以进一步拓展，做得更完善。下一次有这样的课题出现时，与读者沟通就可以"心中有数"。对于图书馆准备开展的课题研究，像编制专题书目、索引、文摘等二次文献，将原始文献编制成二、三次文献，建设的资源库等，都要根据读者的需要和馆藏特色以及建库的规范标准来进行论证。

课题论证方式是多方面的。可以是咨询员在一起论证，可以是图书馆相关部门人员在一起论证，可以请在某一领域有专长的读者参与一起论证，有条件的图书馆可以参与读者立题论证，从文献保障角度来论证读者的课题是否可行等。

在一些图书馆中，部门之间、科组之间、人与人之间工作相对独立，相互之间缺乏技术上的合作，造成相关或同一课题被重复查询，结果浪费了人力资源和物力资源。通过课题论证工作的开展，利于避免这种现象的发生。

三、课题服务过程

课题服务问题千变万化，有大有小，有深有浅，但是都遵循一定的工作程序。课题服务过程，简单地说就是咨询员对读者提出的问题进行分析与解决的过程。一般都经过接受课题服务、了解情况、查找文献、解答问题、建立课题档案的过程，是一个完整的工作程序。每个过程都有明确的内容、具体的方法和要求。

（一）接受课题

接受课题就是接受读者提出的咨询问题的过程，既包括读者通过口头、书面、电话、网络等形式提出的咨询问题，也包括图书馆深入实际，主动了解到的咨询问题。这是开展课题服务的第一步，也是一个关键环节。互动是一种艺术，一个课题服务能否成功地承接下来，关键在于咨询员与读者的沟通。这与咨询员自身素质、经验、服务态度、交流技巧等有关。咨询员与读者沟通过程中，要注意明确如下问题：

1.弄清咨询的目的要求

弄清读者咨询的目的要求，即弄清读者要查什么。这是最根本的一点，也是检索文献信息资料、解答咨询的出发点和落脚点。要尽可能弄清读者为了什么而提出咨询，其起因、来历、出处及用途是什么。只有把咨询的目的要求搞清楚，才能做到迅速、准确地解答咨询问题但对于有些单位的咨询问题，由于特殊原因，不宜了解其咨询目的。

2.弄清咨询问题的具体内容

弄清咨询问题的具体内容，首先要弄清咨询问题的概念和含义，概念和含义都不清的咨询问题是违法或难以解答的；其次要大体了解咨询问题时间范围、地域范围、文献文种、文献类型（如文字资料还是图片资料）等，以便初步确定查找资料的范围和方式。

3.弄清咨询问题与文献资源的关系

弄清咨询问题与文献信息资源的关系，即从咨询问题的需要出发，审视本单位文献资源、检索系统及其他条件，以便预测解答咨询的可能性及解答程度等，不致延误时机。

4.弄清读者已掌握的情况及已做过的检索

了解读者已经查阅了哪些文献资料，使用过哪些检索工具，已掌握了哪些线索，需要的关键资料是什么，困难的焦点是什么等，可避免重复劳动、少走弯路，甚至能启发咨询员的思路，启示查找资料的线索和途径。

5.弄清读者什么时间需要

弄清读者需要解答的最后期限，以便在读者限定时间内给予尽快解答，不耽误读者。

6.弄清读者的一些情况

弄清读者的单位、职别等情况，有时对考虑咨询问题有一定帮助。比如，了解读者的文化程度及外语水平，有助于确定检索和提供文献信息咨询的范围、深浅程度等。

接受课题服务的过程实际上一个调查研究的过程。主要是向读者做调查，与读者一起进行讨论，要做到"一听""二问""三反述"，多与读者沟通，尽可能多地获取信息，尤其是读者提出的咨询问题含混不清，或隐含其他问题，或读者的语言不能被咨询员所理解时，要反复询问讨论，进行总结或释义，最后用双方证实认可的语言明确咨询要求，保证双方对咨询问题达到一致的理解，这是做好课题服务的前提。

从图书馆信息服务工作角度来说，还应当严格根据手续办事，让读者填写课题服务读者登记单，格式可根据各馆的规模、性质以及服务对象的不同而不同。

（二）课题分析或课题论证

接受课题后，对于小型课题服务，紧接着进入下一环节——课题分析；对于较大型的课题服务，就需要组织人员进行课题论证。

课题分析就是对咨询问题进行深入分析的过程。要分析判断咨询问题应归属哪类学科，可能在哪类文献中找到，再分析选择检索文献的检索手段。课题分析实际上也是一个学习思考的过程。一个咨询员不可能对所有学科的问题都能提供解答，对于不熟悉或复杂的咨询问题必须有一个学习思考的过程。一个成功的咨询员是一个善于学习的人。学习是广泛的，可以向读者学习、可以通过工具书、参考书学习、可以向有关人员学习，尤其是本馆其他部门的专业人员，比如古籍整理、信息技术人员等。

课题论证是在较大型课题服务中的一个重要环节，课题论证的具体内容前文已有说明。咨询员要把论证的结果与读者沟通，如果获得读者认可，应把课题服务的详细报价告诉读者。

课题服务定价可采用：

（1）计时定价方法：根据课题服务工作中为读者所提供服务的时间来定价，一般以单位时间为标准。比如不同职称的咨询员提供服务，收费标准不同等。

（2）计量定价方法：依照课题服务中所提供资料数量来确定价格，以单位产品为标准，比如提供书目以条目为单位收费，提供文章以篇为单位收费，提供图片以幅为单位收费等。

（3）利润定价方法：估算课题服务产品可能为读者带来的实际利润，再依据读者对其价值的接受能力来确定价格的方法。此方法的随意性较大。比如对专题调研报告的收费。

（4）成本与智力结合定价方法：在精确计算课题服务中的成本费用基础上，结合咨询员智力劳动价值来定价。

除此之外，还可以采取其他具体定价方法对课题服务的价格确定进行规范和调整。

《东北金融资料》课题案例：接题后立即开展论证，认为工作可从两方面进行：一资料收集，二软件开发。资料收集：馆藏书包括工具书和数据库，估计收集资料能达到90%，并建议读者将所查资料的地域范围拓展到东北地区，因为沈阳作为东北的中心，在东北金融上起重要作用并与东北其他地区的金融有着千丝万缕的联系。软件开发：有能力开发一个小型数据库，具有数据添加、检索、打印功能，基本能满足读者需求。与读者沟通后，读者表示同意，课题可以立项了。

（三）课题立项

接受、论证课题可行后，读者如果对图书馆的收费没有异议，就可以签订课题服务合同。合同管理虽然在图书馆信息服务中刚刚出现，但它是图书馆信息服务工作发展的必然趋势。合同管理可以运用法律武器维护自身权益，使图书馆的信息服务工作逐步步入法治化、规范化的轨道。运用市场经济观念和法则来开展信息服务工作，也必将使图书馆信息服务工作大有作为。

同读者签订课题服务合同后，就可以立项了。把课题服务作为一个项目来实施，才能保证它的顺利开展。课题立项包括：

（1）人员组织。确定项目负责人、参与者，并根据咨询员的专业特点与特长，安排每个人的具体工作等。

（2）文献协调。馆内协调：通常馆藏文献按文献类型分布在各部室，不能各自为政，要有统一的文献协调来保障文献的充分利用；馆外合作：利用文献不应当受馆藏单位的局限，加强与外单位的合作协调，实现资源共享，以保证文献的查全、查深。

（3）设备、备品落实。现代技术在课题服务中应用的越来越多，要根据具体需要，落实具体设备与备品。设备如计算机、扫描仪、刻录机、缩微阅读器等。备品如光盘、纸张、胶水等消耗品。

《东北金融资料》课题案例：课题确定后，立即组织人员。三名咨询员参加，其中由一名学科带头人负责总体把关、资料收集及设计数据库具体模式，一名咨询员负责数据库开发，一名咨询员负责资料收集、数据库建设及配合数据库调试工作。先期为读者查找资料线索，工作人员都有计算机，能满足需要，可立即开展工作。

（四）设计课题解决方案

一个好的课题解决方案是有效完成课题服务的保证。这需要参考咨询员首先做一次馆藏情况的调查，对检索数量做一次估计和了解；确立检索初步步骤，选择检索工具书和检索方式；根据读者需要确立被检索出文献的整合方式等。

《东北金融资料》课题案例：为保证进度，我们决定收集资料和开发软件工作同时进行。根据对馆藏情况的了解，确定从《馆藏地方文献篇名目录》《中国近代期刊篇目汇录》《馆藏建国前东北地区期刊数据库》《全国报刊索引》《馆藏书目数据库》等多种工具书中查找资料线索，再进书库补漏。数据库软件的设计采用目前数据库领域通行的开发模式（C/S）进行开发，以便为日后数据发布能顺利过渡到（B/S）模式作准备。同时根据线索资料初步设置了数据格式的字段，有题名、体裁（即文献为何种类型，如论文、图片、表、消息等）、作者、出处、时间、卷期、页码、馆藏、索书号、体裁（比如图书、期刊、报纸、档案、电子文献等）、文种、分类、主题、备注 14 个字段。

（五）实施课题解决方案

课题解决方案一旦确定，即可按照方案开展工作。首先进行文献检索。咨询员可先了解一些与课题有关的相关知识或信息；要理解课题的实质；查找文献过程中要认真仔细。随着计算机、网络技术的普及和各种数据库的涌现，现在经常是手工检索和计算机检索方法结合使用。检索过程中，可以根据检索所得的初步结果不断扩大与加深文献线索与检索范围；可以根据具体情况，适时修改方案，扩大检索途径；可随时与读者沟通，把进展情况告知读者以求进一步理解课题性质。对检索出的信息要比较鉴别，最后选定结果，以贴近读者再求。然后把检索出的资料进行整合。整合文献资料就是把检索出而信息登记、汇总、整理、编排或对信息进行分析、加工、转换、重组与创新，这凝结着咨询员更多的智力劳动，体现课题服务的高智能性与创造性。

（六）提交课题服务资料

提交课题服务资料，是课题服务工作中的最后程序。就是咨询员把整合后的资料交给读者，答复读者。交给读者的资料从内容上看有直接提供具体的文献信息资料，有提供文献资料线索，有经过咨询员整合后的资料；从载体上看，有纸质的、有电子版的；从资料形式上原始文献，有文献复制品，从资料整理形式上看有装订的，有未装订的；交给读者资料的途径有读者亲自到馆取走的，有邮寄的，有通过 E-mail 或 QQ 网上传递等多种途径等，主要根据读者的需求而定。

向读者提交课题服务资料时，要注意以下问题。

（1）原始资料注明出处，经过咨询员加工的资料，注明引文，以便读者进一步查阅或引用。

（2）注意读者的反馈，了解读者根据提供的文献信息资料是否解决了问题，解决了哪些问题，还有哪些问题没有解决。必要时可再做检索，直到完全解决问题，读者满意为止。了解这些很重要，因为做的不好就可能功亏一篑，前功尽弃。

《东北金融资料》课题案例：《东北金融资料》课题服务历时半年多，检索到资料线索 2648 条，涉及图书期刊 16 种，最后把数据库形式的资料刻盘交给用户。通过这次课题服务解决了沈阳金融博物馆馆舍的历史沿革等诸多问题，在沈阳金融博物馆陈列内容大纲和形式设计使用方面发挥了重要作用，受到了专家的好评。

课题服务过程中对读者的服务就此全部结束。但对于咨询员来说，工作并未结束，还需要建立课题服务档案。

（七）建立课题服务档案

建立课题服务档案是课题服务工作中一个环节，它包含 3 方面内容：

（1）课题服务读者档案，包括读者姓名、工作单位、职业或职务、联系电话、E-mail、提出日期、服务要求、课题服务名称、受理人等。

（2）课题服务过程档案，包括课题服务名称、承接课题时间、承接课题方式（到馆、电话、信件、网上）、课题服务人员、服务过程、服务结果（包括检索数量、提供原件等）、完成课题时间、服务效果等。

（3）课题服务文献档案，包括课题服务名称、利用的工具书或数据库、利用文献名称、提供文献名称、整合后资料（如书目、文摘、提要等）等。

课题服务档案主要是图书馆内部管理需要，不直接与读者发生关系，在实际工作中容易被忽视。作为课题服务工作中的一个环节，它的意义在于①通过课题服务工作过程的完整记录，为总结和研究课题服务工作提供素材；②通过读者情况的记录，可以了解及有针对性地服务读者；③通过档案的累积，可形成系统的知识或馆藏特色资源，便于向更多的读者传递这些知识。因此咨询员在工作中应该形成建立课题服务档案的良好习惯。

以上过程是系统的课题服务过程。实际工作中，课题有大有小，有深有浅，检索的难度、投入的时间也不一样，需要运用不同的策略，其步骤也可以根据具体需要省减，或者循环重复，不断调整。

总之，课题服务是图书馆信息服务中一项知识性、技术性很强的工作，更是一项创造性的工作，最能直接体现图书馆的信息服务水平，拓展图书馆的信息服务空间。它要求图书馆的文献资源具有多类型、多类别、多层次的合理结构；要求咨询人员具有较完善的知识结构，熟练的文献检索能力，在服务效率、服务质量、服务效果等方面达到相当的水准，才能为社会所认可或受到较高评价。

第四章 物联网技术及应用

从物联网技术简介开始，论述了物联网的概念及体系结构，随后对图书馆用的感知设备以及产品电子码进行了介绍，其次对射频自动识别技术、蓝牙技术、Wi-Fi 技术、ZigBee 技术、Beacon 技术、NFC 技术等进行了介绍并对其在图书馆的应用做了论述，最后对几种常用的室内实时定位技术进行了比较。

第一节 物联网技术

在 1999 年美国麻省理工学院自动识别中心 KevinAshton 教授正式提出物联网概念之后，经过 20 年的发展，物联网的应用在人们的生活中可以说是无处不在。业界普遍认为物联网是继计算机、互联网与移动通信网之后的第三次信息产业革命。尤其是近年来，物联网技术已经成为智慧城市、智慧校园、智慧图书馆建设的主要助推力量之一。世界上已经有很多国家将物联网产业列为振兴本国经济的核心产业。

一、物联网技术的概念

物联网技术的原理其实就是在计算机互联网的基础上，利用射频自动识别无线数据通信等技术，构造一个覆盖世界上万建筑的"Internet of Things"。在这个网络中，建筑（物品）能够彼此进行"交流"，而无须人的干预。

物联网就是通过 RFID、红外感应器、定位技术、激光扫描器等信息传感设备，按约定的协议，把物品与互联网相连接，进行信息交换和通信，以实现对物品的智能化识别、定位、跟踪、监控和管理的一种网络。物联网技术应用领域广泛，主要有公共事务管理（节能环保、交通管理等）、公众社会服务（医疗健康、家居建筑、金融保险等）、经济发展建设（能源电力、物流零售等）。作为新一代信息技术的重要组成部分，物联网技术也被广泛应用于图书馆中。

物联网的关键技术与领域有三项，分别为传感器技术、RFID 标签系统、嵌入式系统技术。传感器技术将传输线路中的模拟信号转变为可处理的数字信号，转化为数据，然后交给计算机进行处理。最基本的电子标签系统由三部分组成：标签，由耦合元件及芯片组成，每个标签具有唯一的电子编码，高容量电子标签有用户可写入的存储空间，附着在物体上标识目标对象；阅读器，读取（有时还可以写入）标签信息的设备，可设计为手持式或固定式；天线，在标签和读取器间传递射频信号。嵌入式系统是以应用为中心、以计算机技术为基础，软、硬件可裁剪，适应于应用系统对功能、可靠性、成本、体积、功耗等方面有特殊要求的专用计算机系统。

二、物联网的体系结构

物联网的体系结构主要由三个层次组成：感知层（感知控制层）、网络层和应用层组成。

（一）感知层

人类使用五官和皮肤，通过视觉、味觉、嗅觉、听觉和触觉来感知外部世界。感知层对于物联网来说，就像五官和皮肤对人类来说一样，用于识别外界物体和采集信息，从而解决的是人类世界和物理世界的数据获取问题。

物联网的感知层设备种类众多，但一般可分为两类：一类是自动感知设备，能够自动感知外部的物理信息，包括 RFID、传感器、智能机器人、智能家电等；另外一类是人工生成信息设备，包括智能手机、平板电脑、计算机等。

比如，传感器作为物联网中获得信息的主要设备，可以说目前的应用无处不在。传感器利用各种机制把被测量转换为电信号，然后由相应信号处理装置进行处理，并产生响应动作。据悉，目前全球传感器各类约有 2 万多种。这些传感器被广泛应用于航天、航空、国防科技、医疗设备以及工农业等各个领域。为实现智慧城市、智慧校园和智慧图书馆迈出了坚实的一步。常见的传感器包括温度、湿度、压力、光电传感器等。

（二）网络层

网络层又被称为传输层，位于物联网三层结构中的中间层，是连接感知层和应用层的纽带，其功能为"传送"信息，即通过通信网络进行信息传输。网络层相当于人的神经中枢系统，由各种私有网络、互联网、有线和无线通信网等组成，负责将感知层获取的信息安全可靠地传输到应用层，然后根据不同的应用需求进行信息处理。网络层可分为三层，分别是接入层、汇聚层和核心交换层。

接入层相当于计算机网络的物理层和数据链路层。接入层网络技术分为无线接入和有线接入，无线接入有无线局域网、移动通信中 M2M 通信等；有线接入有现场总线、电力线接入、电视电缆和电话线等。由感知层的 RFID 标签、传感器等与接入层设备构成了物联网感知网络的基本单元。

汇聚层位于接入层和核心交换层之间，主要任务是对接入层和感知层的数据进行分组和汇聚、转发和交换，以及进行本地路由、过滤、流量均衡等。汇聚层技术也分为无线和有线。无线包括无线局域网、无线城域网、移动通信 M2M 通信和专用无线通信等，有线包括局域网、现场总线等。

核心交换层为物联网提供高速、安全和具有服务质量保障能力的数据传输。可以为 IP 网、非 IP 网、虚拟专网，或者它们之间的组合。

（三）应用层

应用层分为管理服务层和行业应用层。

管理服务层通过中间件软件实现感知硬件和应用软件之间的物理隔离和无缝连接，提供海量数据的高效汇聚和存储，通过数据挖掘、智能数据处理计算等为行业应用层提供安全的网络管理和智能服务。

行业应用层可为不同行业提供物联网服务，可以是智能交通、智能教育、智能警务、智能医疗、智能家居、智能物流等。该层主要由应用层协议组成，不同的行业需要制定不同的应用层协议。

在物联网整个体系结构中，信息安全、网络管理、对象名字服务（ONS）和服务质量（QOS）保证是必用的共性技术。

第二节　图书馆的感知设备

感知设备种类繁多，一般情况下，不同种类的感知设备，可应用于不同的场合，在图书馆常用的感知设备如下。

一、射频电子标签

在纸质书刊内置电子标签，取代条形码标签，存储其相关数据信息，比如书名、作者、分类号、副本量、放置位置等数据，起到基础数据的采集作用。

二、读写器

主要功能是对电子标签的读取、接收和发射，即将读取到的电子标签内的数据信息以电信号的形式通过网络发送到接收端。

三、安检门禁

图书馆一般有两种功能的门禁，一是对纸质书刊进行监测，二是对出入人员进行监测。在纸质书刊内置电子标签的情况下，带有电子标签读写器的门禁可对纸质书刊进行监测，用户携带未办理正常借阅手续的图书经过时，会声光报警。对人员的监测一般采用刷卡、刷脸等方式，对用户的身份进行识别，预测用户的出入。

四、分拣设备

一般采用给每一本图书安装 RFID 电子标签，在 RFID 电子标签中存储有图书的分类信息，在图书放置到图书自动分拣设备上后，RFID 电子标签中的图书分类信息被设备上安装的 RFID 天线读取，然后经过系统判断后将图书传送到相应分类的分拣口进行归类。

五、移动推车式盘点设备

推车式盘点具有顺架、盘点、新书上架、倒架、上架指导、剔旧、移库、图书查找等功能，配置手持式天线，触发式开关，可方便在书架间移动盘点。

六、自助借还设备

一般由触摸显示器、读卡器、扫描仪、放置台和电源等组成的一体机。读者通过借阅证、馆内微信公众号或注册的身份证就可进行自助式借书、还书、续借、借阅查询等操作。

七、触屏查询机

支持多点触控、软键盘和手写输入，用户可自助检索所需资源、查询要借文献的状态，包括藏书数量、库存位置、图书编号、已借阅数量等信息。

八、馆员工作站

由系统服务器、RFID 读写器、充磁/消磁装置等设备组成，对贴有射频标签的图书文献进行自动化识别、检索、查询、借还等处理。

九、通信自动化设备

主要是数据传输设施、广域网、卫星网络等数值终端、集成网络互换机、无线设备接入系统、媒体通信系统等。

产品电子码（EPC，），是 RFID 标签的一种，指利用 RFID 技术在每一件产品上封装一个芯片，利用该芯片记录该件产品全球唯一的编号。它是继条形码技术之后，国际上新发展起来的一种全球统一标识体系。随着物联网技术的发展，有朝一日每本图书的出版都可以内置一个 EPC。

EPC 是产品电子代码的载体，当 EPC 标签贴在物品上或内嵌在图书等物品中的时候，即将该物品与产品电子代码标签中的唯一代码建立起了一对一的对应关系。对图书来说，根据其唯一代码，EPC 系统可提供其书名、作者、出版社、出版时间、ISBN 编号，甚至内容摘要等信息。产品电子代码系统充分利用了射频识别技术和网络技术的优点，实现了对全球每件产品的唯一标识以及多个商品的同时识别和非可视识别。

第三节 RFID 技术及应用

一、RFID 射频技术概述

射频识别技术 RFID，又称无线射频识别，是一种通信技术，也是物联网的核心技术，可通过无线电讯号识别特定目标并读写相关数据，无须识别系统与特定目标之间建立机械或光学接触，就可实现高速的数据采集，并且过程无须人工干预。特别是在高速运动过程中也可实现穿透性和无屏障阅读、远距离非触控性的自动感知能力以及具有加密的存储能力，并且具有多个同时识别及信息载体身份的唯一性，这些特性都催生了智慧图书馆的实际应用，被认为是 21 世纪最具发展潜力的战略技术之一。

RFID 系统由电子标签、阅读器、天线组成。电子标签又称为射频标签、应答器、数据载体；阅读器又称为读出装置，扫描器、通讯器、读写器（取决于电子标签是否可以无线改写数据），电子标签与阅读器之间通过耦合元件实现射频信号的空间（无接触）耦合、在耦合通道内，根据时序关系，实现能量的传递、数据的交换。

在图书馆应用中，RFID 电子标签取代了传统的条形码和磁条，被附在纸质书刊、音像制品、借书证等一切需要管理的物品上，用来识别唯一性的电子编码，这样每个物品都成为一个终端结点，经过授权的馆员可根据工作需要对电子标签中记录物品的信息进行增加、删除或修改，如纸质书刊的信息、馆藏地、架位等数据。相对于磁条来说，电子标签具有较强的读写率，可多次修改和重复利用。电子标签的阅读器分手持式或固定式，可以对标签信息进行读取（有时也可以写入）。天线作为连接点，在电子标签和阅读器之间传递射频信号。RFID 系统与互联网进行连接，这样使得每个终端结点不但具有信息的感知能力，而且具有信息的处理能力，实现了读者与文献资源、读者与读者、读者与馆员、馆员与文献资源、馆员与馆员、文献资源与文献资源之间的互联互通。目前，RFID 技术被逐步应用于图书馆的日常管理业务中，与条形码系统相比，RFID 系统更加便捷、高效、省时省力，显著提高了图书馆的服务质量和工作效率。特别是 RFID 技术在图书馆自助借还部分所产生的经济和社会效益，已经得到了图书馆界的广泛共识，成为现代图书馆应用的一个趋势。

二、RFID 在图书馆的应用体现

RFID 技术在图书馆的应用可以体现在以下几个方面。

（一）文献可以被精确定位，便于文献的馆藏管理和读者查找

RF1D 电子标签中有文献的精确定位信息，可以帮读者快速定位到文献的位置，并

迅速找到，大大节省了查找时间。同时文献的精确定位也有助于馆藏管理，比如馆员使用扫描器就可以很快查出馆藏图书的错架情况，快速完成图书盘点工作。

（二）实现图书的自助借还，简化了借还过程

从本质上来说，自助借还机就是 RFID 阅读器加上自助借还的应用软件，不需要馆员的参与，读者可以直接使用自助借还机对图书进行扫描，同时自动消磁，就实现了借还书流程，有的自助借还机还可以进行批量借还处理。

（三）突破图书馆开放时间、地点局限，方便读者还书

自助还书机可以分布在不同的场合以满足读者还书的需要，并且 24 小时开放使用，读者可以随时就近还书。

（四）其他读者自助服务

RFID 可以帮助读者完成其他项目的自助服务，比如可以自助办证、自助目录查询、自助复印、自助打印、自助扫描、自助充值、自助缴费等服务。

（五）为读者提供"手机图书馆"服务

手机图书馆又可称为"无线图书馆"或"移动图书馆"。随着智能手机的使用普及，手机图书馆可以让读者更方便地利用图书馆的信息资源，比如可为手机读者提供在线书目查询、催还、预约、续借、即时通知等服务。

（六）电话服务

就是通过电话向持有 RFID 借书证的读者提供服务，一般包括电话语音服务、目录查询服务、流通服务、馆际互借服务、文献传递服务、咨询服务、缴费服务、手机短信服务等。

（七）一卡通管理服务

借书证可以采用 RFID 技术制作，对 RFID 借书证的分发、激活、管理和使用进行管理就是 RFID 一卡通管理，这种借书证还具有图书借阅、身份识别、充值消费等功能。这时借书证可以绑定二代居民身份证、手机号码等来激活。

（八）安全检测服务

图书内嵌 RFID 标签后，无线射频装置、声光报警设备、安全检测门等设备通过自动监测软件可对其进行监测，从而实现对图书的安全管理。

（九）促进图书馆管理水平的提高

图书馆使用 RFID 系统，虽然增加了后台加标签等的管理工作，但 RFID 系统可以提高图书馆信息管理系统的交叉融合，可以推动图书馆流通服务的业务流程重组、馆员的岗位调整，促使图书馆服务模式从人工服务向自助服务的转变，进而提高图书馆服务的效率和效力。

三、RFID 在图书馆的应用

在智慧图书馆之前，图书馆一般可以提供人工服务及网络咨询服务。人工服务包括人工借书、还书、办证及挂失、遗失赔偿等。网络咨询服务包括：读者信息查询、书目查询、预约图书、数据库查询等。

有人认为，未来的图书馆应该是触手可及、灵活感知的"泛在智能图书馆"，本书所提智慧图书馆的概念和其类似。本书认为智慧图书馆应该是全面的感知、全面的智慧化，而不是部分感知和部分的智能化。在图书馆采用了 RFID 系统以后，可极大地

推动智慧图书馆的建设。使用 RFID 技术在图书馆关键区域或相关设备设施部署 RFID 传感器，给图书等文献嵌入 RFID 电子标签，利用 RFID 对文献进行管理，从而实现了全面感知和智慧化服务的方式，可使图书馆的工作人员从机械性高、强度大、烦琐重复的工作中解脱出来，大幅提升图书馆现代化管理水平，让图书馆的管理和服务更智慧、更高效。

智慧图书馆的核心要素在于可感知、可传输、可应用，对应于本书所提的智慧图书馆的三层功能架构，分别是感知层、网络层和应用层的功能。感知层主要是完成对文献、设备、设施的信息感知，目前图书馆较多使用的是基于 RFID 的自动非触控型操作和定位技术，可以实现自助借还、门禁检测、消防防盗、移动盘点、温度调控等功能。可传输是基于网络层面的应用，图书馆可以采用任何合适的网络与通信技术进行信息传输。在应用层面实现应用时，要对获得的信息和数据资源进行挖掘、传输、获取、整合和充分利用，生成智慧知识，从而提供智慧管理和服务。

基于 RFID 技术的智慧图书馆系统架构由四部分组成，分别是 RFID 标签及数据采集组件、系统硬件设备、RFID 系统应用软件系统、RFID 软件中间件系统。

（一）RFID 标签及数据采集组件

RFID 技术是物联网感知层的核心技术。一个基本的 RFID 系统由三部分组成：电子标签、阅读器、RFID 的数据传输和处理系统。标签一般有被动标签和主动标签两种方式，阅读器读取信息并经过相关解码后，送至 RFID 的数据传输和处理系统进行技术处理。

使用 RFID 标签时，将非常薄小的芯片嵌入黏性标贴中，并固定在文献上，标签一般拥有 1KB 的超大容量，可反复擦写 10 万次，一般写入对应图书的 ID、号码、书名、索书号、所属区域、架位信息、借阅者信息、借阅率、借阅及应还日期及更多其他的内容。

与电子标签相关联的 RFID 阅读器由发射机、接收机、天线和一个译码器构成，用于对标签进行识别和读取，工作范围一般在离标签 30cm 到 45cm，另外读取时间小于 100ms，并可对标签进行批量的同时读取。

（二）RFID 系统硬件

在图书馆使用的 RFID 硬件主要是为了完成图书馆的管理或服务，这些硬件一般有自助借还书机、图书分拣设备、馆员工作站、24 小时还书设备、移动式盘点设备、RFID 监测安全门等。

（三）RFID 系统应用软件

主要包括：自助借还系统软件、馆员工作站系统软件、24 小时还书分拣系统软件、馆员助理系统软件、OPAC 检索软件等。

1.自助借还书系统

RFID 图书自助借还系统整合了射频识别、计算机、网络、软件以及触摸屏控制操作技术，自动识别粘贴在每本图书上的 RF1D 电子标签进行信息管理，同时采用智能环形轨道技术实现图书的自动化上下架。读者可以全自助式办理证件、查询目录、借书、还书、续借、预约等，借书就像在银行 ATM 机上取钱一样方便快捷。

2.自动分拣系统

采用领先的物联网技术，软硬件均采取模块化设计，可兼容 ISBN、条码、二维码、RFID 标签等多种标识多种码制，可以让使用者通过自助的方式享受借书、还书、阅读、办证、续借、预约等自助服务，实现最大程度上节约人力成本，提供 24 小时全天候服务。自动分拣系统还可以实现自动对图书的收集、归类、整理，从而减轻馆员的工作量。

3.馆员工作站系统

馆员直接操作的工作平台，主要完成读者借还书、续借、读者卡办理、标签转换操作等工作。其中的标签转换是指将 RFID 标签与原图书信息的一个绑定过程。

4.馆员助理系统软件

指日志管理包括记录系统启动时的系统日志以及各个设备当前运行状态的设备日志。

5.OPAC 检索系统软件

主要是给读者提供书目检索的服务，一旦和 RFID 技术相结合，RFID 的三维智能导航系统就可以直接嵌入到 OPAC 检索系统，该系统可根据读者的位置，结合目标图书的具体架位，以精美的图像和精确的线路给读者最优化的索取图书导航路线。

（四）软件中间件系统

软件中间件系统可与图书馆系统后台无缝对接，并为终端设备扩展业务应用。包括：馆际互借系统，多图书馆后台系统图书流通，图书馆借阅流通系统，自助办证系统，图书预约系统等。

另外还有其他案例，比如安全监测用、智能书架冈等，不再一一赘述。

第四节　蓝牙技术及应用

蓝牙技术诞生于 1994 年，爱立信公司当时决定开发一种低功耗、低成本的无线接口，以建立手机及其附件间的通信。目前，蓝牙技术是广受业界关注的近距无线连接技术，是一种无线数据与语音通信的开放性全球规范，以低成本的短距离无线连接为基础，可为固定设备或移动设备之间的通信环境建立通用的近距无线接口，将通信技术与计算机技术进一步结合起来，使各种设备在没有电线或电缆相互连接的情况下，能在近距离范围内实现相互通信或操作。其传输频段为全球公众通用的 2.4GHzISM 频段，提供 IMhps 的传输速率和 10m 的传输距离。但使用蓝牙技术的最大障碍是相对于其他技术来说还是过于昂贵，这就使得许多用户不愿意花大价钱来购买这种无线设备。

蓝牙技术相对于其他技术来说，目前应用比较少，相应的文献不是很多。本节介绍两个文献的应用案例。

基于蓝牙技术，针对开放式借阅方式的乱架问题，设计了一套高校图书馆开架式流通管理方案。其思路是：假如可以随意放置图书，只要馆员在放置这些图书的同时，记录下来当前放置的位置（存放在当前位置的"架位号"，而不是该放置位置的"排架号"），盘点时候把该图书的"架位号"输入计算机中，当读者需要寻找该图书时，可通过计算机检索，检索到放置该图书的当前位置，即"架位号"找到该图书。具体操作时，馆员可以利用支持蓝牙技术的无线条码阅读器，在移动中进行条码阅读，把图书当前的架位进行编号，并用条形码进行表示，在将图书上架的同时，通过专用的管理信息系统，就可以把每册乱架图书的图书当前位置——"架位号"输入管理信息系统中，这样就确定了图书所在的"架位号"以方便计算机检索和读者查找。

为了解决馆内外或校内外大量的便携式电脑、手机等用户随时、随地、随机、随身访问需求，利用现有图书馆有线网络服务系统，按相隔一定的距离安装 BLIP（蓝牙本地信息娱乐点），根据蓝牙技术传输特点、BLIP 特性以及周围环境情况进行部署，这时被蓝牙无线网络覆盖的区域内，读者可以通过支持蓝牙的设备，比如笔记本电脑、智能手机等在任何时间都可以查询和接收图书馆的各种信息。BLIP 是蓝牙接入点基站，或称为接入点服务器，它的一端通过有线网口与原有网络信息服务系统相连，另外一端通过蓝牙无线收发器、蓝牙无线网卡同蓝牙设备相连，从而实现这些蓝牙设备无线接入有线网络，访问图书馆的信息资源或服务。

第五节 Wi-Fi 技术及应用

一、Wi-Fi 技术概述

Wi-Fi（WirelessFidelity）技术也是一种无线通信协议，正式名称是 IEEE802.11B，与蓝牙一样，同属于短距离无线通信技术。Wi-Fi 速率最高可达 11Mb/s。虽然在数据安全性方面比蓝牙技术要差一些，但在电波的覆盖范围方面却略胜一筹，可达 100m 左右。Wi-Fi 是以太网的一种无线扩展，理论上只要用户终端位于接入点四周的一定区域内，就能以最高约 11Mb/s 的速度接入网络。目前速度更快的 802.11g 标准使用与 802.11b 相同的正交频分多路复用调制技术，工作在 2.4GHz 频段，速率达 54Mh/s。

在图书馆的日常工作中，实现智能定位是提高图书馆智慧化水平的途径之一。智能定位最大的优势就是对整个图书馆的馆舍、书籍、人员、设备等进行全面感知，将整个图书馆连通起来。对人员的定位可分为两种，一是对入馆的读者当前位置定位，二是对馆员当前的服务位置进行定位。对读者的定位可以更好地了解读者的需求并提供更好的服务，对馆员定位可以了解馆员的行为信息，有利于高效管理和准确考勤。

相对于其他种类的室内无线定位系统，基于 Wi-Fi 的室内无线定位系统因为具有抗干扰能力强、良好的网络稳定性、高速高质量的数据传输等特性，以及 Wi-Fi 通讯模块在智能移动终端上的普遍采用，使其把室内无线定位变成一项低成本且容易实现的技术。

利用 Wi-Fi 定位实现定位的原理：在图书馆室内部署一定数量的无线接入点（AP，WirelessAccessPoint），每个 AP 都有一个全球唯一的 MAC 地址，并且一般来说无线 AP 在一段时间内是位置固定的。在智能手机等终端设备开启 Wi-Fi 的情况下，即可扫描并收集周围的 AP 信号，无论是否加密，是否已连接，甚至信号强度不足以显示在无线信号列表中，都可以获取到 AP 广播出来的 MAC 地址。终端设备将这些能够标示 AP 的数据发送到位置服务器，服务器检索出每一个 AP 的地理位置，并结合每个信号的强弱程度，根据定位算法计算出设备的地理位置并返回到用户设备。

Wi-Fi 定位的算法其实有很多，目前主流的有三种算法：三角定位算法、指纹定位算法和最大似然估算法。三角定位算法就是以 Wi-Fi 的坐标为圆心画 l，圆的半径是终端设备与热点之间的距离，三圆重叠处就有可能是终端设备的位置。指纹算法是指手机会扫描周围所有 Wi-Fi 的 BSSID（MAC 地址），这时所有能采集到的 BSSID 序列就成了 Wi-Fi 指纹信息存储在数据库中。当有终端设备采集到 BSSID 序列能够匹配之前已采集到的指纹（BSSID 序列），那么就可以认为此时的坐标正是指纹所指向的坐标。最大似然估算法也称为最大概似估计，也叫极大似然估计，是一种具有理论性的点估计法。

二、Wi-Fi 在图书馆的应用

提出的 Wi-Fi 指纹自适应室内定位方法，可以在图书馆内实现人员的智能定位。方法是把图书馆室内实际环境中的位置和某种"指纹"联系起来，一个位置对应一个独特的指纹。该定位系统的硬件主要包括三类设备：智能手机终端、无线接入点和服务器。智能手机终端主要用于采集定位所需的相关信息；无线接入点不仅用于提供客户端采集所需的无线信号数据，同时为客户端与服务器连接提供数据通路；服务器主要包括数据采集处理服务器、数据库服务器、地图导航服务器，它们协同工作，处理来自客户端的定位请求。

为了实现图书馆馆舍内的环境舒适性和节能性，针对图书馆环境监测的特点，遵循物联网架构，研制了一种图书馆馆舍环境感知的传感器节点设备，并搭建了馆舍环境智能监测平台。采用 Wi-Fi 网络技术，通过一种可靠、实用的自动组网方法，实现了环境参数在无线传感器网络中的多跳数据传输。分布在各个阅览空间的传感器节点组成一个无线传感器网络，测量数据统一汇入监测数据中心进行综合分析和存储，并将分析结果通过图书馆运行系统数据墙，直观地显示给读者和工作人员。

第六节 ZigBee 技术及应用

一、ZigBee 技术概述

ZigBee 是基于 IEEE802.15.4 标准的低功耗局域网协议。根据国际标准规定，ZigBee 技术是一种短距离、低功耗的无线通信技术。其特点是近距离、低复杂度、自组织、低功耗、低数据速率。主要适合用于自动控制和远程控制领域，可以嵌入各种设备。ZigBee 协议从下到上分别为物理层、媒体访问控制层、传输层、网络层、应用层等。

ZigBee 技术特点主要有：数据传输速率低，只有 10～250kb/s；功耗低，在低耗电待机模式下，两节普通 5 号干电池可使用 6 个月以上；协议简单，成本低；网络容量大，每个 ZigBee 网络最多可支持 255 个设备，也就是说每个 ZigBee 设备可以与另外 254 台设备相连接；有效范围小，有效覆盖范围 10～75m，具体依据实际发射功率的大小和各种不同的应用模式而定；工作频段灵活，使用的频段分别为 2.4GHz、868MHz（欧洲）及 915MHz（美国），均为免执照频段。

ZigBee 的目标市场主要有 PC 外设（鼠标、键盘、游戏操控杆）、消费类电子设备（TV、VCR、CD、VCD、DVD 等设备上的遥控装置）、家庭内智能控制（照明、煤气计量控制及报警等）、玩具（电子宠物）、医护（监视器和传感器）、工控（监视器、传感器和自动控制设备）等非常广阔的领域。

虽然单个ZigBee节点的通讯距离有限，但由于其网络容量大，每个ZigBee网络最多可支持255个设备，以及简单灵活的节点部署，理论上可以将网络的通讯距离延伸到无限远。同时，ZigBee节点提供连接各种传感及控制设备功能，如温湿度传感器、红外传感器、烟雾传感器、压力传感器、RFID识读模块、继电开关模块等设备可承担起环境监测及控制的任务。因此，ZigBee在远距离身份识别、环境监控以及无线网络定位方面，有较大的优越性，但是在近距离通信以及精准身份识别系统等方面，其价格、性能等均比不上RFID系统。

二、ZigBee在图书馆的应用

对ZigBee与RFID整合进行了应用研究，利用RFID的近距离身份识别及ZigBee的远程通信能力，组合成一个精准、稳定的图书馆物联感知应用系统，构建起图书馆所有物之间的"深刻感知、互联互通"的环境。可把图书馆的各种资源信息，包括文献、家具、环境、空间等进行定义、感知和采集，通过网络实现用户、图书馆与信息资源之间的通信、共享，从而实现智慧化服务和管理。通过该系统强大的信息采集、整合、过滤、汇总能力，使图书馆原本孤立、琐碎的各种文献信息、灯光信息、空调信息、温度湿度、读者信息以及服务信息等链接、整合、共享起来。馆员可以通过该系统对信息的分析，及时掌握全馆全面的信息，更好地提高服务质量；读者通过该系统可以享受到更为主动、准确的信息推送服务，并可及时了解图书馆的各种可用资源及信息。

针对磁条检测防盗具有检测率低、易产生误报或漏报、系统电路复杂、集成度低、故障率高、不能实时可靠的反应图书馆的运行状况等问题，基于超高频RFID技术和ZigBee技术构建了一种新的图书馆无线智能监控通道。该通道系统通过RF1D读卡器实现图书的防盗报警，通过热释电红外技术实现人流量统计，通过ZigBee技术实现图书报警信息和人流量统计等信息的无线传输到连接服务器的ZigBee协调器，服务器对数据进行分析和处理，并把分析和处理结果发送到显示的终端设备，从而提高了图书防盗的检测率和图书馆的工作效率。

为了解决高校图书馆自习座位管理系统实时性不强、缓解乱占座等问题，提高座位使用率，研究了一套座位管理机制，提出了一种"设置座位获取优先级"的办法，并采用ZigBee技术进行实践。所设计的图书馆智能座位管理系统通过硬件监控的方式，对座位进行实时监控，并设置座位选择优先级和"近程""远程"相结合的选座规则。

分别对图书馆的环境监控进行了研究，'研究的目的主要是为了克服传统图书馆环境监控系统的布线麻烦、设备可移动性不强、精度差等缺点，四篇文献提出的基于ZigBee无线通信技术的环境监控系统，可以检测采集环境条件中的温度、湿度和光强度等参数，通过无线传输由网关节点进行收集，并且发送到PC机，由上位机监控软件对网络采集的数据统一管理和分析。

提出的监控方案不仅能够实现图书馆内温湿度、光照度、灰尘度和有害气体的检测，并且还可以通过ZigBee网络对空调机、除湿机、通风机和日光灯等进行控制，实现室内环境的自动调节，同时通过GPRS网络把环境数据传送到后台，从而实现图书馆环境的现场检测、调控及后台综合管理。

在图书馆中的其他应用，还有智能照明、防火监控等。

第七节 Beacon 技术及应用

一、Beacon 技术概述

Beacons 是使用蓝牙 4.0 技术发射信号的小设备，有效范围从几十厘米到几米，电池可用 3 年，信号为单向发射，只能发送小数据量。例如一个 128 成的 ID 智能手机通常作为接收方。一个 Beacon 就像一个小型的信息基站，多个 Beacon 则能构成信息服务网络。目前 Beacon 有两大平台：一是苹果公司 2013 年 9 月发布的移动设备系统（iOS7）上配备的 iBeacon，另一个是谷歌公司 2015 年 7 月发布的可在 iOS、Android 等系统上使用的一款开源蓝牙信标平台 Eddystoneo 两者都通过具有低功耗蓝牙（BLE，）通信功能的设备进行工作，工作时使用 BLE 技术向周围发送自己特有的 ID，接收到该 ID 的应用软件会作出相应的响应。两者都是利用 BLE 中名为"通告帧"（Advertising）的广播帧来完成工作。通告帧是定期发送的帧，支持 BLE 的设备都可以接收到。两大平台的区别在于，iBeacon 通过在通告帧的有效负载部分嵌入苹果自主格式的数据来实现广播，只能发送 UUID（唯一标识符）信息；而 Eddystone 能支持更多框架，比如 URL 链接、临时标识（EphemeralIdentifiers，EID）以及遥测数据框架。

Beacon 服务系统由 Beacon 设备、手机终端、服务器三部分组成，使用原理一般是在部署好 Beacon 设备以后，当手机终端进入 Beacon 设备可接收范围内时，会接收到 Beacon 设备发射出的位置信息，再上传到服务器，经服务器分析信息后，将处理指令传输到手机终端。定位方法一般采用的是三角定位法。

在应用实践中，主要是通过开发专用 APP 或集成到原有 APP 来提供 Beacon 服务 oiBeacon 和 Eddystone 在商店、商场、博物馆、艺术馆、公交车及移动支付、商业广告方面应用的较多。其中，大部分用于向用户推送消息和场馆导航，也有部分应用于移动支付。

二、Beacon 在图书馆的应用

Beacon 技术应用于图书馆中是其对信息的标识、感知与处理功能。其最大优势是可创建基于活动情境的立体化服务体验，实现"移步换景"的情境效果；其最广泛的应用是场景化信息推送，就是利用 Beacon 的技术优势，感知读者的位置信息，并推送相应区域内的服务内容。

Beacon 技术的感知范围约在 30～ 50m，在图书馆内外均可部署。高校图书馆的馆外的部署可以选择食堂、自习室、公共教学楼等场所，读者进入场所内手机会自动接收图书馆近期活动通知等普适性消息，从而让读者根据需要获得相应的服务。

Beacon 技术在国内外应用的实例，结合图书馆的特点和实际情况，论述该技术在图书馆应用的可行性，提出基于该技术可以实现活动消息推送、馆藏导航、阅读推广、感应借书、阅览室座位管理、阅读分享互动、活动签到等功能。

分析了二维码在信息标识方面对基于 Beacon 的智慧图书馆应/no 认为基于 Beacon 的智慧图书馆应用服务的基础是信息的标识、感知与处理，而二维码作为信息标识与识别领域的关键技术，在读者标识、图书标识、座位标识、阅读推广服务标识方面，能够和 Beacon 技术充分配合，共同构建完善的智慧图书馆应用方案，满足图书馆服务的智能化需求，为读者创造全面的智慧服务体验。

在开发模式下的图书馆微信平台经认证后可以搭建 Beacon 应用平台，实现类似"摇一摇周边"的简单应用服务，北京市委党校图书馆微信服务号已经通过此应用服务实现讲座互动。

认为基于 Beacon 的移动图书馆应用方案比现有的图书馆基于位置的服务（LBS）构建方案具有更好的情景感知性、易用性和经济性。应用方案包括无缝式服务签到、情景化服务互动、黏着式服务推广。

第八节　NFC 技术及应用

一、NFC 技术概述

NFC 和 RFID 类似，是一种短距离无线通信技术标准，和 RFID 不同的是 NFC 采用了双向的识别和连接。在 20cm 距离内工作于 13.56MHz 频率范围，NFC 能快速、自动地组建无线网络，为蜂窝设备、蓝牙设备、Wi-Fi 设备提供一个"虚拟连接"，使电子设备可以在短距离范围进行通讯。NFC 的短距离交互大大简化了设备之间的整个认证识别过程，使电子设备间互相访问更直接、更安全和更清楚，听不到各种电子杂音。使用 NFC 通过在单一设备上组合所有的身份识别应用和服务，帮助解决记忆多个密码的麻烦，同时也保证了数据的安全保护。NFC 技术可使多个设备，比如数码相机、PDA、机顶盒、电脑、手机等之间实现无线互连、交换数据或服务。此外 NFC 还可以将其他类型无线通信（如 Wi-Fi 和蓝牙）"加速"，实现更快和更远距离的数据传输啊。

NFC 工作模式采用的双向识别和连接，可以让任意两个 NFC 设备接近而不需要线缆接插，就可以实现相互间的通信，满足任何两个无线设备间的信息交换、内容访问、服务交换等工作要求。

NFC 采用 3 种不同的工作模式：卡模拟模式、点对点模式、读卡器模式叫卡模拟模式时，NFC 设备是被读设备，类似于一张采用 RFID 技术的 IC 卡，可用于身份识别，或者简单的看成一张身份证或者银行卡；点对点模式时与红外和蓝牙相似，将两台 NFC 设备近距离接触就能建立链接，实现数据点对点传输；读卡器模式时，NFC 设备是识读设备或称读写器，被当作一台读卡器来用，能从 NFC 芯片上获取信息。

NFC 应用类型很广泛，比如在金融支付领域与手机钱包的配合进行日常支付，在交通领域实现公交一卡通解决方案，在广告领域可记录读取的次数，在图书出版领域目前有厂商推出的 NFC 图书集成了八个芯片，通过 NFC 设备读取可以浏览多媒体等。

虽然 NFC 技术无非是卡模拟模式、点对点模式、读卡器模式三种工作模式的应用。但三种功能却能衍生出千变万化的应用，另外，NFC 本身只是技术，在 NFC 逐渐升级为手机标配的情况下，在任何可以应用的领域该技术有望超越蓝牙、红外等手机功能。

二、NFC 在图书馆的应用

NFC 技术在图书馆的应用和展望。NFC 将广泛应用于图书馆的手机读者证、信息推送、数据传输和移动支付等方面，实现图书馆的服务创新。NFC 技术的技术特点、工作模式以及图书馆引入 NFC 技术具有的优势进一步做了阐述，结合一个实际的产品案例，实现了校园一卡通的功能。NFC 技术在图书馆的应用，同时对图书馆如何利用 NFC 技术开展智能服务以及目前面临的问题进行了探讨。NFC 技术应用于图书馆领域的各种可能，包括身份识别、消费支付、路线导航、图书浏览、自助借还书、自动复印、信息获取与共享阅读等。NFC 技术应用于手机自助借书、还书、移动支付、信息获取与分享等移动服务进行了探讨。并论述了 NFC 自助借还书 APP 的设计，以及读者认证登录、图书馆藏与预约、图书借阅与归还、图书查询与续借、图书转借等功能照。RFID 智能图书馆系统中 NFC 技术的信息交互应用。为 NFC 技术在 RFID 图书馆中的研究提供了理论基础和应用方案。

NFC 技术在图书馆中具体应用主要体现在如下几个方面。

（一）身份识别

利用 NFC 技术，图书馆中的门禁设备和借还设备可以使用带有 NFC 功能的手机进行身份识别，因为手机的 NFC 工作在卡模拟模式时，其本身就相当于一张 ID 号唯一的卡片，对读者的身份进行绑定，就可用于身份的识别。当然该功能也可以用于校园一卡通，完成比如吃饭、校内消费等服务。

（二）支付功能

图书馆需要用到支付功能，如书籍的超期罚款、资料的打印复印，以及其他在图书馆的消费等，当读者卡绑定 NFC 时，可以利用手机 NFC 功能直接支付这些花费。这种方式比较适合于公共图书馆，而一卡通更适合高校图书馆。

（三）读者卡终端

读者卡是读者在图书馆通行、登记、支付等服务的标识，NFC 技术与读者卡管理系统进行数据整合连接可以实现并完善读者卡的功能，这时的手机就相对于读者卡，不仅可以完成一卡通读者卡的功能，还可作为查询、修改信息的终端，从而以移动终端代替固定终端，让读者随时随地享受更多的图书馆服务。

（四）自助借还书

NFC 技术与读者卡集成后，在图书馆借还书时，读者直接使用带有 NFC 功能的手机接触图书的 RFID 标签，就可以实现图书借书、还书功能。特别适合人工借还的工作量大和自助借还机满足不了需求的情况。

（五）编目和流通

随着技术的进步，硬件成本的降低，有一天出版社可以采用 NFC 技术，用于图书编目的 MARC 数据直接写入 NFC 芯片，并把芯片内嵌到图书中，么图书馆采购后就可以直接利用 NFC 读取设备，把编目数据直接输入系统，极大提高编目的效率和数据的准确率。图书馆编目时将图书馆的架位号等信息写入芯片，就可以实现图书的检索和定位。

（六）浏览图书信息

采用 NFC 标签的图书，标签中存储着图书信息，读者可利用自己的 NFC 手机客户端接触标签并获取图书的信息。在图书馆介绍展示区，读者用手机接触入口的 NFC 标签可浏览图书馆介绍、新书通报、海报讲座通知；在图书馆的流通、阅览区，接触书籍旁边的 NFC 标签，可获取图书简介、作者信息、其他作品、借阅情况，通过手机浏览器还可浏览该书的相关网上介绍、图片、音频和视频。

（七）自助存包

NFC 技术可以应用于图书馆的自助存包柜，这时用 NFC 手机代替传统锁具和钥匙以及条码纸控制柜门开关。读者存包时按操作键盘中"存"键，刷一下 NFC 手机，自助存包柜识别手机并生成 NFC 标签信息。读者取包时按操作键盘中"取"键，刷手机中 NFC 标签对读者身份进行认证，实现开柜取包功能。

（八）座位管理

很多图书馆都上线了座位预约和管理的系统，但在实际的使用中最大的问题是对人的定位，一位读者进入阅览室后他是否在当前位置上很难判定，基本都是通过人工巡查的方式，效率低下、纠纷多。若采用 NFC 技术，读者进入阅览室，只要把手机放在贴有 NFC 芯片的座位上，系统就会隔几秒通过手机读取此 NFC 卡片的身份信息并在云端进行验证，这样就可以很准确定位当前读者的在位状态与否，提高阅览室的利用率、降低管理强度。

（九）图书漂流

采用 NFC 技术后，漂流图书也可加 NFC 芯片，读者由于用了授权的带有 NFC 功能的手机，可实现对漂流图书的借还。

（十）NFC 打印服务

接触 NFC 打印机可以打印读者 NFC 手机里的文档、图片、网页等资料，实现资源的复制，并自动收费，操作简单，能避免损伤书籍和终端设备不兼容等障碍。

（十一）采访交接

书商按照图书馆采购订单配送图书，交接时，不用清点，而是双方使用 NFC 手机接触就能交换采购订单和到货清单，帮助图书馆轻松完成清单签收和图书交接。

（十二）读者名片交换

图书馆经常搞讲座、活动，如果在图书馆活动处设置 NFC 签到终端，读者只要用 NFC 手机轻触 NFC 签到终端，就能完成签到和名片交换，帮助图书馆精准知道读者的信息，并可以进行统计，以方便之后提供针对性的信息推送服务。

（十三）设备控制

在设备中加入 NFC 芯片控制后，利用装在手机上的设备管理系统对设备的参数进行设置，设置好后，利用 NFC 功能，手机往控制设备的 NFC 芯片上靠近，就把数据写入 NFC，然后控制系统就根据 NFC 中设置的参数进行工作。比如带有 NFC 芯片的饮用热水器，NFC 手机接触就可出一定容量的热水。一些图书馆内供读者使用的电脑、笔记本等设备也可以通过 NFC 手机接触才可使用，并可控制使用的时间，甚至也可收取使用费。相信随着技术的发展，越来越多的设备会加进 NFC 控制，将来的设备管理将更加便捷。

第九节　其他几种近距离无线技术

一、M2M 技术

随着物联网和网络技术的发展,越来越多的设备需要具有一定的通信和联网能力。M2M 是 Machine-to-Machine/Man 的简称,是一种以机器终端智能交互为核心的、网络化的应用与服务。简单地说,它可将数据从一台终端传送到另一台终端,也就是实现人与机器、机器与机器之间的数据通信。总体来说,M2M 就是指人、设备、信息系统,三者之间的信息互通和互动。正如人与人之间的通信需要更加直观、精美的界面和更丰富的多媒体内容一样,M2M 的通信更需要建立一个统一规范的通信接口和标准化的传输内容[四]。

M2M 的概念主要强调的是通信实现,网络在其技术框架中处于核心地位。M2M 技术可为各行各业提供集数据的采集、传输、分析及业务管理为一体的综合解决方案,实现业务流程、工业流程更加趋于自动化。在物与物"连接"的基础上,实现资产集中监控、设备远程操作、物流仓储管理、移动支付等应用。实现 M2M 的第一步就是从机器/设备中获得数据,然后把它们通过网络发送出去。使机器具备"说话"能力的基本方法有两种:生产设备的时候嵌入 M2M 硬件;对已有机器进行改装,使其具备通信/联网能力。

M2M 系统一般包括硬件、通信网络和中间件三部分,其中硬件是使机器获得远程通信和联网能力的部件。M2M 硬件产品有五种[四]。

(1) 嵌入式硬件。把通信模块嵌入到机器里面,从而使其具备网络通信能力。目前常用的模块是支持 GSM/GPRS 或 CDMA 无线移动通信网络的无线嵌入数据模块。

(2) 可组装硬件。在实际应用中,对一些不具备 M2M 通信和联网能力的设备,可对这些硬件使用可组装硬件进行改装,不同设备提供相应的可组装硬件也不相同。

(3) 调制解调器。上面提到嵌入式模块起的就是调制解调器(Modem)的作用,它可以将数据传送到网络。根据不同的传送网络,需要不同的 Modem。

(4) 传感器。由智能传感器组成的传感器网络是 M2M 技术的重要组成部分。智能传感器是指具有感知能力、计算能力和通信能力的微型传感器。一组智能传感器互相协作感知、采集和处理网络覆盖的地理区域中感知对象的信息,并发布给观察者,或通过 GSM 网络或卫星通信网络将信息传给远方的信息系统。

(5) 识别标识。为了让机器之间可以相互识别和区分,必须对机器进行识别,一般情况下是给机器加条形码、RFID 芯片卡等。

通信网络在整个 M2M 技术框架中处于核心地位,包括:广域网、局域网、个域网(ZigBee、传感器网络)等。

M2M 的中间件包括两部分:M2M 网关、数据收集/集成部件。网关主要的功能是完成不同通信协议之间的转换。数据收集/集成部件是为了将数据变成有价值的信息。

M2M 技术为各行各业提供集数据的采集、传输、分析及业务管理为一体的综合解决方案,实现业务流程、工业流程更加趋于自动化。相信,随着智慧图书馆建设的深入,在图书馆会有比较广泛的应用。

二、IrDA 技术

红外线数据协会 IrDA 是一种利用红外线进行点对点通信的技术,是第一个实现无线个人局域网(PAN)的技术。目前采用 IrDA 标准的无线设备可以支持 4Mb/s 以及 16Mb/s 速率的数据传输,并且它的软硬件技术都很成熟,在小型移动设备,如PDA、手机上广泛使用。事实上,很多出厂的PDA及许多手机、笔记本电脑、打印机等产品都支持 IrDA。

红外连接无须专门申请特定频率的使用执照,在当前频率资源匮乏,频道使用费用增加的背景下是非常重要的。相对简单的红外连接能适应不同的操作系统和大范围的传输速率。红外连接比有线连接更安全可靠,它避免了因线缆和连接器磨损和断裂造成的检修。具有移动通信设备所必需的体积小、功率低的特点。由于采用点到点的连接,数据传输所受到的干扰较少,速率最高可达 16Mb/s。

IrDA 的不足在于它是一种视距传输,两个相互通信的设备之间必须对准,中间不能被其他物体阻隔,因而该技术只能用于 2 台(非多台)设备之间的连接。

三、UWB 技术

超宽带技术 UWB(UltraWideband)是一种无线载波通信技术,利用纳秒级的非正弦波窄脉冲传输数据,所占的频谱范围很宽。UWB 可在非常宽的带宽上传输信号,美国 FCC 对 UWB 的规定为:在 3.1~10.6GHz 频段中占用 500MHz 以上的带宽。

UWB 可以利用低功耗、低复杂度发射/接收机实现高速的数据传输,其具有系统复杂度低,发射信号功率谱密度低,对信道衰落不敏感,低截获能力,定位精度高等优点,尤其适用于室内等密集多径场所的高速无线接入,非常适于建立一个高效的无线局域网或无线个域网(WPAN)。UWB 主要应用在小范围、高分辨率、能够穿透墙壁、地面和身体的雷达和图像系统中。

UWB 具有一定相容性和高速、低成本、低功耗的优点。UWB 可在 10m 范围内,支持高达 HOMb/s 的数据传输率,不需要压缩数据,可以快速、简单、经济地完成视频消费娱乐等视频数据处理。UWB 较适合近距离内高速传送大量多媒体数据以及可以穿透障碍物方面的应用,比如家庭无线消费市场、近距

离视频点播等场合。UWB 是一种很有前途的无线通信技术,相信随着视频应用的更加广泛,会在图书馆中获得一定的应用。

四、EnOcean 技术

EnOcean 无线通信标准被采纳为国际标准,是世界上唯一使用能量采集技术的无线国际标准,很好地满足了超低功耗与节能以及安装简易、维护方便等的功能需求。这些能量经过处理以后,用来供给 EnOcean 超低功耗的无线通信模块,实现真正的无数据线、无电源线、无电池的通信系统。

EnOcean 无线通信协议是一个无须电源与电线即可提供低功耗数据传输的无线传感器解决方案,当前有 868.3MHz(欧洲、中国)、315MHz(北美、中国)、902MHz(北美)、928MHz(日本)四个使用频段。其工作原理是 EnOcean 能量采集模块能够采集周围环境产生的能量,从光、热、电波、振动、人体动作等获得微弱电力,以微小的电力加上超低功耗的主芯片以及专为节能而设计的无线传输协议来实现无线通信的功能。

EnOcean 非常适合智能家居、智能楼宇、智能抄表、工业控制等应用,所有支持 EnOcean 协议的无线开关、传感器等都不需要电池、电源供电和与之配套的电源线,整个通信系统实现了真正的无数据线、无电源线、无电池。此外,EnOcean 的室内传输距离高达 30m(用中继器可达 100m),空旷地带传输距离为 300m。

五、Z-Wave

Z-Wave 是由丹麦公司 Zensys 所主导的无线组网规格，Z-Wave 是一种新兴的基于射频的、低成本、低功耗、高可靠、适于网络的短距离无线通信技术。工作频带为 908.42MHz（美国）、868.42MHz（欧洲），采用 FSK（BFSK/GFSK）调制方式，数据传输速率为 9.6kh/s，信号的有效覆盖范围在室内是 30m，室外可超过 100m，适合于窄带宽应用场合。相对于现有的各种无线通信技术，Z-Wave 技术也是低功耗和低成本的技术，有力地推动着低速率无线个人区域网网。

Z-Wave 技术设计用于住宅、照明商业控制以及状态读取应用，例如抄表、照明及家电控制、供热通风与空气调节 HVAC、接入控制、防盗及火灾检测等。Z-Wave 可将任何独立的设备转换为智能网络设备，从而可以实现控制和无线监测。与同类的其他无线技术相比，拥有相对较低的传输频率、相对较远的传输距离和一定的价格优势。

Z-Wave 技术专门针对窄带应用并采用创新的软件解决方案取代成本高的硬件，因此只需花费其他类似技术的一小部分成本就可以组建高质量的无线网络。

第十节　几种定位技术比较

在物联网环境下，图书馆经常需要应用室内定位的技术，实时定位系统（RTLS，RealTimeLocationSystems）是一种基于信号的无线定位手段，可以采用主动式，或者被动感应式。其中主动式分为 AOA（到达角度定位）以及 TDOA（到达时间差定位）、TOA（到达时间）、TW-TOF（双向飞行时间）、NFER（近场电磁测距）等。

利用 GPS 定位卫星，在全球范围内实时进行定位、导航的系统，称为全球卫星定位系统，简称 GPSOGNSS 的全称是全球导航卫星系统，它是泛指所有的卫星导航系统，包括全球的、区域的和增强的，如美国的 GPS、俄罗斯的 Glonass、欧洲的 Galileo、中国的北斗卫星导航系统等，以及相关的增强系统。目前基于 GNSS 卫星定位已无处不在，但卫星定位的关键弊端就是信号无法穿透建筑物实现室内定位。

随着室内定位市场需求驱动和无线通信技术、传感器识别技术、大数据互联技术、物联网等技术的不断发展，不需要使用 GNSS，就可以解决室内定位的问题。目前室内定位根据用途方向可分为消费类和工业类。

消费类主要实现室内人员引导、消费推送、安全监控、智能家居等商业应用；工业类主要实现消防安全、人员监控、设备引导、财产安全、智能工厂、智慧工地等应用。目前几种室内实时定位技术进行了对比，这些技术都可以应用于图书馆。

一、蓝牙定位技术

使用蓝牙技术实现室内定位，首先要在室内安装若干个蓝牙局域网接入点，把网络维持成基于多用户的基础网络连接模式，并保证蓝牙局域网接入点始终是这个微网的主设备，然后通过测量信号强度对新加入的盲节点进行定位。目前市场上主流的蓝牙定位技术都是基于三角定位算法，通过手机获取周围蓝牙基站的信号强度，再通过其他的一些辅助方法比如加权平均算法实现定位。

蓝牙标准采用蓝牙 4.2 核心规格，频率 2.4 至 2.485GHz，通讯距离 10～ 300m，数据速率 1Mb/s，安全性高。

优势：设备体积小、短距离、低功耗、低延时、支持复杂网络、智能连接，容易集成在手机等移动设备中。

缺点：传输距离短、传送速率一般、不同设备间协议不兼容、组网能力差。蓝牙传输虽然不受视距的影响，但对于复杂的空间环境，蓝牙系统的稳定性稍差，受噪声信号干扰大，且蓝牙器件和设备的价格比较昂贵。

适用：手机、智能家居、可穿戴、对人的小范围定位，例如单层大厅或商店。

二、Wi-Fi 定位技术

Wi-Fi 定位技术有两种，一种是通过移动设备和三个无线网络接入点的无线信号强度，利用差分算法，来比较精准地对人或物体进行三角定位。另一种是事先记录巨量的确定位置点的信号强度，通过用新加入的设备的信号强度对比拥有巨量数据的数据库，来确定位置。

采用基于 802.1In 的标准，频率 2.4GHz、5GHz 频段，数据速率最大 600Mbps.150～200Mbps（典型），通讯距离 20～ 300m，安全性低。

优势：覆盖范围广，使用方便，总精度较高，硬件成本低，传输速率高；可应用于实现复杂的大范围定位、监测和追踪任务。

缺点：传输距离较短，功耗较高，安全隐患大，稳定性差，组网能力差，一般是星型拓扑结构。

适用：可对人或车进行定位导航，也可用于智能家居、医疗机构、主题公园、工厂、商场、地铁等各种需要定位导航的场合。

三、RFID 定位技术

RFID 室内定位技术利用射频方式，其固定天线把无线电信号调成电磁场，附着于物品的标签进入磁场范围内就感应电流生成把数据传送出去，无须与特定目标之间建立机械或者光学接触，以多对双向通信交换数据以达到自动辨识，并使用三角定位追踪该物品。

使用 RFID 室内定位技术时，对某些没有电池的标签在识别时从识别器发出的电磁场中就可以得到能量；对有电池的标签，标签可以主动发出无线电波（调成无线电频率的电磁场）。RFID 标签包含的电子储存信息，可在数米之内识别。

优势：射频识别室内定位技术需要离标签很近才行起作用，但它定位的精度较高，可精确到厘米级别，并且定位速度快，体积较小，造价较低。

缺点：不具有通信能力，抗干扰能力较差，与其他系统不便于整合。

适用：射频识别室内定位已经被仓库、车间、商场广泛使用在货物、商品流转定位上。

四、ZigBee 定位技术

ZigBee 室内定位技术是由若干待测节点、参考节点与网关之间形成的网络通信系统，在使用时待测节点发出广播信息到网络，采集各相邻参考节点的数据，在这些数据中选择信号最强参考节点的平面坐标，计算与参考节点相关的其他节点的坐标，对定位引擎中的数据进行处理，并考虑距离最近参考节点的偏移值，从而获得待测节点在网络中的实际位置。

ZigBee 协议层从下到上分别为物理层、媒体访问层、网络层、应用层等。支持网络拓扑有星型、树型、网型等三种。

标准采用 IEEE802.15.4 标准，频率范围 868～ 868.6MHz、902～ 928MHz 和 2.4～2.4835GHz（免付费、免申请），数据速率 20kbps、40kbps 以及 250kbps，通讯距离 20～350m，安全性中。

优势：功耗低，延时短，速率一般，安全性较高，传输距离较长，组网灵活，可实现多跳传输。

缺点：穿墙能力弱，抗干扰性差，传输速率一般，定位精度对算法要求较高。适用：目前 ZigBee 系统定位已广泛应用于室内定位、工业控制、环境监测、智能家居控制等领域。

五、UWB 定位技术

超宽带无线（UWB）技术是近年来提出的室内高精度无线定位技术，具有高达纳秒级别的时间分辨能力。UWB 利用事先布置好的已知位置的锚节点和桥节点，与新加入的盲节点进行通讯，并利用三角定位或者"指纹"定位方式来确定位置，结合基于到达时间的测距算法，理论上可以达到厘米级的定位精度，可以满足工业应用的定位需求。整个系统划分为三层：管理层、服务层、现场层。通讯距离 0～50m。

优势：具有 GHz 量级的带宽，速度很快，定位精度很高，穿透力较强，抗多径效果好、安全性高。

缺点：功耗较高，系统成本高。

适用：可用于雷达探测，同时应用于各个领域的室内精确定位和导航。

六、红外线定位技术

红外线 IrDA 室内定位有两种，第一种是定位目标被贴上红外电子标识，发射调制的红外射线，这些射线被安装在室内的光学传感器接收，从而对定位目标进行定位；第二种是通过多对发射器和接收器，组成红外线网覆盖待测空间，直接对运动目标进行定位。定位精度 5～10m。

优势：较高的室内定位精度，抗干扰能力强。

缺点：红外线只能视线传播，易于受物体或墙体阻隔，当标识被遮挡时就无法正常工作，也极易受灯光、烟雾等环境因素影响明显，传输距离不长，布局复杂，成本较高。

适用：适用于实验室对简单物体的轨迹精确定位记录以及室内自走机器人的位置定位。

七、超声波定位技术

超声波定位技术是基于超声波测距系统而开发，由若干个应答器和主测距器组成。主要采用反射式测距法，通过多边定位等方法确定物体位置，系统由一个主测距器和若干接收器组成，主测距仪可放置在待测目标上，接收器固定于室内环境中。定位时，向接收器发射同频率的信号，接收器接收后又反射传输给主测距器，根据回波和发射波的时间差计算出距离，从而确定位置。

优势：厘米级定位整体精度，结构相对简单，有一定的穿透性，很强的抗干扰能力。

缺点：空气中的衰减较大，不适用于大型场合，成本高。

适用：在数码笔上应用广泛，无人车间的物物定位也有应用。

八、Z-Wave 定位技术

Z-Wave 支持全网状网络，而不需要协调器节点，并且是可扩展的，可以控制多达 232 个设备。Z-Wave 是智能家居的国际通用标准协议，目前主要应用于智能家居。

优势：技术稳定，功耗低，抗干扰强，支持设备联动。

缺点：传输距离短，成本高。

适用，智能家居，酒店，工业。

九、NFC 定位技术

使用 NFC 技术的设备可以在彼此靠近的情况下进行数据交换，是由 RFID 及互连互通技术整合演变而来，通过在单一芯片上集成感应式读卡器、感应式卡片和点对点通信的功能。此技术实现了电子支付、身份认证、票务、数据交换、防伪、广告等多种功能，它改变了用户使用移动电话的方式，使用户的消费行为逐步走向电子化。通讯距离。～ 20m，安全性超高。

优势：安全系数高，功耗低，成本低。

缺点：传输近，速度慢。

适用：交通，智能卡，金融。

十、LiFi 定位系统

LiFi 也叫可见光无线通信，它是一种利用可见光波谱进行数据传输的全新无线传输技术。LiFi 是运用已铺设好的设备，通过在灯泡上植入一个微小的芯片形成类似于 Wi-Fi 热点的设备，使终端随时能接入网络。

该技术最大的特点是通过改变房间照明光线的闪烁频率进行数据传输，只要在室内开启电灯，无须 Wi-Fi 也便可接入互联网，未来在智能家居中有着广泛的应用前景。通讯距离不定，安全性高。

优势：使用方便，安全系数高，环保节能。

缺点：环境干扰大，标准不统一。

适用：智能家居，酒吧，灯光控制，可见光场所。

以上是成型的主流室内定位方案，每种定位模式均有其优势和劣势。能够满足米级定位精度的定位技术，从规模上推广角度来看由易到难，依次为 LiFi、Wi-Fi、RFID、ZigBee、超声波、蓝牙、超宽带等。最热门的室内定位技术是基于 Wi-Fi，它的优势主要是 Wi-Fi 系统广泛部署，可以直接利用，同时各种智能终端如手机都具有 Wi-Fi 模块，故此，使用 Wi-Fi 定位成了顺理成章的事情。但 Wi-Fi 的缺点是其精度不高，一般在 10m 的级别，有的方案通过位置指纹库来提高这一精度，但位置指纹库的构建需要地图构建，初期采集大量的信息，同时该方法的可移植性也比较差。

第五章 共享数据中心

智慧图书馆的一个重要特征就是"互联互通",该特征是"万物互联"在图书馆的具体体现,也是"万物互联"环境下智慧图书馆构建的基础。目前图书馆已建设了各种各样的信息系统,而这些系统是在不同时间、不同开发环境,甚至开发语言和数据库也不尽相同的情况下逐步建成的,并且不同的系统一般由不同的厂商提供或图书馆自建。由于各个系统之间的数据不通信、不统一、不交互、不共享,结果造成了图书馆信息系统的"信息孤岛"问题。一个个分散、孤立的信息岛屿严重阻碍了智慧图书馆"互联互通、信息共享"目标的实现在物联网以及各种信息系统的基础上,如何保证图书馆数据的一致性和共享性,从而借助人工智能和大数据技术实现智慧化管理和服务,首先要解决数据的"信息孤岛"问题,这是智慧图书馆建设的关键。因此,在智慧图书馆的初级阶段,构建一个完整统一、高效稳定、易管理易维护的数据集成平台已经成为图书馆建设的重要目标。

本章主要从共享数据中心、数据标准、ETL 数据治理、系统集成等几方面进行论述,最终实现图书馆各个信息系统以及图书馆和其他相关信息系统实现数据的交换,并讨论如何建立图书馆层面的共享数据中心平台。

第一节 数据管理方面存在的问题

随着数字图书馆建设的不断深入,图书馆积累了海量的借阅、电子资源、知识库、感知等数据,并建设了数量众多的应用系统。而随着应用的不断深入,这些孤立的数据和系统突显出不少矛盾。

(1)图书馆内部信息化建设方面,应用系统接口不统一,标准不统一;信息不能完全共享,从而形成多个"信息孤岛"。由于图书馆有很多应用系统来自不同的厂商,系统之间相互独立,互不关联,信息调用和共享困难,有限的共享仅通过人工或点对点传输,效率低下。比如有的高校图书馆对新生的数据,只能通过招生部门提供的 Excel 表来导入。

(2)部分系统的数据冗余存在,数据之间存在二义性和不一致性,缺乏统一的数据标准或规范,数据无法相互理解,共享困难(2)。

(3)数据存在多个入口,一致性和准确性难以保证;数据离散,难以进行宏观的数据挖掘和分析。比如对高校图书馆来说,本科生基本数据开始时可能来自招生部门,后来又可能来自一卡通部门。

(4)有些业务系统一般不保留历史数据无法进行趋势分析,同时也无法快速处理图书馆或学校机构变化等带来的数据调整问题。

(5)有的高校也缺乏统一的数据编码标准,造成高校各个部门之间信息资源和数据难以共享，由此也影响了高校图书馆数据统一标准的制定或执行。另外，就是有了数据标准，但数据标准制定容易，落地困难，标准的执行完全依靠图书馆所有人，甚至高校信息部门所有人来执行，随着时间推移，标准与实际偏离越来越大，无法得到有效的控制和管理。

（6）在智慧图书馆的建设中，需要用到全方位的数据，不仅是图书馆自己应用系统的数据，并且还包括学校其他应用系统的数据，但目前的现实是实现数据交换建立图书馆层面的共享数据中心还有很长的路要走。

以上的瓶颈问题已经严重影响了图书馆向全面智慧化的发展，甚至也影响到了高校信息化的建设。可以肯定地说，没有图书馆全数据的共享数据中心建设进行论述。

第二节　共享数据中心概述

近年来，高校的数字化校园建设取得了巨大的进展。高校数字化校园的建设，大多是以信息门户平台、统一身份认证平台、共享数据中心平台这"三大平台"为主要建设内容，继而开发建立在各个应用数据库系统的数据之上的综合应用，而共享数据中心平台的是整个数字化校园的心脏。

为了更好地建设智慧图书馆，需要先建设图书馆层面的共享数据中心，图书馆的共享数据中心是收集、处理和存储图书馆各类应用系统的数据，并为图书馆提供信息共享服务的平台。通过该平台将图书馆内的各类数据进行数据集成、集中存储，通过统一的可靠性、安全性方面的设计，对用户提供稳定、可信的数据服务。

目前，对高校图书馆来说，一般都是配合高校共享数据中心的建设，而鲜有建设图书馆层面的共享数据中心，但随着信息技术的发展，尤其是人工智能和大数据技术的逐步应用，图书馆信息系统数据的海量增加，以及建设智慧图书馆更好地为读者提供智慧化服务需求的迫切，图书馆迟早要建立图书馆层面的共享数据中心。这就是本章为何要对建立共享数据中心的技术进行讨论的原因。

一、共享数据中心的功能特点

随着数字图书馆和网上数字资源建设取得了巨大的成就，读者通过互联网或移动端随时随地可以很方便地获得电子图书或其他资源，而相应的纸质图书或刊物的借阅量在逐步减少，无论是公共图书馆还是高校图书馆都在考虑如何更好地为读者服务这个问题，而把读者的借阅和其他信息进行整合，建立图书馆层面的共享数据中心，借助共享数据中心收集、处理和存储各类共享数据，并为图书馆或学校提供信息共享服务平台，为实现系统的集成和各个系统之间的数据共享，提供有效的决策支持数据。在此基础上进行的智慧图书馆建设，是提高为读者服务水平的有效途径之一。

图书馆的共享数据中心可以让图书馆各个应用系统之间的实现数据共享，并对各种数据实现统一的管理，从而保证图书馆数据的及时性、完整性和一致性。图书馆的共享数据中心具有以下功能特点。

（一）实现图书馆信息资源的整合和数据的高效存储

根据图书馆的实际情况和实际需求，将各类需要共享的信息数据，通过数据交换、清洗、装载等处理，然后把数据存放于共享数据库中，使得数据的存放更为精简有效，并且减少了数据存取时的开销，同时能够保证数据及时更新，保证了图书馆信息的一致性，有利于对图书馆的数据进行统一的管理。

（二）实现图书馆的数据共享和合理有效使用

建立基于数据管理和利用的综合性技术方案的共享数据中心，用以存放大量数据的同时有效地将数据管理起来，并提供数据访问的接口，为系统集成和各个系统之间的数据共享提供平台，保证数据的及时性、完整性和一致性。

（三）提供有效的决策支持数据，为大数据分析做准备

为了建设智慧图书馆，提供智慧化管理和智慧化服务，需要利用人工智能、数据挖掘等技术，进行大数据分析，而建立图书馆层面的共享数据中心是前提，是智慧图书馆建设的基础。

二、共享数据中心的建设目标

图书馆在建设共享数据中心之前，应该充分考虑本馆的实际情况和实际需求，涉及哪些应用系统，涉及哪些数据库，共享数据中心建好后打算做什么，怎么做，都要有一个总体的思路或设计，并且要为未来的发展留有余地。图书馆的共享数据中心建设目标如下：

（1）图书馆建成的共享数据中心，要尽量覆盖所有相关的应用系统，采集的数据尽量详细精确，同时实现数据及应用系统的集中和集成。

（2）建立图书馆的数据仓库，提供丰富的数据分析展现功能，同时为后续的大数据分析和数据挖掘提供基础支撑。

（3）共享数据中心的数据要做到唯一性与共享性。唯一性是指同一个基础项数据必须唯一，不能有二义性；共享性是指数据必须实现应用系统之间的共享。

（4）共享数据中心应建立统一的安全防护体系以保障数据的安全，同时对应用系统的访问进行权限管理以防止数据的泄露。

（5）在建设综合共享数据中心的同时，完善共享数据中心与应用系统之间的数据交换体系，并提供数据交换的安全保障。

（6）实现网络、硬件、存储设备、数据、业务系统和管理流程、服务流程、数据交换流程的统一集中。

（7）统一的信息管理模式及统一的技术架构，能够迅速地实施部署各种新的信息系统，提升管理能力。

第三节　共享数据中心平台架构

图书馆建设自己的共享数据中心具有重要的意义。共享数据中心平台是管理和维护共享数据中心的软件工具，建立基于数据管理和共享利用的图书馆共享数据中心平台，在存放大量数据的同时有效地将数据管理起来，提供数据访问的手段，为系统集成和各个系统间的数据共享提供服务，保证数据的及时性、完整性和一致性。从图书馆管理和服务过程的人性化与智能化角度出发，为图书馆各个应用系统的智能化提供

数据支撑。同时以大数据的产生、归集、挖掘、应用为轴线，以图书馆管理过程中的各项工作如纸质图书刊物采购和编目、电子资源采购、读者借阅等为事件，深入分析智慧管理的内涵与核心特征，构建大数据背景下的图书馆共享数据中心体系框架，包括新技术新装备与新应用、学习行为数据、学习习惯、借阅爱好、访问电子资源的行为、优质电子资源开发利用、移动阅览与智能自助服务、大数据的挖掘与应用、智慧决策支持等，探讨图书馆共享数据中心平台体系的一般流程和未知价值，形成图书馆管理数据化、服务化、智慧化，促进图书馆的智慧服务，提升图书馆管理和决策的智慧化水平，引领图书馆在大数据时代下的跨越式发展。

采用人工智能和大数据技术对数据进行分析和挖掘，了解读者表象的或隐含的需求，有针对性地为读者提供全方位的个性化服务，是一个重要的提高服务质量的策略，这也许就是图书馆业内建设智慧图书馆的初衷和目的。

基于以上认识，图书馆层面的共享数据中心建设可以说是智慧图书馆建设的前提和保证。下面从逻辑架构、数据架构、执行架构三个方面重点论述共享数据中心平台的架构。

一、逻辑架构

图书馆的共享数据中心平台逻辑架构包含：应用架构、数据架构、执行架构、基础架构（物理架构）、安全架构、运维架构。

（一）应用架构

应用架构是指共享数据中心所支撑的所有应用系统部署和它们之间的关系。图书馆的这些应用系统一般有图书馆综合管理信息系统、门禁管理信息系统、知识库管理信息系统、预约管理信息系统等。

（二）数据架构

数据架构是指每个应用系统模块的数据构成、相互关系和存储方式，还包括数据标准和数据的管控手段等。

（三）执行架构

执行架构是指数据仓库在运行时态的关键功能及服务流程，主要包括ETL架构和数据访问架构。

（四）基础架构

也叫物理架构，为上层的应用系统提供硬件支撑的平台，主要包括服务器、网络、存储等硬件设施。

（五）安全架构

安全架构覆盖共享数据中心的各个部分，包括运维、应用、数据、基础设施等的安全管理和体系架构。

（六）运维架构

运维架构面向图书馆的技术人员，为整个信息系统搭建一个统一的管理平台，并提供相关的管理维护工具，如系统管理平台、数据备份工具和相关的管理流程。

二、数据架构

以高校图书馆为例，对高校图书馆共享数据中心平台数据流向进行初步的设计。一般情况下，高校图书馆需要师生的基本信息和一卡通的信息。另外随着智慧图书馆建设的深入，图书馆根据需求，还需要获取其他种类的信息，比如如果打算对一位教师的科研进行评价，那势必还需要教师的专业、学历、科研、讲课课程等信息；如果想对一个学生进行个性化画像，并提供个性化服务，那么学生的专业、成绩、课程等信息也需要获取过来等。

这里的"图书馆综合管理系统"指的是图书馆的流通、阅览、采编等为一体的信息系统，综合管理系统和图书馆的其他应用系统，比如机构知识库系统、门禁系统等，和图书馆的共享数据中心进行数据交换。

以上数据交换可以采用 ETL 技术，开源的、商业的或者基于云的，图书馆根据本馆实际情况和实际需要，采用合适的 ETL 技术。

三、执行架构

执行架构用于规范和定义数据仓库运行时态的功能流程。图书馆的共享数据中心平台和其他数据中心平台一样，也是由操作型数据存储区、ETL、数据仓库区、数据集市区、BI 展示区、两级数据中心的级联等组成。

操作型数据存储区。操作型数据存储（ODS）的数据缓冲区是业务数据流动过程的第一个存储区。数据仓库从各个业务系统的数据源中将数据抽取出来，并且装载到 ODS 数据缓冲区，从而实现统一的、全局的数据平台，为以后的数据抽取、清洗、转换过程打下了坚实的基础。

ODS 为图书馆应用系统间提供数据共享，其主要作用是为终端用户提供一致的图书馆数据集成视图；ODS 区存放数据仓库所在层次各个应用系统间需要共享的数据，图书馆的各个应用系统通过企业应用集成（EAI）平台就能够从 ODS 区访问到授权给它们的数据；对于数据量大的数据源可以采用增量的方式进行抽取，对于经常变化更新的数据一般采用全量的方式进行抽取；ODS 数据缓冲区具有实时性的特征，QDS 系统将各个孤立的应用系统的运营数据集成起来，组成统一的、全局的数据交换平台。

ETLoETL 主要作用是在异构系统之间实现信息交换，用于将 ODS 区的数据迁移到数据仓库或将数据源的数据整合到 ODS 的工作，主要提供数据移动控制、数据转储及相关的各种流程与服务。ETL 主要完成的工作有几部分组成，分别是任务调度、批量文件控制、错误处理、异常处理、文件与数据传输、验证与审核。

数据仓库区。数据仓库 DW 区是共享数据中心架构中最核心的数据存储区域，它包含一个相对稳定的、企业级的数据仓库数据模型，支撑大部分的数据应用。数据仓库区内的数据，数据粒度与 ODS 一致或粗于 QDS 区，这些数据是按照主题存放的。在进入数据仓库之前，这些数据必须按照业务数据主题域进行整合。

数据仓库是面向主题的、集成的、稳定的、随时间变化的，主要用于决策支持的数据库系统。ODS 具备数据仓库的部分特征和联机事务处理系统的部分特征，它是"集成的、当前或接近当前的、不断变化的"数据，一般不保留数据的变动轨迹，是数据仓库体系结构中的一个可选部分。

数据集市区。数据集市也叫数据市场。数据集市区可以说是一组针对某个主题域、特定的、部门或用户分类的数据集合。数据集市区根据用户的快速访问和数据输出情况对数据的数据结构进行索引和汇总等进行优化，并把数据按分析主题、数据模型呈星型结构进行存放和组织。而数据仓库的数据按照主题、数据模型满足第三范式存放和组织。从数据仓库到数据集市的数据移动包括维表的映射、实体表向事实表,以及实体关系到多维关系的映射。数据仓库中所存放的数据需要经过累计汇总转换后才能加载到数据集市中。

BI 展示区商业智能（BI）包括即席查询、预定义报表、联机分析处理等,通过前端分析、访问工具将数据集市内的数据展现给最终的用户。

两级数据中心的级联。通过数据交换平台对两级数据中心进行级联。

共享数据中心平台的建设主要涉及信息标准、ETL 和数据治理等几个方面,所以说在建立共享数据中心之前,首先要考虑图书馆层面信息标准的制定,然后根据图书馆的信息标准把相关应用系统的数据经过 ETL 交换到共享数据中心的数据仓库中,在 ETL 或随后的过程中若发现某些数据错误或不一致,需要对这些数据进行清洗,在数据交换到共享数据中心的数据仓库后,需对数据进行治理,数据治理的目的是提高数据的质量,保证数据的安全性,从而为实现数据资源在高校图书馆应用系统之间的共享打下基础,数据治理后就基本上建立了图书馆层面比较高效的共享数据中心,通过共享数据中心平台对共享数据中心进行管理和维护,共享数据中心平台负责和各个应用系统之间交换数据,利用共享数据中心的数据,采用人工智能和大数据技术对数据进行分析和挖掘,为实现图书馆的智慧管理和服务打下基础。

第四节　信息标准建设

图书馆的信息标准建设是图书馆共享数据中心建设的重点步骤之一,对推进图书馆信息化建设,保证信息的交流与共享,有着重要的意义。

信息标准是信息在采集、处理、交换、用户访问、传输过程中的统一规范,是保证数据一致性的前提,是构建稳定、合理数据结构的关键,是最大限度地实现信息资源共享和信息系统得到协同发展的基础信息标准在图书馆信息系统范围内,为数据库设计提供类似数据字典的作用,也是信息交换、资源共享得以实现的关键因素和基础性条件。共享数据中心平台的信息标准需要保证信息在采集、处理、交换、传输的过程中有统一、科学、规范的分类和描述,能够使信息有序流通、最大限度地实现信息资源共享,使图书馆应用系统得到协同发展,发挥信息资源的综合效益。整个图书馆的数据都需要按照一定的标准编码,以方便图书馆各个应用系统之间、图书馆和学校之间、图书馆之间的数据流通。

一、信息标准建设内容

信息标准的建设内容主要包括数据标准、编码标准、接口标准和应用标准。

（一）数据标准

图书馆的数据标准一般由图书馆的一些信息子集来进行定义,每个信息子系统包括以下内容:数据集、数据子集、数据项分类与分层结构;数据集定义、属性描述;数据子集定义、属性描述;数据项定义、属性描述、权限描述。

每个信息子集的制订要结合并考虑高校图书馆以及学校共享数据中心的实际情况,同时随着图书馆各类应用系统的建设与更新,以及高校各类应用的建设与更新,需同步对信息子集进行修订和补充，并且信息子集的制订范围应尽量涵盖图书馆的所有业务。

图书馆数据集包括图书馆信息子集、高校共享数据中心子集和馆际子集。其中图书馆的子集一般包括图书基本数据类、借阅证数据类、图书借阅信息类、知识库信息类等；高校共享数据中心子集是在高校已经建立学校层面的共享数据中心，这时图书馆的共享数据中心直接从学校共享数据中心交换数据即可，其子类一般有高校的人事信息类、办公信息类、科研信息类、教务信息类、学工信息类、一卡通信息类等，甚至还有国资、财务等类；馆际子集一般包括馆际互借信息类、馆际其他类等。

（二）编码标准

高校图书馆应以国家标准、教育部标准、行业标准、高校内部标准等为基础建立信息标准的信息分类编码标准体系，同时还要兼顾各个标准之间的兼容性、一致性和扩展性。在有关标准的基础上，结合图书馆信息化和智慧化建设、图书馆和高校共享数据中心、馆际业务等实际情况，编写图书馆的信息编码集。在参考代码标准方面，数据要按照统一的标准产生、存放、使用，使数据真正达到规范性、统一性和一致性。同时信息标准设计应该具有良好的扩展性，能够不断的维护与完善。

（三）接口标准

接口标准是图书馆的共享数据中心与图书馆应用系统之间、与学校共享数据中心之间、与馆际系统之间进行数据交换、清洗、治理和共享的规范和基础。高校图书馆主要应完成下面三个标准建设。完成图书馆各个应用系统、学校共享数据中心、馆际系统等数据库中用于交换的数据基础接口标准建设；根据图书馆数据共享和数据分析的实际需求，完成图书馆共享数据中心的数据库数据交换模型设计；完成图书馆的共享数据中心与图书馆应用系统之间、与学校共享数据中心之间、与馆际系统之间数据交换接口标准建设，包括交换周期、交换模型、多种交换接口方式等交换语义描述标准；最终建立具有良好的扩展性、统一的数据传输与数据交换规范，实现应用系统间的数据交换。

（四）应用标准

图书馆共享数据中心建设的目的是应用，除了进行数据分析等以外，还要给图书馆现有的应用系统、以后新上的应用系统、学校的共享数据中心、馆际系统、智慧图书馆建设等提供数据支撑，所以需要确定图书馆和学校的共享数据中心数据标准之间的标准对接规范，保证它们之间数据的统一性和互补性。随着图书馆以及高校信息化进程的发展，信息标准也必须是一个及时更新、不断充实的动态系统。共享数据中心平台能够提供对信息标准进行管理和维护的工具。

二、信息标准建设要求

信息标准建设是图书馆或高校信息化建设的基础，信息标准需要保证信息在采集、处理、交换、传输的过程中做到统一、科学和规范，并能够最大限度地实现信息资源的交换和共享。

（一）标准管理和维护

信息标准管理和维护的工具可以实现图书馆各个应用系统或学校共享数据中心的某些信息标准的修改或变更，并经过确认后可以自动或人工操作更新到与之对应或相关的应用系统。该工具可集成在图书馆的共享数据中心平台，主要实现以下功能：可视化的操作界面，可对数据标准模式进行初始化，对数据标准集进行浏览、维护、增删，对图书馆标准的模式和样例数据进行展示；提供参照数据代码标准、执行代码标准模式的新增、数据浏览和维护，支持执行标准与参照标准的对比；可建立映射关系，用以描述原标准和新标准之间的关联关系。

（二）简单性与规范性

数据的代码名称要尽量有一定的意义，尽可能反映名称的特点，结构要尽量简单，长度位数要尽量少，并遵循一定的使用习惯和制定规范，在保证代码处理效率的同时，以便减少代码的差错率，进而还能节省存储空间。

（三）唯一性、可扩性与兼容性

每一编码对象的代码必须保证其唯一性；代码结构具有可伸缩性和留有一些备用码以满足同类编码对象持续增加、扩充的需要；高校图书馆的信息标准要尽量和已有的国家、教育部、行业、学校的信息分类标准为基础进行制定，做到兼容性。

（四）科学性与系统性

信息标准的分类依据和分类基础应该体现描述对象中最稳定的属性或特征，或者称其为关键属性特征；信息标准的分类还应考虑事物的内在联系，需要分类的对象应按照概念的属性或特征以及一定排列顺序予以系统化。

（五）规范性、适用性和合理性

在一个信息编码标准中，代码不仅要反映分类对象的特点，而且要便于记忆，便于使用。同时必须保证统一的代码结构、代码类型以及代码编写格式。

第五节　ETL 技术及工具

ETL 技术将数据从源端经过抽取、交互转换、加载至目的端口，是构建数据仓库的重要一环，用户从数据源抽取出所需的数据，经过数据清洗，最终按照预先定义好的数据仓库模型，将数据加载到数据仓库中去。ETL 常用在数据仓库，但其对象并不限于数据仓库。

数据抽取从指定的数据源中抽取所需的数据，数据抽取是将数据导入数据仓库的第一步。抽取的主要功能包括读取、理解源数据，并复制目的端所需的部分，一般由全量抽取和增量抽取两种方式。转换主要是对抽取来的源端数据进行数据格式方面的处理以满足目的端的需要。转换包含很多不同的技术和步骤，一般而言，转换包括对抽取的数据进行映射、清洗、汇总、重排和排序等步骤。加载将转换好的数据放入数据仓库中的过程，通过批加载工具处理大批量和预排序数据，可以优化数据加载的性能。

实现 ETL 的方法一般有三种：一是借助 ETL 工具实现，二是 SQL 方式实现，三是 ETL 工具和 SQL 相结合来实现，ETL 工具可以快速地建立起 ETL 工程，屏蔽复杂的编码任务，提高速度，降低难度，但是欠缺灵活性。SQL 的方法优点是灵活，提高 ETL 运行效率，但是编码复杂，对技术要求比较高。第二种是综合了前面两种的优点，极大地提高ETL的开发速度和效率。针对大多图书馆的实际情况，建议尽量采用ETL工具实现图书馆的数据交换并建立共享数据中心。

ETL工具是实现ETL技术的软件系统，主要作用是在异构系统之间实现信息的交换，这里的交换包括抽取、转换和加载的过程也ETL工具本质上是一个中间件，使用者不需要了解更多的底层信息就可以方便地使用，这些底层信息包括网络的协议、数据的传输安全等。ETL工具负责将分布的、异构的数据源如关系数据库、平面文件中的数据抽取到临时中间层后进行清洗、转换、集成，最后加载到数据仓库或数据集市中，为基于数据仓库的决策分析应用提供高质量的数据。成熟的ETL工具应具有以下特点。

一、灵活性

ETL工具架构的灵活性体现在使用的灵活性，使用人员通过修改系统的配置来满足图书馆业务逻辑内部和外部的变化。

二、可维护性

在考虑成本的前提下，系统维护便捷，以最小的代价满足业务的变化，比如要求系统基础结构和应用服务的要进行分离；系统要有自成体系的独立业务组件；数据、数据访问对象和业务对象的分离。

三、性能优化

根据各种技术的不同特点来提高ETL工具的性能。工具的性能可能涉及硬件，比如服务器的CPU、内存、I/O和网络等产生的瓶颈，还有可能是由ETL处理过程产生的瓶颈。涉及ETL平台的瓶颈，要分析各种计算、查找表、聚集、过滤等转换环节的处理操作，最后分析加载操作。例如PUSQL被用来处理高容量的批处理工作，使用主流软/硬件技术如集群和负载平衡等技术来确保ETL工具的稳定性。

四、系统安全性

在管理方面主要从用户权限和内控机制两个方面入手，针对不同用户、不同环节采取相应的防范措施，杜绝出现安全漏洞。在技术和平台功能设计方面采用各种软硬件技术将平台核心的信息与用户操作界面进行有机的隔离和授权访问，达到有权限者畅通无阻、无权限者寸步难行的效果。

五、数据的准确性

根据权限分配，使用ETL工具的管理人员和使用人员可以监控系统内数据流，保证数据在各环节的一致性。保证系统数据准确性方面，在数据库设计时要考虑使用数据的约束控制，如主、外键；在数据之间的关系层面上，提供必要的检测程序；在流程实现层面，保证事务的一致性，即只有整个事务全面成功后才能提交整个事务等。

第六节　ETL工具简介

当图书馆选择ETL工具时，一般有以下几种选择：一是选择开源的ETL工具来提供解决方案，一般适用于经费不是很足或其他情况下使用。二是和厂商合作，选择商业的ETL工具。三是选择现代ETL平台，这些平台通常是基于云的解决方案，并为ETL从现有数据源到云数据仓库的数据提供端到端支持，它们也是为了支持日益增长的基于网络的数据流列表而构建的。

一、几种开源的 ETL 工具

几个比较优秀的 ETL 开源工具如下。

（一）ApacheCamel

ApacheCamel 是一个非常强大的基于规则的路由以及媒介引擎，一个基于企业整合模式（EIP）的开源框架。可以采用其异常强大且十分易用的 API（可以说是一种 Java 的领域定义语言）来配置其路由或者中介的规则。通过这种领域定义语言，可以在集成开发环境（IDE）中用简单的 Java 代码就可以写出一个类型安全并具有一定智能的规则描述文件。EIP 定义了一些不同应用系统之间的消息传输模型，包括常见的 Point-to-Point，Pub/Sub 模型。

（二）ApacheKafka

Kafka 是一个消息系统，原本用作活动流和运营数据处理管道的基础。现在它已被多家公司作为多种类型的数据管道和消息系统使用。活动流数据是几乎所有站点在对其网站使用情况做报表时都要用到的数据中最常规的部分。活动数据包括页面访问量、被查看内容方面的信息以及搜索情况等内容。这种数据通常的处理方式是先把各种活动以日志的形式写入某种文件，然后周期性地对这些文件进行统计分析。运营数据指的是服务器的性能数据（CPU、IQ 使用率、请求时间、服务日志等数据），总的来说，运营数据的统计方法种类繁多。

ApacheKafka 是一个开源的消息系统，用 Scala 和 Java 写成，为处理实时数据提供了一个统一、高通量、低延时的平台。

（三）Apatar

Apatar 用 Java 编写，是一个开源的 ETL 项目。它具有模块化的架构，可提供可视化的 Job 设计器与映射工具，支持所有主流数据源，提供灵活的基于 GUI、服务器和嵌入式的部署选项。它符合 Unicode 的功能，可用于跨团队集成数据，填充数据仓库与数据市场，在连接到其他系统时，使用少量代码或不使用代码就可以进行维护。

（四）Heka

Heka 是一个用来收集和整理来自多个不同源数据的工具，通过对数据进行收集和整理后发送结果报告到不同的目标用于进一步分析。

Heka 是一种用于数据处理的"瑞士军刀"型工具，适用于各种不同的任务，例如：从文件系统加载和解析日志文件；接受 statsd 类型度量数据以进行聚合并转发到上游时间序列数据存储，例如 graphite 或 Influx DB；启动外部流程以从本地系统收集操作数据；对流经 Heka 管道的任何数据进行实时分析、绘图和异常检测等。

（五）Logstash

Logstash 是一个开源的数据收集引擎，它具备实时数据传输能力。也可以说是一个应用程序日志，事件的传输、处理、管理和搜索的平台。可以统一过滤来自不同源的数据，并按照开发者制定的规范输出到目的地。并且可以用它来统一对应用程序日志进行收集管理，提供 Web 接口用于查询和统计。

Logstash 收集的数据对象就是日志文件，对日志文件进行收集和统一过滤，变成可读性很高的内容，方便开发者或运维人员观察，从而有效地分析系统/项目运行的性能，做好监控和预警的准备工作等。同时它还能够以连续的流式传输方式，轻松地从日志、指标、Weh 应用、数据存储以及各种 AWS 服务采集数据。

（六）Scriptella

Scriptella 是一个开源的 ETL 工具和一个脚本执行工具，采用 Java 开发。它的主要特点是简单性，不需要用户学习另一种复杂的基于 XML 的语言来使用，允许使用适合数据源的 SQL 或其他脚本语言来执行所需的转换。

Scriptella 支持跨数据库的 ETL 脚本，并且可以在单个 ETL 文件中与多个数据源运行。Scriptella 可与任何 JDBC/ODBC 兼容的驱动程序集成，并提供与非 JDBC 数据源和脚本语言的互操作性的接口。它还可以与 JavaEE、Spring.JMX、JNDI 和 JavaMail 集成。

（七）Talend

Talend（踏蓝）是一家针对数据集成工具市场的 ETL 开源软件供应商。Talend 以技术和商业双重模式为 ETL 服务提供了一个全新的远景，打破了传统的独有封闭服务，提供了一个针对所有规模用户的、公开的、创新的、强大的灵活的软件解决方案。

（八）Kettle

Ket 而是一款开源的 ETL 工具，纯 java 编写，绿色、无须安装，数据抽取高效稳定（数据迁移工具）。Kettle 中有两种脚本文件，transfcrmalion 和 joh，transformation 完成针对数据的基础转换，joh 则完成整个工作流的控制。Kettle 中文名称叫水壶，该项目的主程序员 MATT 希望把各种数据放到一个壶里，然后以一种指定的格式流出。Kettle 这个 ETL 工具集，允许用户管理来自不同数据库的数据，通过提供一个图形化的用户环境来描述用户想做什么，而不是用户想怎么做。Ketlle 家族目前包括 4 个产品：Spoon、Pan、CHEF、Kitchen。

Spoon 允许通过图形界面来设计 ETL 转换过程；Pan 是一个后台执行的程序，没有图形界面，允许批量运行由 Spoon 设计的 ETL 转换（例如使用一个时间调度器）；CHEF 允许创建任务（Job），任务通过允许每个转换、任务、脚本等，更有利于自动化更新数据仓库的复杂 T.作；Kitchen 允许批量使用由 CHEF 设计的任务（例如使用一个时间调度器），也是一个后台运行的程序。

二、几种商业的 ETL 工具

几种商业 ETL 工具，简介如下。

（一）Info Sphere Information Server

IBM 公司的 InfoSphere Information Server 是市场领先的数据集成平台，包括一系列产品，使用户能够理解、清理、监控、转换和交付数据，提供大规模并行处理功能，可提供高度可扩展且灵活的集成平台，可处理所有数据量，无论大小。

InfoSphere Infonnation Server 可以提供的服务从数据集成到数据质量和数据治理，以及其他关键任务业务计划（如大数据和分析，数据仓库现代化，主数据管理和影响点分析）。

作为一款 ETL 工具，IBM InfoSphere Information Server 是 IBM Infon nation Platforms Solutions 套件和 IBMInfoSphere 的一部分。它使用图形符号来构建数据的整合方案，并具备各种版本（包括服务器版、企业版和 MVS 版）以满足不同用户的需求。

（二）Informatica Power Center

Informatica Power Center 是一款 ETL 产品套件的总称，它包括 Power Center 客户端工具、服务器和存储数据库。

该软件将数据存储在库中，以便客户端工具和服务器能够访问到。各种操作一般在服务器上被执行，其服务器分别连接到源与目标系统上以获取数据，然后通过各种转换，最终将数据加载到目标系统之中。

（三）iWay 软件

iWay 集成套件具有将应用程序与数据相集成的功能。客户可以使用它们来管理结构化、非结构化的信息。该套件包括有 iWay 数据迁移器、iWay 服务管理器和 iWay 通用适配器框架。

（四）Microsoft SQL Server Integration Services

Microsoft Integration Services 是一个高性能的数据集成方案平台，它包含了用于数据仓库的各种 ETL 包，用于生成企业级数据集成和数据转换解决方案。可解决复杂的业务问题，具体表现为：复制或下载文件、加载数据仓库、清除和挖掘数据以及管理 SQL Server 对象和数据。

它可以提取和转换来自多种源（如 XML 数据文件，txt.csv 等格式的平面文件，关系数据）的数据，然后将这些数据加载到一个或多个目标。包括一组丰富的内置任务和转换，用于生成包的图形工具和可在其中存储、运行和管理包的目录数据库。可以使用图形工具来创建解决方案，而无须编写单行代码。也可以编写广泛的对象模型以编程方式创建包，并对自定义任务和其他包对象进行编码。

（五）Oracle Golden Gate

甲骨文公司的 Oracle Golden Gate（OGG）是 Oracle 的一种基于数据库日志的数据同步软件，它通过解析源数据库在线日志或归档日志获得数据的增、删、改变化，再将这些变化的全部或者部分应用到目标数据库，实现源数据库与目标数据库实时同步。Golden Gate 软件可以在异构的 IT 基础结构（包括几乎所有常用操作系统平台和数据库平台）之间实现大量数据亚秒一级的实时复制。

Gloden Gate 的主要优点有：高性能，通过非侵入式的设计，底层的数据传输等，实现了亚秒级的数据延迟；灵活扩展性，开放模块化的结构，支持异构的源端和目标端；高可靠性，通过事务顺序提交，合理的检查点机制，以及可靠的数据传输机制，支持断点续传，保证了数据的完整性和可靠性。

（六）Oracle Warehouse Builder

Oracle Warehouse Builder（OWB）是专为 Oracle 数据库设计的全功能数据集成、数据仓库、数据质量和元数据管理解决方案。其主要功能包括：数据建模，提取、转换和加载（ETL），数据分析和数据质量，元数据管理，ERP 应用程序数据的业务级集成，与 Oracle 商业智能工具集成可生成报表，高级数据沿袭和影响分析。

OWB 也是一个可扩展的数据集成和数据质量解决方案平台。OWB 可以扩展为管理特定于任何应用程序的元数据，并可以与新的数据源和目标类型集成，实现对新数据访问机制和平台的支持，实施组织的最佳实践，并促进跨组件的组件重用。

（七）Oracle DataIntegrator

Oracle ODI 是使用 E-LT 的理念（Extract、Load Transform，即抽取、装载、转换）

设计出来的数据抽取/数据转换工具。主要用来做数据的清洗加工，尤其是在做数据集成项目以及 BI 项目的源数据抽取时特别有用。

主要特点：①支持异构数据。当数据源或者目的不是 Oracle 数据库，ODI 能够生成针对那个数据源的 native 的 SQL 操纵语句；②实时数据集成的环境。ODI 能够支持 CDC（Change Data Capture，改变数据捕获），从而完成近实时的数据集成；③在数据抽取集成过程中可以和 SOA（Service Oriented Architecture，面向服务架构）集成，ODI 本身提供了 Call Webservice 的机制，并且 ODI 的接口也可以支持 Web Service，从而可以和 SOA 环境进行交互。

据其官方介绍，Oracle DataIntegrator 是一个综合的数据集成平台，可满足从大容量、高性能的批处理负载到事件驱动、持续少量的集成流程再到支持 SOA 的数据服务。新版的 Oracle 战略性数据集成产品 Oracle DataIntegrato r12c 通过重新设计基于流的声明式用户界面和与 OracleGoldenGate 更深层次的集成，为开发人员提供卓越的工作效率，并改善了用户体验。OPDI12。通过全面的大数据支持并增加执行数据集成进程的并行度，进一步打造其灵活、高性能的架构。它包括与 OWB 的互操作性，方便 OWB 客户快速、轻松地迁移到 ODI12co 此外，通过与 Oracle Enterprise Manager12c 集成，还可以使用一个解决方案监视 ODI 及其他 Oracle 技术和应用。

ODI 和 OWB 两者都是甲骨文公司的产品，具有一定的区别问：①ODI 和 OWB 并不是两个完全相同的产品。和 OWB 比较起来，ODI 具有平台无关性特点，因为这个工具是用 Java 开发的。②ODI 这个产品更强化定位于一个企业应用集成（Enterprise Application Integration，EAI）工具，而不仅仅是 ETL 工具。它不仅能够支持几乎所有的关系数据库，并且还能支持非常多的客户应用系统，从 PeopleSoft 到 Sieble、SAP 等。

（八）Pervasive DataIntegrator

Pervasive 的数据集成平台是一款企业级的数据集成软件方案，它能够帮助客户在任何类型的数据源和应用程序之间建立连接。同时，它还能支持各种实时集成的场景。

集成框架是一个通用的集成框架，可用于数据集成、Eli 和 SQA 部署模式。该集成框架由性能优秀、效率高效的工具组成，它使用开放的资料库，可以最大化开发者的工作效率、项目的扩展性和项目管理的简易性，由此来支持大规模、有组织的集成设计。强大的、低总成本的 Pervasive 集成引擎可以支撑更大规模企业级的部署。

Pervasive 集成框架由三项主要产品构成。

1.商业集成

利用分布式的、实时的、事件驱动的、基于消息的架构完成多个应用系统的高效低成本集成。

2.数据集成

使整个组织可以设计和部署多个项目，这些项目都必须抽取数据，并在两个或更多的数据存储间映射和共享数据。

3.数据分析器

自动检查任意源数据文件，并评估和报告数据质量，以便后续处理。

（九）SAP Business Objects Data Services

SAP 公司提供了一整套的企业信息管理（EIM）解决方案，可帮助企业把数据作为信息资产来管理，可对各种来源的数据进行管控，并与现有系统进行完美集成，用户通过直观界面轻松控制。Data Services 作为一个基础的、重要的功能模块，在企业信息管理中起着无可替代的作用。Data Services 提供数据集成、数据质量管理、数据切面以及文本信息处理等功能，其中文本信息中超过 80%为非结构化数据。通过 Data Services 功能组件可支持用户访问包括任意数据源、类型和领域的全部关键业务数据，以提高商业洞见及运营效率。

（十）SAS Data Management

SAS 数据管理建立在 SAS 平台之上，它是 SAS 投向 ETL 市场的一个工具。该平台包含了 20 多种 SAST 具和服务的大型套件所组成。据其官网介绍，SAS（Statistical Analysis System）是一个模块化、集成化的大型应用软件系统。它由数十个专用模块构成，功能包括数据访问、数据储存及管理、应用开发、图形处理、数据分析、报告编制、运筹学方法、计量经济学与预测等。

SAS 系统基本上可以分为四大部分：SAS 数据库部分；SAS 分析核心；SAS 开发呈现工具；SAS 对分布处理模式的支持及其数据仓库设计。SAS 系统主要完成以数据为中心的四大任务：数据访问，数据管理，数据呈现，数据分析。

（十一）SYBASE

Sybase ETL 包括 Sybase ETL Development 和 Sybase ETL Servero Sybase ETL Development 是一款用于创建和设计数据转换项目与作业的 GUI 工具。该工具提供了一个完整的模拟与调试环境，旨在加速 ETL 转换流程的开发。它包含有一台用于控制实际处理流程的 ETL 开发服务器，能够连接到各个数据库，并执行相关过程。

Sybase ETL Server 是一种可扩展的分布式网格引擎，它使用转换流（由 Sybase ETL Development 所设计）来连接到各个数据源，通过提取数据，然后将数据加载到目标之上。

三、基于云的 ETL 工具

上两个小节介绍的开源和商业 ETL 工具被设计为"批量进行工作"，即采集数据、上传数据、采集更多的数据、再上传，如此循环往复。这种批量加载数据在某些情况下的确适用，但是在某些单独的方法上会存在一些问题。

比如，数据批处理与转换工具很难实现跨平台的数据源采集，特别是在涉及变更数据捕获的情况时。当上传批量数据出现问题时，需要跟踪问题、排除故障并尽快重新提交作业。而这种批量处理方式是非常致命的，据仓库中存在着超过 24 小时的、被 API 调用与分配的数据，或者需要同时备份传入的数据，那么这些 CDC 信息就可能因此而丢失或被覆盖，从而造成数据丢失、数据不完整等问题。

另外，在面对越来越多的数据流和其他类型的数据源时，尤其是在需要尽快提供最新的、实时的数据场景中，仅提供这些批处理的工具集就更加不适合。

而随着云计算技术的发展，一些 ETL 工具套件是以实时流量数据处理和云计算为基础构建的。这些工具与先进的云端数据仓库有着很好的集成，并能够支持持续增长的数据源和数据流。

目前，基于云的 ETL 服务逐渐成为 ETL 工具的发展趋势，一些开源或商业 ETL 工具的最新版本都逐步实现基于数据流的处理和分布式的消息队列。基于云的 ETL 通常能够提供对实时数据、智能模式检测等方面的支持，通过新技术提供基于 SaaS（Softwareasa Service，软件即服务）平台和本地的解决方案，可对数据流在完成加载的数据仓库内部，进行不同级别的转换，并通过 Python、Java 等代码以实现完全控制，通过强大的内置安全网络，能够实现各种错误的处理和报告以保证数据的完整性。下面列出了几种常见的基于云的 ETL 平台和工具。

（一）Alooma

Alooma 是一款为云服务构建的企业数据管道平台，它能够提供一种现代的、可扩展的、基于云端的 ETL 解决方案，可以实时的将来自任何数据源的数据汇集到任何一个数据仓库之中。通过数据管道，Alooma 将用户的所有数据源整合到 BigQuery、Redshift、Snowflake、Azure 等平台中。

（二）Confluent

Confluent 是一个基于 ApacheKafka 的全面数据流平台，能够在数据流中发布、订阅、存储并处理数据。

（三）Fivetran

Fivetran 是一款 SaaS 类型的数据集成工具，能够从不同的云服务、数据库和商业智能工具中提取数据，并将其加载到数据仓库之中。

（四）FlyData

Postgre SQL Maria DB Percona 的数据加载过程，并以 CSV/TSV/JSON 的格式记录到 Amazon 的 Redshift 数据仓库之中。

（五）Matillion

Matillion 能够提供云端数据的集成，是一款专为 Amazon Redshift、Google Big Query 和 Snowflake 构建的 ETL 工具。

（六）Snap Logic

SnapLogic 提供了数据集成 PaaS（Platformasa Service，平台即服务）的工具，可用于连接各种云端数据源、SaaS 应用和本地的应用软件应用。

（七）Stitch Data

Stitch 是一款云端优先（cloud-first）的、开发者专用工具，可用于快速地移动数据。

（八）iStreamSets

Streamsets 是一款大数据实时采集和 ETL 工具，可以实现不写一行代码完成数据的采集和流转。通过拖拽式的可视化界面，实现数据管道的设计和定时任务调度。可用于控制数据漂移，以及与数据、数据源、数据基础架构、数据处理有关的变化问题。最大的特点：可视化界面操作，不写代码完成数据的采集和流转；内置监控，可以实时查看数据流传输的基本信息和数据的质量；强大的整合力，对现有常用组件全力支持，包括 50 种数据源、44 种数据操作、46 种目的地。

（九）Striim

Striim 是一个实时的流媒体分析和数据集成平台,在本地和云环境中持续实时地移动数据。

第七节 ETL 技术实现

ETL 是将应用系统的数据经过抽取、清洗转换之后加载到数据仓库的过程，目的是将企业中的分散、零乱、标准不统一的数据整合到一起，为企业的决策提供分析依据。ETL 是 BI 项目重要的一个环节，ETL 设计的好坏直接关系到项目的成败。图书馆的 ETL 是智慧图书馆建设的基础，没有一个良好的 ETL 平台，可以说智慧图书馆就如空中楼阁。

前文说过，ETL 的实现一般有三种方法，第一种是借助 ETL 工具实现，第二种是 SQL 方式实现，第三种是 ETL 工具和 SQL 相结合。

一个完整的 ETL 实现三部分：数据抽取、数据的清洗转换、数据的加载。数据的抽取是从图书馆各个不同应用系统的数据源抽取到操作数据存储（ODS）中（这个过程也可以做一些数据的清洗和转换），在抽取的过程中需要挑选不同的抽取方法，尽可能地提高 ETL 的运行效率。ETL 三个部分中，花费时间最长的是"T"（清洗、转换）的部分，一般情况下这部分工作量是整个 ETL 的 2/3。数据的加载一般在数据清洗完了之后直接写入数据仓库中去。

一、数据抽取

数据的抽取需要在调研阶段做大量工作，首先要搞清楚以下几个问题：针对智慧图书馆建设，需要哪些数据？这些数据需要从哪几个应用系统中来？哪些系统需要抽取数据？哪些数据需要抽取？需要抽取的应用系统，其数据库服务器运行什么类型的数据库管理系统？是否存在手工数据，手工数据量有多大？是否存在非结构化的数据？等等类似问题，当收集完这些信息之后才可以进行数据抽取的设计。

（一）数据抽取的设计

1. 目的端和源端的数据库产品相同时

一般情况下，数据库管理系统都会提供数据库链接功能，在目的端和源端两个数据库之间建立直接的链接关系后，就可以写 Select 语句直接访问。当然也可以采用 ETL 工具进行链接访问。

2. 目的端和源端的数据库产品不相同时

这时可以采用开放数据库连接（ODBC）的方式建立数据库链接，如 SQLServer 和 Oracle 之间。如果不能或者不方便建立数据库链接，还可以选用以下两种方式，一种是通过工具将源端数据导出成.txt 或者.xls 文件等，然后再将这些源系统文件导入到 ODS 中，另外一种方法就是通过程序接口来完成。

3. 对于文件类型数据源

如.txt，.xls 等格式的数据，可以先将这些数据导入到现有的数据库，然后从这个数据库里抽取，或者可以借助工具实现，如 MSSQLServer 的 SSIS 服务的平面数据源和平面目标等组件导入 ODS 中去。SSIS 是 Microsoft SQL ServerIntegration Services 的简称，是生成高性能数据集成解决方案的平台，包括数据仓库的 ETL 包。

4. 增量数据更新问题

在数据抽取时，一般有全量抽取和增量抽取两种方式。全量抽取类似于数据迁移或数据复制,将数据源中的表或视图的数据原封不动地从数据库中抽取出来。增量抽取只抽取自上次抽取以来数据库中要抽取表中新增或修改的数据。在 ETL 使用过程中,全量抽取比较简单,但在数据量大时需要耗费很多的资源,而增量抽取技术较复杂,但由于一般情况下,数据量都比较大,所以增量抽取较全量抽取应用更广。

在增量抽取时,一般情况下应用系统会记录业务发生的时间,可以用作增量的标志,每次抽取之前首先判断 ODS 中记录最大的时间,然后根据这个时间去应用系统取大于这个时间的所有记录。另外,如何捕获变化的数据是增量抽取的关键。对捕获方法一般有两点要求:一是能够将应用系统中的变化数据按一定的频率准确地捕获到;二是要求性能不能对应用系统造成太大的压力,影响应用系统的正常运行和服务四。

(二)增量抽取时捕获变化数据的方法

目前增量数据抽取中常用的捕获变化数据的方法有以下几种。

1.触发器方式

触发器是一种与数据表操作有关的数据库对象,当触发器所在的表出现指定事件时,将调用该对象,即表的操作事件触发表上触发器的执行。在要抽取的表上一般要建立插入、修改、删除三个触发器,每当源表中的数据发生变化,就被相应的触发器将变化的数据写入一个临时表,抽取线程从临时表中抽取数据,临时表中抽取过的数据被标记或删除。触发器方式的优点是数据抽取的性能较高,缺点是要求业务表建立触发器,对业务系统有一定的影响。

2.时间戳方式

时间戳是数据库中自动生成的唯一二进制数字,通常用作给表行加版本戳的机制,存储大小为 8 个字节。一般情况下,每个数据库都有一个计数器,当对数据库中包含时间戳列的表执行插入或更新操作时,该计数器值就会增加,该计数器是数据库的时间戳。

数据抽取时,时间戳也可以当作一种基于快照比较的变化数据捕获方式,通过比较系统时间与时间戳字段的值来决定抽取哪些数据。有的数据库时间戳支持自动更新,有的不支持自动更新,不支持的只能手工更新时间戳字段。同触发器方式一样,时间戳方式的性能也比较好,数据抽取相对清楚简单。但缺点是对应用系统也有很大的倾入性(加入额外的时间戳字段),特别是对不支持时间戳的自动更新的数据库,还要求应用系统进行额外的更新时间戳操作。另外,无法捕获对时间戳之前数据的 delete 和 update 操作,在数据准确性上受到了一定的影响。

3.全表比对方式

全表比对的典型方式是采用 MD5 校验码。ETL 工具事先为要抽取的表建立一个结构类似的 MD5 临时表,该临时表记录源表主键以及根据所有字段的数据计算出来的 MD5 校验码。每次进行数据抽取时,对源表和 MD5 临时表进行 MD5 校验码的比对,如有不同,进行叩 date 操作;如目标表不存在该主键值,表示该记录还没有,则进行 insert 操作。然后,还需要对在源表中已不存在而目标表仍保留的主键值,执行 delete 操作。MD5 方式的优点是对源系统的倾入性较小(仅需要建立一个 MD5 临时表);缺点是性能较差,原因是 MD5 方式是被动地进行全表数据的比对。

4.日志对比方式

要求数据库系统本身带有日志功能，通过分析数据库日志中的信息来获取基表的增量数据。分析时不会影响源数据库的运行，效率和实时性都较高。由于不同数据库系统的日志格式和接口在具体实现技术细节可能存在着很大的差异，因此实现较难叫日志分析法的优点是对业务系统的性能影响很小，且实时性较强。其缺点是要求数据库系统必须具有日志管理系统，并且提供了分析日志文件所需的命令或工具。

5.特定数据库方式

Oracle 数据库特有的两种增量提取方式：CDC 方式和闪回查询方式。

CDC 方式就是 Oracle 数据库的 CDC 技术能够识别从上次抽取之后发生变化的数据。利用 CDC，在对源表进行 insert、update 或 delete 等操作的同时就可以提取数据，并且变化的数据被保存在数据库的变化表中。这样就可以捕获发生变化的数据，然后利用数据库视图以一种可控的方式提供给目标系统，作为增量抽取的依据。

CDC 方式对源表数据变化情况的捕获有两种方式：同步 CDC 和异步 CDC。同步 CDC 使用源数据库触发器来捕获变更的数据。这种方式是实时的，没有任何延迟。当数据操纵语言（Data Manipulation Language，DML）操作提交后，变更表中就产生了变更数据。异步 CDC 使用数据库重做日志文件，在源数据库发生变更以后，才进行数据捕获。

Oracle 闪回查询方式就是允许用户查询过去某个时刻的数据库状态。这样，抽取进程可以将源数据库的当前状态和上次抽取时刻的状态进行对比，快速得出源表数据记录的变化情况。

6.全表删除插入方式

全表删除插入方式是指每次抽取前先删除目标表数据，抽取时全新加载数据。该方式实际上将增量抽取等同于全量抽取。对于数据量不大，全量抽取的时间代价小于执行增量抽取的算法和条件代价时，可以采用该方式。

7.日志表方式

对于建立了应用系统的生产数据库，可以在数据库中创建业务日志表，当日志表内容。增量抽取时，通过读日志表数据决定加载哪些数据及如何加载。

二、数据清洗转换

一般情况下，数据仓库分为 ODS 和 DW 两部分，数据清洗通常的做法是从应用系统到 ODS 做清洗，将脏数据和不完整数据过滤掉，再从 ODS 到 DW 的过程中转换，进行一些业务规则的计算和聚合。

（一）数据清洗

数据清洗的目的是以后更好地对数据进行分析，数据清洗的任务是过滤那些不符合数据分析要求的数据，将过滤的结果交给有关部门或人员，确认是否过滤掉还是由有关部门或人员修正之后再进行抽取。

数据清洗的一般步骤：分析数据、缺失值处理、异常值处理、去重处理、噪声数据处理。

分析数据就是根据需求去找相应的数据，拿到数据后，首先要对数据进行描述性统计分析，查看哪些数据是不合理的，也可以知道数据的基本情况。

一般情况下，不符合要求的数据主要有不完整的数据、错误的数据、重复的数据、噪声数据四大类。

1.不完整的数据

或者叫残缺的数据，其特征是一些应该有的信息缺失，比如某些学生的政治面貌或手机号码等项缺少数据，需要将那些学生、那些缺失的数据过滤出来，按缺失的内容分别写入不同 Excel 文件向有关部门或人员提交，要求在规定的时间内补全。补全后才写入数据仓库[h]。如果相关部门或人员不处理或无法处理，那么从技术的角度可对不完整的数据一般采用以下几个方法处理。

一是直接删除，适合缺失值数量较小，并且是随机出现的，删除它们对整体数据影响不大的情况。二是使用一个全局常量填充，譬如将缺失值用"Unknown"等填充。三是使用均值或中位数代替。四是插补法，分为随机插补法、多重插补法、热平台插补、拉格朗日差值法和牛顿插值法。随机插补法就是从总体中随机抽取某个样本代替缺失样本；多重插补法就是通过变量之间的关系对缺失数据进行预测；热平台插补就是在非缺失数据集中找到一个与缺失值所在样本相似的样本（匹配样本），利用其中的观测值对缺失值进行插补；拉格朗日差值法和牛顿插值法，利用数学的方法进行插补。五是建模法，可以用回归、使用贝叶斯形式化方法的基于推理的工具或决策树归纳确定。

2.错误的数据

产生的主要原因是应用系统不够健全，在接收输入后没有进行判断直接写入后台数据库造成的，比如数值数据输成全角数字字符、字符串数据后面有一个回车、两字姓名中间有一个或两个空格、日期格式不正确、日期越界等。这些数据大多需要提前使用 SQL 的方式找出来，然后交给相关部门或人员进行修改，正确后再进行抽取工作。

如果相关部门或人员不处理或无法处理，也可对错误的数据采用以下几个方法处理：一是删除异常值，明显看出是异常且数量较少可以直接删除；二是不处理，如果算法对异常值不敏感则可以不处理，但如果算法对异常值敏感，则最好不要用；三是平均值替代；四是视为缺失值，可以按照处理缺失值的方法来处理。

3.重复的数据

在维表中比较常见，将重复数据的记录所有字段导出来，让相关部门或人员确认并整理。

4.噪声数据

大数据离不开数据分析，数据分析离不开数据，但是海量的数据总是既有很多需要的数据，也有数据存在杂质。观测量=真实数据+噪声，噪声包括错误值或偏离期望的孤立点值。对噪声数据一般有两种处理方法：分箱法和回归法。

分箱方法通过考察数据的"近邻"（即，周围的值）来光滑有序数据值。这些有序的值被分布到一些"桶"或"箱"中。由于分箱方法考察近邻的值，因此它进行局部光滑。

回归法使用一个函数拟合数据来光滑数据。线性回归涉及找出拟合两个属性（或变量）的"最佳"直线，使得一个属性能够预测另一个。多线性回归是线性回归的扩展，它涉及多于两个属性，并且数据拟合到一个多维面。使用回归，找出适合数据的数学方程式，能够帮助消除噪声。

在数据清洗实际项目操作时，面对海量数据，数据清洗是一个反复的过程，不可能在几天内完成，只有不断地发现问题，解决问题。对于是否过滤，是否修正一般要求有关部门或人员确认，对于过滤掉的数据，写入 Excel 文件或者将过滤数据写入数据表，在 ETL 开发的初期可以每天向有关部门或人员发送过滤数据的邮件，促使他们尽快地修正错误，同时也可以作为将来验证数据的依据。数据清洗需要注意的是不要将有用的数据过滤掉，对于每个过滤规则认真进行验证，并要求相关部门或人员进行确认。

（二）数据转换

数据转换是将数据从一种格式或结构转换为另一种格式或结构的过程。数据转换对于数据集成和数据管理等活动至关重要。数据转换的任务主要是进行不一致的数据转换、数据粒度的转换和一些业务规则的计算。数据转换可以包括一系列活动：可以转换数据类型，通过删除空值或重复数据来清理数据，丰富数据或执行聚合，具体取决于项目的需要。

1.不一致数据转换

将不同应用系统的相同类型数据进行整合和统一。对于在 ETL 过程中出现的数据不一致的异常情况，进行修复工作，保证进入业务流程数据的完整性与一致性。ETL 工具或平台中的修复执行可设置定时批量执行或操作人员手工执行，对数据校验结果不通过的异常数据，重新获取并单独再次进行数据校验工作，确实保证数据交互的可靠性。

2.数据粒度的转换

应用系统一般存储非常明细的数据，而数据仓库中的数据是用来分析的，有时不需要非常明细的数据，这时可将应用系统数据按照数据仓库粒度进行聚合。

3.业务规则的计算

不同的图书馆可能其业务规则也不尽相同，对应的数据指标也不尽相同，这些指标有的时候不是简单的加加减减就能完成，这个时候需要在 ETL 工具中将这些数据指标计算好了之后存储在数据仓库中。

三、数据加载

数据加载就是从数据源抽取出所需的数据，经过数据清洗和转换，最终按照预先定义好的数据仓库模型，将数据加载到数据仓库中去，是构建数据仓库最重要的一步。

在源端数据经过抽取、清洗和转换后，就要加载到目端数据库中，数据加载可分为全量加载和增量加载。全量加载就是全表删除后再进行数据加载的方式。增量加载就是目标表仅更新源表变化的数据。分别对应于数据抽取时的全量抽取和增量抽取。

数据全量抽取后一般要进行全量加载。全量加载时，先清空目标表，再全量导入对应的源端数据表即可。全量加载虽然技术要求简单，但是由于数据量一般都非常大，会耗费系统很多资源，满足数据实时性要求时需要较高性能的系统资源，所以很多情况下需要使用增量加载机制。

同样，数据的增量抽取后要进行增量加载，增量加载的难度在于必须设计正确有效的方法从数据源中抽取变化的数据，以及虽然没有变化但受到变化数据影响的源数据，同时将这些变化的和未变化但受影响的数据在完成相应的逻辑转换后更新到目的端数据库中。

增量抽取机制比较适用于以下特点的数据表：数据量巨大的目标表；源端表变化数据比较规律，例如按时间序列增长或减少；源端表变化数据相对数据总量较小；目的端表需要记录过期信息或者冗余信息；应用系统能直接提供增量数据。

一般情况下，如果每次抽取都有超过 1/4 的源端数据需要更新，就应该考虑改为全量抽取，另外全量抽取对于数据量较小，更新频率较低的系统也比较适用。

第八节 数据治理

数据治理是指将数据作为组织资产而展开的一系列的具体化工作，是对数据的全生命周期管理，是对数据资产管理行使权力和控制的活动集合（规划、监控和执行）。在图书馆共享数据中心建设中，数据治理着重于交付可信、安全的信息，为大数据分析和数据挖掘以及建设智慧图书馆提供支持。

数据治理体系是指从组织架构、管理制度、操作规范、IT 应用技术、绩效考核支持等多个维度对组织的数据模型、数据架构、数据质量、数据安全、数据生命周期等各方面进行全面的梳理、建设以及持续改进的体系。

对图书馆的共享数据中心进行数据治理，可以提高数据的质量以保证数据的准确性和完整性，提高数据的安全性以保证数据的保密性、完整性及可用性，实现数据资源在图书馆应用系统之间的共享；推进信息资源的整合、对接和共享，从而提升图书馆的信息化水平，充分发挥信息化作用。

数据治理领域包括但不限于以下内容：数据模型、元数据、数据标准、数据质量、数据生命周期管理、主数据管理、数据服务管理、数据安全以及数据共享服务。这些内容既要做到有机结合，又要相互支撑[四]。其中的数据安全涉及面比较广，不是本书重点关注的主题；数据共享服务是共享数据中心的主要内容，将在下节介绍。

一、数据模型

数据模型是数据治理中的重要部分，是数据治理的关键和重点。数据模型建立要合适、合理、合规才能有效提高数据的合理分布和使用。

（一）数据模型的不同应用层次

数据模型按不同的应用层次分成三种类型：分别是概念数据模型、逻辑数据模型、物理数据模型。

概念数据模型。简称概念模型，主要用来描述事物的概念化结构，只考虑数据以及数据之间的联系等，而不考虑具体的技术问题。概念数据模型的内容包括重要的实体及实体之间的关系，不考虑实体的属性和定义实体的主键，这也是概念数据模型和逻辑数据模型的主要区别。概念数据模型必须换成逻辑数据模型，才能在数据管理系统中实现。

逻辑数据模型。简称逻辑模型，是具体的数据管理系统所支持的数据模型，是用户在数据库中可以看到的模型，如网状数据模型、层次数据模型等。逻辑模型是对概念数据模型的进一步分解和细化。逻辑数据模型的内容包括所有的实体和关系，确定每个实体的属性，定义每个实体的主键，指定实体的外键，需要进行范式化处理。

物理数据模型。简称物理模型，是面向计算机物理表示的模型，描述了数据在储存介质上的组织结构，它不但与具体的数据管理系统有关，而且还与操作系统和硬件有关。每一种逻辑数据模型在实现时都有其对应的物理数据模型。数据管理系统为了保证其独立性与可移植性，大部分物理数据模型的实现工作由系统自动完成，而设计者只设计索引、聚集等特殊结构。

（二）数据模型所描述的内容

数据模型所描述的内容包括三个部分，分别是数据结构、数据操作、数据约束。

数据结构。主要用来描述数据的类型、内容、性质以及数据间的联系等。数据结构是数据模型的基础，数据操作和数据约束基本上都是建立在数据结构之上的。不同的数据结构有不同的操作和约束。

数据操作。主要用来描述在相应的数据结构上的操作类型和操作方式。

数据约束。主要用来描述数据结构内数据间的语法、词义联系、它们之间的制约和依存关系，以及数据动态变化的规则，以保证数据的正确、有效和相容。

二、元数据管理

元数据是关于数据的数据，是管理数据的数据，是面向特定应用的、描述资源属性和机器可理解的信息。在数据仓库中元数据是描述数据仓库内数据的结构和建立方法的数据网。它是一种二进制信息，用以对存储在公共语言运行库可移植、可执行文件或存储在内存中的程序进行描述。

元数据分为业务元数据、技术元数据和管理元数据，三者之间关系紧密。业务元数据指导技术元数据，技术元数据以业务元数据为参考进行设计，管理元数据为两者的管理提供支撑。

（一）业务元数据

业务元数据用来定义和业务相关数据的信息，用于辅助定位、理解及访问信息。业务元数据从业务角度描述了数据仓库中的数据，它提供了介于使用者和实际系统之间的语义层，使得不懂计算机技术的业务人员也能够"读懂"数据仓库中的数据；业务元数据主要供业务人员使用。

业务元数据主要包括以下内容：使用者的业务术语所表达的数据模型、实体/属性名；访问数据的原则和数据的来源；系统所提供的分析方法以及公式和报表的信息。具体包括以下信息：数据标准信息，应用指标和维度描述，业务功能描述，业务需求，业务规则，数据质量规则，业务视图，概念数据模型，逻辑数据模型，数据仓库或数据库，多维数据库中的表、字段、维、层次等之间的对应关系网。

（二）技术元数据

技术元数据是关于数据仓库系统技术细节的元数据，是为数据仓库系统管理员和系统应用开发人员服务的，目的是使数据仓库系统的开发和维护人员能够更好地进行各项操作。技术元数据支持系统开发、维护，同时支持管理系统环境中所有的分析、设计、开发和管理，它是连接开发工具、应用程序和系统的技术纽带。

技术元数据可分为结构性技术元数据和关联性技术元数据两种类型。结构性技术元数据提供了在信息技术的基础架构中对数据的说明，如数据的存放位置、数据的存储类型、数据的血缘关系等。关联性技术元数据描述了数据之间的关联和数据在信息技术环境之中的流转情况。

技术元数据主要包括以下信息：数据仓库结构的描述，包括仓库模式、视图、维、层次结构和导出数据的定义，以及数据集市的位置和内容；业务系统、数据仓库和数据集市的体系结构和模式；汇总用的算法，包括度量和维定义算法，数据粒度、主题领域、聚集、汇总、预定义的查询与报告；由操作环境到数据仓库环境的映射，包括源数据和它们的内容、数据分割、数据提取、清理、转换规则和数据刷新规则、安全（用户授权和存取控制）的。

（三）管理元数据

管理元数据主要是对技术元数据和业务元数据实现管理的功能，实际应用是一个软件平台或工具，通过该工具，结合相关方法、流程来对元数据进行管理，跟踪元数据的变化，保持元数据能真实客观的反映数据仓库建设状况。技术人员通过该工具能查看数据仓库内的元数据资料，业务人员则将该工具作为使用手册，能够了解业务元数据信息和其使用状况。

三、数据标准

随着图书馆由数字化阶段到智慧化阶段的转化，而在数字化时代积累了大量的数据，对这些数据进行清洗、治理和统一管理的需求越来越迫切。而只有让各种数据遵循一个统一的标准进行组织，才能给图书馆提供一个可流通、可共享、可挖掘的数据平台。

智慧图书馆时期的数据标准就是图书馆结合大数据技术等而建立的一套符合自身实际，涵盖定义、操作、应用多层次数据的标准化体系。它包括基础标准和应用标准。图书馆的数据标准一般以业界的标准为基础，如国家标准、监管机构（教育部、行业）制定的标准，结合图书馆的实际情况对数据进行规范化。良好的数据标准体系有助于图书馆数据的共享、交互和应用，可以减少不同系统间数据转换的工作。数据标准主要由业务定义、技术定义和管理信息三部分构成。

（一）业务定义

业务定义主要是明确标准所属的业务主题以及标准的业务概念，包括业务使用上的规则以及标准的相关来源等。对于代码类标准，还会进一步明确编码规则以及相关的代码内容，以达到定义统一、口径统一、名称统一、参照统一以及来源统一的目的，进而形成一套一致、规范、开放和共享的业务标准数据。

（二）技术定义

技术定义是指描述数据类型、数据格式、数据长度以及来源系统等技术属性，从而能够对信息系统的建设和使用提供指导和约束。

（三）管理信息

管理信息是指明确标准的所有者、管理人员、使用部门等内容，从而使数据标准的管理和维护工作有明确的责任主体，以保障数据标准能够持续地进行更新和改进。

四、数据质量管理

数据质量管理已经成为数据治理的有机组成部分。高质量的数据是进行分析决策、业务发展规划的重要基础，只有建立完整的数据质量体系，才能有效提升数据整体质量，从而更好地为图书馆提供更为精准的决策分析数据。数据质量管理实现了数据质量的管理过程。包括基础信息、数据质量、质量规则、检查流程、调度监控、质量维护、问题总结和查询统计等功能。

由于数据采集任务通常由其他二级平台完成，这里的二级平台在图书馆来说，比如门禁系统、环境监控系统、视频监控系统等。数据治理平台主要集中在数据的加工和管理上。在数据质量控制方面，应从三个方面对数据质量进行研究：一是"坏数据"或"不可靠数据"的识别，二是错误数据的编辑方法，三是缺少值的处理，从而保证数据的正确性、完整性、一致性、时效性和可靠性。

五、数据生命周期管理

任何事物都具有一定的生命周期，数据也不例外。数据生命周期管理是一种基于策略的方法，用于管理信息系统的数据在整个生命周期内的流动：从数据的产生、加工、使用乃至消亡。数据生命周期一般包括数据生成及传输、数据存储、数据处理及应用、数据销毁四个方面。

（一）数据生成及传输

对系统中数据的产生进行管理，数据生成应该符合数据标准，并进行必要的安全测试，以保证上述措施的有效性，通过事中复核、事后检查等手段保证其准确性和完整性。数据传输过程中需要考虑保密性和完整性的问题，对不同种类的数据分别采取不同的措施防止数据泄漏或数据被篡改。

（二）数据存储

除了关注保密性、完整性之外，更要关心数据的可用性，对于大部分数据应采取分级存储的方式，以保证数据的完整和可用性。对于存储备份的数据要定期进行测试，确保其可访问和数据完整。

（三）数据处理和应用

图书馆需要根据不同的需求对数据进行分析处理，以挖掘出对于管理及业务开展有价值的信息，为保证过程中数据的安全性，一般应采用联机处理，系统只输出分析处理的结果。

（四）数据销毁

这个阶段主要涉及数据的保密性。应明确数据销毁的流程，采用必要的工具，数据的销毁应该有完整的记录。

六、主数据管理

图书馆的主数据管理要做的就是从图书馆各个应用系统，以及高校其他多个业务系统中整合智慧图书馆建设最核心的、最需要共享的数据（主数据），集中进行数据的清洗和丰富，并且以服务的方式把统一的、完整的、准确的、具有权威性的主数据传送给图书馆范围内需要使用这些数据的操作型应用系统和分析型应用系统。

对高校图书馆来说，可以把需要共享和交换的，反映图书馆以及学校办学状况的主要数据规定为主数据，这些数据一般有：

（1）组织机构：学校组织架构，院系和部门设置，图书馆的组织架构等。

（2）人员：教师，学生，管理人员，教辅人员，后勤人员，外聘人员，图书馆的馆员等。

（3）学科和专业：学科，专业，课程，成绩等。

（4）教学资源：教材，图书，电子阅览室、阅览室、众创空间等。
（5）科研：论文，著作，专利，软件著作权，科研项目，科研奖励等。
（6）财务：图书馆的预算以及学校的财务拨款，一卡通扣费等。
（7）资产：馆舍及行政用房，教学用房，宿舍，基础设施，设备等。

图书馆可以根据本馆的实际情况和实际需求来定义主数据。数据管理要考虑运用主数据管理系统实现。

主数据管理系统的信息流为：图书馆的某个应用系统或学校的共享数据中心平台触发对主数据的改动；主数据管理系统将整合之后完整、准确的主数据传送给所有图书馆有关的应用系统；主数据管理系统为图书馆的决策支持和数据仓库系统提供准确的数据源。

七、数据服务管理

数据治理最终目的就是要为图书馆的读者、馆员和馆长提供数据服务，数据服务管理的目标是能更准确、更快捷、更方便地提供服务。通过建立统一的数据服务平台来满足针对跨部门、跨系统的数据应用。通过统一的数据服务平台来统一数据源，变多源为单源，加快数据流转速度，提升数据服务的效率。

在智慧图书馆阶段，图书馆更应该以数据为根本、为基础，以业务为导向，通过对大数据的集中、整合、挖掘和共享，实现对多样化、海量数据的快速处理及价值挖掘，包括通过各种报表、工具来分析运营层面的问题，利用人工智能和大数据技术实现创新管理和服务，为更好地为读者服务打下基础。

第九节 共享数据中心平台功能

共享数据中心平台是图书馆的应用系统与数据资源进行集中、集成、共享、分析的场地、工具、流程等的有机组合。从应用层面看，包括业务系统、基于数据仓库的分析系统；从数据层面看，包括操作型数据和分析型数据以及数据与数据的集成/整合流程；从基础设施层面看，包括服务器、网络、存储和整体 IT 运行维护服务。

图书馆的共享数据中心平台是面向图书馆共享数据中心数据库的管理工具，主要包括信息标准管理、元数据管理、数据服务管理、系统管理等功能。

一、信息标准管理

在信息标准管理方面，主要包括标准管理和监控、标准草案管理、执行标准管理、参照标准管理几个部分。

标准管理和监控。管理员或授权人员通过该功能能够实时了解信息标准的管理情况，可对信息标准的各方面进行统计，并对信息标准管理方面的不足之处及时作出调整。该模块一般包括执行标准统计、元数据采标率统计、待发布标准统计等。

标准草案管理。管理员或授权人员可以根据参照标准的子集、数据表、数据字段进行修改、删除、增加等操作，然后形成系统的标准草案，从而实现对系统标准草案的管理。

执行标准管理的管理员或授权人员可以把标准草案发布后成为执行标准，同时可以查看历史执行标准的版本信息，并对发布的各版本执行状态进行指定或取消等操作。

参照标准管理可查看原生态的国家标准代码子集、教育部标准代码子集、学校数据规范等的内容。

二、元数据管理

元数据狭义的解释是用来描述数据的数据，从广义的角度来看，除了业务逻辑直接读写处理的那些业务数据，所有其他用来维持整个系统运转所需的信息/数据都可以叫做元数据。元数据管理就是利用可视化的用户体验，实现包括元模型添加、删除、修改、发布等管理和维护功能；并且能让用户直观地了解已有元模型的分类、统计、使用情况、变更追溯，以及每个元模型的生命周期管理等。

图书馆元数据管理提供查看共享数据中心平台定义的结构化元数据和无结构的中心库元数据，以及动态管理中心库的数据结构，其功能包括元数据、代码主题结构的添加、编辑、删除，元数据表、字段、代码表、代码值的新增、删除，调用执行标准，中心数据库视图的新增、编辑、删除，中心数据库表的搜索，中心数据库表的主题分配，中心数据库表、视图存储数据的查询，导出元数据生成表的 SQL 语句等。

三、数据服务管理

数据管理服务（DAS），是一款专业的简化数据库管理工具，提供优质的可视化操作界面，大幅提高工作效率，让数据管理变得既安全又简单。

共享数据中心平台的数据服务管理应提供基于 B/S 架构且依托中心数据库的数据信息，以及可视化配置数据的能力。支持对数据服务接口集进行自定义，可定义内容包括服务输入参数、输出字段属性，并能通过简单的 SQL 语句实现

数据集内容的自定义；提供数据服务接口调用权限的授权管理，支持密令验证和客户端调用服务器 IP 限制，确保数据服务安全性。共享数据中心平台的数据服务管理主要体现在：

应用系统管理。对共享数据中心平台提供数据服务的应用系统进行管理，包括进行新增、修改、删除及 IP 控制与访问识别的管理，并为应用系统提供数据服务接口。

数据服务管理。共享数据中心平台给各个应用系统及第三方系统提供中心库访问数据接口、数据查询接口、数据交换接口。管理员可对这些接口进行灵活的管理和配置。

数据服务权限配置。对设定的数据服务接口访问权限提供配置管理，其管理包括对各个数据服务添加和删除应用系统访问权限。同时系统操作要可视化，对数据服务权限配置功能要简单易行，只需要选中某个数据服务并勾选为其授权的应用系统即可完成配置。

四、系统管理

系统管理是共享数据中心平台正常运行的基础，可以说是共享数据中心平台的"后台"管理模块。主要包括组织及角色权限管理和数据备份管理、组织及角色权限管理。根据用户所在组织和角色，分配其对共享数据中心平台的访问权限，可对用户权限进行添加、修改、删除等操作。

数据备份管理。可对共享数据中心平台的数据标准及元数据提供备份或还原的功能，管理员可把备份文件下载到本地计算机上，也可删除某个备份文件。

五、监控中心

监控中心可对共享数据中心平台运行情况实行全方位、多切面的监控,为管理员了解和掌握共享数据中心的运行状态提供可视化的界面。一般有以下几项功能监控:

服务器性能监控。对服务器的内存使用率、CPU 使用率、硬盘运行情况等的监控和数据统计。

数据空间监控。对中心库存储空间、命中率的监控,包括存储空间占用、剩余情况的具体数量及占比情况统计。

中心库元数据管理动态。对用户使用情况及其增、删、改、查操作的记录,包括操作日志、数据标准管理日志、元数据的管理日志、数据服务接口的使用日志、数据备份日志和还原日志等进行监控和数据统计。

中心库采标率对比。中心库采标率对比是元数据采用信息标准的比率,通过该对比,管理员可以了解元数据是否采用了信息标准,在多大程度上采用了信息标准。

第十节 应用系统的集成

在智慧图书馆的建设中,要把图书馆的人、物、环境等的信息实现互联互通、共享应用,这就首先需要对图书馆的各个系统进行集成。系统集成一般可分为数据的集成、应用的集成、流程的集成和协同的集成四个部分。图书馆共享数据中心平台的建设不仅是智慧图书馆进行大数据分析的需要,而且也是图书馆系统集成的需要,所有共享数据中心的建设都要首先考虑这两方面的需求。

数据集成是把不同来源、格式、特点性质的数据在逻辑上或物理上有机地集中,从而为企业提供全面的数据共享。

应用的集成就是将应用看作信息交换、构建的独立部分,同时将应用交换视为架设在中间件上的一个部分,这样中间件上的消息可以进行双向信息交换。

流程的集成提高了对端到端流程的把握能力和对流程变化的适应性,主要包括流程建模、与资源结合和流程实施,无须中断当前流程即可实时改动。

协同的集成将各应用系统、数据库等资源进行整合,形成统一的门户页面展示给客户,从而方便用户对系统的访问。

在实际操作中,图书馆要根据自己的实际情况和需求进行系统集成。在数据集成的基础上,有的功能可以是应用集成,有的可以是流程集成或协同集成。系统集成后,图书馆门户系统可以给馆员提供管理和工作的平台,给读者提供一站式服务平台。

在图书馆的共享数据中心及平台建设好后,一是可以通过 ETL 工具、数据治理平台和共享数据中心平台对数据的交换、清洗和转载、加载、治理、数据标准、元数据等进行管理和维护;二是可以对图书馆的应用系统提供系统集成服务;三是利用人工智能和大数据技术,对数据进行智能挖掘,获取新知识,同时也可以根据图书馆智慧管理和服务的实际需要,建立相关的模型,为智慧图书馆的建设提供服务。

以上第一个方面在本章已经做了简要的介绍,第三个方面是本书的主线,随后章节还对相关的技术和理论进行论述,本节简要介绍一下第二个方面——应用系统的系统集成。

利用共享数据中心,图书馆的各个应用系统可以集成到图书馆的门户系统,通过统一身份认证平台实现馆员和读者的登录。无论是数字化图书馆阶段还是之后的智慧图书馆阶段,图书馆的门户系统是为馆员提供管理、为读者提供服务的平台,也是图书馆共享数据中心的数据展示平台。在智慧图书馆阶段,门户系统也是提供智慧化管理和决策以及服务的平台。

一、图书馆门户系统

图书馆的门户系统是图书馆为馆员提供管理、为读者提供服务的可视化平台,按目前的技术条件,根据交互方式不同可以分为两类,一是面向 PC 端的,二是面向手机、平板移动端的。面向 PC 端的可以分为两类,一是 B/S 架构的,二是 C/S 架构的,目前常用的是 B/S 架构;面向移动端的可分为三类,一是 B/S 架构的,二是基于 APP 的,三是基于微信公众号的。无论何种方式,仅是交互方式的不同而已,最底层的功能实现才是重点。

面向 PC 端或移动端的 B/S 架构的图书馆门户平台包括图书馆门户网站、门户系统、应用集成接口。通过门户平台的系统建设流程和功能模块,以及门户服务网站的构建工具,可以构建出开放性、分布式、跨平台、个性化的门户网站,从而为读者提供一站式的个性化服务。在数字图书馆阶段,一个功能比较齐全的门户网站一般可以为读者、馆员、领导和系统管理员提供以下的服务。

(一)为读者提供的服务

公共图书馆一般分为访客用户、授权用户、注册用户。访客用户只能使用数字图书馆上免费的和公开的部分资源和功能。授权用户、注册用户可以使用授权访问的全部资源和功能。对高校图书馆来说,一般有教师、学生用户使用门户系统,门户可对师生进行分类授权访问图书馆的资源。对读者用户的功能一般有图书借还、续借、文献检索查询、参考咨询、个性定制、预约服务、自习室座位使用等。

(二)为馆员提供的服务

可实现信息发布、采购、编目、流通管理、阅览室管理、网络资源的加工和管理、人员出入、温度湿度检测、视频监测等功能以方便馆员的工作和管理。这些功能需要根据不同馆员的工作职责经过授权使用。

(三)为领导提供的服务

这里的领导指的是馆长或其他领导,经过授权可以了解整个图书馆的运行情况,比如阅览室的读者使用情况、流通书库的图书借还情况、人员出入图书馆的情况等。

(四)为系统管理员提供的服务

负责图书馆整个系统的日常维护和对用户的管理,对用户权限的管理等。

另外需要特别指出的是,对高校图书馆来说,一些数据来自学校的共享数据中心,比如教师和学生的基本信息、教务方面的信息、科研方面的信息、一卡通方面的信息等。这些信息在图书馆门户里可以展示,但是一般情况下,无论是图书馆的管理员还是师生本人在图书馆门户系统里是不能对这些信息进行修改的。

二、统一身份认证平台

图书馆的各种信息系统的功能越来越强,种类越来越多。馆员和读者在使用不同的信息系统时，都需要分别进行身份识别并且对不同身份进行授权，不同身份对应不同的操作权限时。对馆员和读者来说，登录不同的信息系统需要不同的账号和密码；对信息系统的管理人员来说，管理多个信息系统的难度和工作量加大，并且容易造成数据的不一致。因此，建立一套统一的、完善的、安全的、易于管理的、有良好的可移植性和扩展性的用户身份管理系统非常重要。

统一身份认证平台作为支撑门户系统的最重要的系统平台之一，在共享数据中心平台作为底层基础的前提下，可以实现用户登录门户系统的统一身份认证，用户只需在登录门户时进行一次身份认证，即可访问图书馆的各种应用系统和信息资源，如图书馆综合管理系统、预约系统、座位管理系统、存包柜管理系统等。

中心认证服务（CAS）是耶鲁（Yale）大学发起的一个开源项目，目前在高校用的比较广泛。CAS 旨在为 Web 应用系统提供一种可靠的单点登录方法。它是一套基于 Web 实现单点登录的开源服务，目的就是使分布在一个集成系统内部各个不同异构系统的认证工作集中在一起，通过一个公用的认证系统统一管理和验证用户的身份。在 CAS 上认证的用户将获得颁发的一个证书，使用这个证书，用户可以在承认证书的各个系统上自由穿梭访问，不需要再次登录认证。

CAS 包含 CAS Server 和 CAS Client 两个部分。CAS Server 需要独立部署、主要负责对用户的认证工作；CAS Client 负责处理对客户端受保护资源的访问请求，需要登录时，重定向到 CAS Server。

三、与现有应用系统集成

图书馆应该根据实际情况，对应用系统进行集成。下面列举几个常用的应用系统实例。这些实例的方案基于馆员日常一般的管理工作可以通过门户来实现，读者所有的服务可以通过门户来实现的原则。

图书馆综合管理系统可把读者借还书、续借、荐购、书评、纸质文献检索等功能集成到门户系统，让读者登录门户后可以直接使用这些功能。当然也可以把馆员进行借还书管理、超期罚款等功能集成到门户。

电子资源系统，众所周知，一般情况下，图书馆有很多不同厂商提供的电子资源，如果能整合到门户，读者可以直接在门户实现一键式电子资源检索。如果把电子资源访问统计系统集成到门户，那么馆员可以在门户及时查看所购电子资源的访问和使用情况。

图书馆的预约系统，读者可以在门户对阅览室的使用、创客空间的使用等进行预约。同理，经过授权的馆员也可通过门户对这些预约进行管理。

座位管理系统和存包柜管理系统集成到门户后，那么读者通过门户就可以对座位进行订座预约和取消等操作，也可以对存包柜的使用情况进行了解，找到合适的存包柜并使用。

门禁系统、环境监控系统、视频监控系统等集成到门户后，馆员或馆领导通过门户可以及时了解人员出入情况，图书馆各个馆舍的温湿度情况，以及各个摄像头的监控情况。

机构知识库系统集成到门户，高校的教师或学生登录门户后，可以直接对自己的论文、著作等进行认领等。

四、一些新功能的开发和集成

利用学校共享数据中心交换过来的数据，在图书馆门户可以开发一些其他的应用，比如学生离校在图书馆的办理、一卡通消费（打印、复印等）、师生的电子邮箱、读者对图书馆的意见和建议栏目等。

第六章 云计算技术及应用

从 2006 年 3 月亚马逊推出弹性计算云服务，十多年来，云计算从初生，到成长，再到爆发，给 IT 业界带来了翻天覆地的变化。在这十年间，从 SaaS 获得企业青睐，到 PaaS（基础设施即服务），得到行业巨人的加持，再到今天 PaaS（平台即服务）蓄势待发，云计算在各行各业获得了广泛的应用。据 IDC 统计的数据显示，2018 年全球云计算行业收入达到 1794 亿美元，同比增长 26.2%。国内市场 2018 年收入达到 72 亿美元，同比增长 68.2%。

2018 年 4 月，腾讯研究院发布的《中国"互联网+"指数报告（2018）》指出，信息化和数字化是产业升级、提升经济发展质量的关键因素，而云计算和存储则是信息化、数字化的重要推动力，是数字时代重要的基础设施。

云计算的出现改变了人们应用信息技术的模式，同时也改变了整个信息世界的版图，图书馆为了给读者提供更好的服务，也在积极推广云计算等信息技术。正因为如此，图书馆界对云计算报以很大的热情。

云计算的理念就是以"服务"为核心，最终达到一切信息技术资源都是服务的效果。云计算的下一代风潮，应该是能够满足图书馆需求，云计算的未来，是要能够给智慧图书馆建设提供落地的解决方案。

在智慧图书馆的建设中，云计算技术起着重要的角色，只有利用云计算技术，才能对图书馆积累或产生的海量数据进行处理和分析提供足够的支撑，为真正实现图书馆的智慧化打下基础。

第一节 云计算技术概述

关于云计算的定义，可谓众说纷纭。比如在维基百科上的定义是云计算是一种基于互联网的计算新方式，通过互联网上异构、自治的服务为个人和企业用户提供按需即取的计算；美国国家标准与技术研究院（NIST）认为云计算是一种按使用量付费的模式，这种模式提供可用的、便捷的、按需的网络访问，进入可配置的计算资源共享池（资源包括网络、服务器、存储、应用软件、服务），这些资源能够被快速提供，只需投入很少的管理工作，或与服务供应商进行很少的交互；著名咨询机构 Gartner 将云计算定义为云计算是利用互联网技术将庞大且可伸缩的 IT 能力集合起来作为服务提供给多个客户的技术；而 IBM 则认为云计算是一种新兴的 IT 服务交付方式，应用、数据和计算资源能够通过网络作为标准服务在灵活的价格下快速地提供给最终用户。

无论如何定义云计算，云计算机是被用来表示互联网和底层基础设施的抽象。云计算是分布式计算、并行计算、效用计算、网络存储、虚拟化、负载均衡等传统计算机和网络技术发展融合的产物。它被誉为继个人计算机变革、互联网变革之后的第三次 IT 浪潮，它将带来生活、生产方式和商业模式的根本性改变。

一、云计算分类

云计算按所属关系分，分为私有云、公有云、混合云、行业云等。

私有云，是指单位自己使用的云。一般情况下，是单位自己购置服务器等硬件设备以及私有云软件，单位自己拥有基础设施，并可以控制在此基础设施上部署应用程序。它所有的服务不是供别人使用，而是供自己内部人员或分支机构使用。私有云可部署在本单位数据中心的防火墙内，也可以将它们部署在一个安全的主机托管场所。私有云的部署比较适合于有众多分支机构的大型企业或政府部门。随着这些大型企业数据中心的集中化，私有云将会成为他们部署 IT 系统的主流模式。

公有云通常指第三方提供给用户使用的云，如果把私有云的用户当成房主自住的话，那么公有云的用户就是租户。公有云一般可通过 Internet 使用，可能是免费或成本低廉的。

与私有云相比，公共云的最大意义在于以较低的价格向客户提供有吸引力的服务，并创造新的商业价值。作为一个支持平台，公共云还可以整合上游服务提供商（如增值业务、广告）和下游终端用户，以创建新的价值链和生态系统。它使客户能够访问和共享基本的计算机基础设施，包括硬件、存储和带宽等资源叫混合云一般是私有云和公有云的任意混合，这种混合可以是计算的、存储的，也可以两者兼而有之。在对公有云缺乏足够的信任，而私有云存在运维难、部署时间长、动态扩展难的现阶段，混合云是一种较为理想的平滑过渡方式。并且，不混合是相对的，混合是绝对的。在未来，即使不是客户自己的私有云和公有云做混合，也需要内部的数据和服务与外部的数据和服务进行不断的调用（PaaS 级混合）。并且还有可能，一个客户把业务放在不同的公有云上，相当于把鸡蛋放在不同篮子里，不同篮子里的鸡蛋自然需要统一管理，这也算广义的混合。

行业云就是由行业内或某个区域内起主导作用或者掌握关键资源的组织建立和维护，以公开或者半公开的方式，向行业内部或相关组织和公众提供有偿或无偿服务的云平台。比如地方政府、协会、联盟等组织。

二、云计算的特点

采用云计算技术，相对于传统的"服务器+存储"等模式，具有更多的优点。

（一）云计算的优点

相对于传统存储和计算，云计算具有如下的优点。

1.规模大

大多数云计算中心都具有一定的规模，一些大公司或云计算提供商的云计算中心具有超大规模，甚至有的已经拥有几百万台服务器。一些小规模的私有云一般也在十几台服务器以上。当然，云计算中心可以整合和管理这些服务器集群获得更多的计算和存储能力。

2.虚拟化

云计算支持用户通过互联网在任意位置、使用各种终端获取应用服务。用户使用的资源，对用户来说看起来是有形实体，而实际上并不是固定的有形实体。用户的应用在"云"中某处运行，用户无须了解，也不用关心应用运行的具体位置。

3.可靠性高

云计算平台软件对服务器集群在软硬件层面采用了诸如数据多副本容错、心跳检测和计算节点同构可互换等措施来保证所提供服务的可靠性，相对于服务器模式来说，具有更高的可靠性。

4.扩展性好

根据用户的需求，可以对用户使用的"云"的资源进行调整和动态伸缩。

5.按需服务

一定规模的"云"是一个资源池，公有云用户可以按需购买，就像购买自来水、电或煤气一样，无须任何软硬件和设施等方面的前期投入，只需通过互联网使用即可。私有云一般由用户自己使用，用户可根据每个应用来扩展或缩减资源，以达到最经济的状态。

6.自动化程度高

这里的自动化是指云平台可以对应用、服务和资源的部署以及对服务器、存储等设备的管理都可以实现自动化，可以极大地减少数据中心的管理成本。

7.通用性好

云计算中心一般支撑多种操作系统、多种数据库系统、多种应用中间件等，可支持大多数主流的应用。公有云用户可以根据自己应用的需求对服务进行定制；私有云用户可以根据自己的需求进行配置。一个"云"可以支撑多个不同类型应用的同时运行，并保证这些服务的运行质量。

8.更经济实惠

一是体现在云计算中心本身可伸缩性配置和大规模集群带来了经济性和资源利用率的提升；另外，云计算软件对各种服务器硬件的兼容性，使得集群的服务器可以采用一些相对廉价的 X86 节点来构建，因此大大节省了部署的成本，部署的低成本势必造成使用价格的低廉，更容易吸引用户使用。

9.更加节能环保

云计算技术可以将分散在低利用率服务器上的许多工作负载整合到云中，以提高资源使用效率。此外，云由专业管理团队运营和维护，因此其电力使用效率价值远高于普通企业的数据中心。公有云服务商也可以选择将云计算机房建设在水电厂等洁净资源旁边，这样既能进一步节省能源方面开支，又保护了环境。

10.完善的运维机制

公有云一般都有技术水平较高的团队来管理和维护，并且管理流程严格规范，可对云平台的安全以及用户系统的数据提供保障；同时用户无须重金聘请专业人员就可以保障系统的安全。

相对于传统的"服务器+存储"等模式，云计算正是由于这些优势的存在，使得云计算能为用户提供更方便地体验和更低廉的成本，同时这些特点也是为什么云计算能脱颖而出，并且能被大多数业界人员所推崇的原因之一。

另外，公有云也有一些不足之处：最大的不足是缺乏信任，虽然在安全技术方面，公有云有很好的支持，但是由于其存储数据的地方并不在用户的本地，所以用户会不可避免的担忧数据的安全性；其次是对一些环境不太支持，比如遗留环境，由于现在公有云技术基本上都是基于 x86 架构的,在操作系统上普遍以 Linux 或者 Windows 为主,而对某些基于大型机的应用项目缺乏支撑。

(二)私有云的优点

私有云是单位用户在云计算时代演进的一个重要过程。在图书馆等单位内部通过建立基础架构即服务的私有云计算平台实现基础设施层面的"IT 即服务",和公有云相比,私有云具体有以下优势回:

1.对数据和云平台安全性有效控制

由于是用户自建,硬件等基础设置在本单位或托管的可控范围以内,用户可以对网络、服务器、云计算平台等进行直接控制,进而可对数据、安全性和服务质量实现最有效的控制。对一些用户单位来说,业务数据的安全最重要,尤其对政府或一些大型企业来说,数据的安全性非常重要。这些单位用户通过自建私有云平台,把云平台部署在单位网络防火墙以内,或把服务器托管在一个安全的场所,就可以避免数据受其他因素的影响和威胁。这正是私有云在安全方面的优势。

2.更高的服务质量

因为私有云的硬件设备一般在单位用户的防火墙之内,而公有云需要通过互联网才能访问,所以当单位员工访问那些基于私有云的应用时,不会受到外部网络稳定与否的影响。

3.充分利用现有软硬件资源

有些单位用户的某些系统需要特别的环境,而公有云可能不能及时提供相应的环境,这时私有云就有了优势。私有云由自己单位规划,一个良好规划的私有云,可以充分发挥软硬件的资源能力。

4.不影响现有信息管理的流程

对一些单位用户来说,流程是其管理的核心,如果没有完善的流程,将会成为一盘散沙。不仅与业务有关的流程繁多,而且 IT 部门的流程也不少,并且这些流程对 IT 部门非常关键。在这方面适合使用私有云;因为私有云平台一般布置在防火墙内,所以 IT 部门流程的安全性有了保证。

5.部署方式灵活

部署方式灵活可以从两个方面来体现:一是单位用户拥有基础设施,并可以控制在此基础设施上部署应用程序';二是私有云可由单位用户的 IT 机构来进行构建,也可由云提供商进行构建。

当然私有云也缺点,与公有云相比,一般情况下,需要更多的技术支撑,扩容和容灾能力较低,成本较高等。

总之,云计算是一种新的 IT 资源提供模式,它依靠强大的计算能力,使得成千上万的终端用户不必关心所使用的计算技术和接入的方式,就能够有效地依靠网络连接起来硬件平台的计算能力来实施多种应用。

第二节 云计算架构及服务类型

云计算主要以提供用户基于云的各种服务为主，云计算架构包括服务和管理两大部分，其中的服务包含三个方面，分别是服务目录、订阅管理和服务访问ｌ服务目录是一个服务列表，用户可以从中选择需要使用的云计算服务。

订阅管理是提供给用户的管理功能，用户可以查阅自己订阅的服务，或者终止订阅的服务。

服务访问是针对每种层次的云计算服务提供的访问接口，针对资源层的访问可能是远程桌面，针对应用层的访问，提供的接口可能是 Webo 用户访问层是方便用户使用云计算服务所需的各种支撑服务，针对每个层次的云计算服务都需要提供相应的访问接口。

云计算技术按提供服务的层次可以分为三个类型：一是基础架构即服务 IaaS，IaaS 指用虚拟技术构建的虚拟化数据中心，将分布在大量的计算机和存储设备上的计算和存储资源集中起来成为一个虚拟的资源池，以服务方式按用户的需求免费或租用提供给用户。二是平台即服务 PaaS，PaaS 将把开发环境、应用程序运行环境、数据库环境等作为一种服务来提供给开发商，由后者开发程序并通过互联网提供给用户。三是软件即服务 SaaS，SaaS 通过浏览器把程序以服务方式交付给用户，向用户收取服务费。用户通过互联网使用程序，可降低购买服务器和软件的成本及系统运维成本，供应商只需统一安装和维护一套软硬件系统。很多 SaaS 还提供了开放 API，让开发者能够开发更多的互联网应用。

从用户角度来看，三层服务之间关系是独立的，因为它们提供的服务是完全不同的，而且面对的用户也不尽相同。但从技术角度而言，云服务这三层之间的关系并不是独立的，而是有一定依赖关系的，比如一个 SaaS 层的产品和服务不仅需要使用到 SaaS 层本身的技术，而且还依赖 PaaS 层所提供的开发和部署平台或者直接部署于 IaaS 层所提供的计算资源上；还有，PaaS 层的产品和服务也很有可能构建于 IaaS 层服务之上。

一、基础架构即服务 IaaS

基础架构，或称基础设施是云的基础。基础设施主要包括网络系统、存储设备、服务器、虚拟化技术。公有云的用户在使用 IaaS 时，用户并不实际控制底层基础架构，而是控制操作系统、存储和部署应用程序，还在有限的程度上控制网络组件的选择。用户只需为其所租用的那部分资源进行付费，而同时这些基础设施烦琐的管理工作则交给 IaaS 供应商来负责。

云计算 IaaS 概念标志着从"基础架构即资产"到"基础架构即服务"的转变，这是一种思维方式的转变。云计算的其他两个类别也标志着范式转变。对于 PaaS，转变来自"平台即资产"范式，该范式的特征是大量采购许可。同样的转变也适用 SaaS，这种转变是从"软件以许可形式作为组织资产"到"软件以服务形式提供"。

IaaS 最与众不同的两个方面：可伸缩性和虚拟化。

（1）可伸缩性：可伸缩性是 IaaS 的最重要的特征。用户可根据自己的实际需要自动独立地单方面配置计算功能（例如计算时间、网络连接和存储），而无须与每项服务的提供商进行人员交互。由于使用 IaaS，用户对云平台拥有的控制权更多，所以用户自由分配云计算和存储能力，可以将更多的服务器实例副本添加到集群中，为用户完成比较大的项目，比如大数据分析提供了方便。

（2）虚拟化：虚拟化技术主要实现了对底层物力资源的抽象，使其成为一个个可以被灵活生成、调度、管理的基础资源单位。而要将这些资源进行有效的整合，从而生成一个可统一管理、灵活分配调度、动态迁移、计费度量的基础服务设施资源池，并向用户提供自动化的基础设施服务，就需要 IaaS 管理平台。

IaaS 的根本目的在于计算资源的池化、统一的、智能的（如按需）管理调度。计算资源的池化，也就是把所有的资源放在一个大池子里并按照较小的单元进行管理。IaaS 有一个硬件和软件资源组合组成，其软件是低级代码，独立于操作系统运行，例如虚拟机监控程序。虚拟机监控程序负责管理硬件资源的库存并根据需要分配上述资源，为实现资源共用使得虚拟化成为可能，虚拟化又使多租户计算成为可能。IaaS 把众多的物理资源进行划分和重组，提供给用户，其具体管理的物理资源，可以分为三大类：计算资源（CPU 加内存），存储资源和网络资源。

二、平台即服务 PaaS

PaaS 是指将一个完整的软件研发和部署平台，包括应用设计、应用开发、应用测试和应用托管，都作为一种服务提供给用户。它让用户能够使用提供商支持的编程语言和工具把应用程序部署到云中。用户不必管理或控制底层基础架构，而是控制部署的应用程序并在一定程度上控制应用程序驻留环境的配置在这种服务模式中，客户不需要购买硬件和软件，只需要利用 PaaS 平台，就能够创建、测试和部署应用和服务。与基于数据中心的平台进行软件开发和部署相比，采用 PaaS 的成本和费用要低得多。

大致来看，PaaS 的实现分为两种：以虚拟机为基础或是以容器为基础。

以虚拟机为基础的 PaaS，首先是负载均衡层（ELB），该层需要将用户的请求投射到对应的服务器实例；当应用实例出现扩容时，需要动态将调整的服务器实例注册到对应的域名上，以完成分流；中间是 Web 服务器层，一般支持 Java、Python 和 PHP 等多种编程语言。

以容器为基础的 PaaS，相比于虚拟机，容器带来的系统开销非常低。如果一台虚拟机的操作系统需要占用 2G 的内存，则 7 个虚拟机所组成的集群只是操作系统就需要 14G 的内存占用。所以，从经济性来说，容器的技术远远好于虚拟机。另外一个比较的指标是性能，容器的性能相对而言更好一些。但是，从安全性和隔离型来说，虚拟机是远远好于容器的。

PaaS 的两大业务优势是降低成本，提高开发和部署速度，用户只有在需要时才租用计算资源。

PaaS 层面向开发人员，所以其优势主要体现给予开发人员进行开发方面的意义。在软件开发过程中，和现有的基于本地的开发和部署环境相比，PaaS 平台主要有下面这六方面有非常大的优势：成本低、开发环境好、应用层非常精细的管理和监控、伸缩性强、自带多租户机制、多样的服务等。

三、软件即服务 SaaS

有人把 SaaS 称为软件运营，它是一种基于互联网提供软件服务的应用模式，可为商用软件提供基于网络的访问。当用户在使用传统的软件工具时，除了需要购买软件，并且还需要支付构建和维护用户自己独立的 IT 硬件设备的费用。而 SaaS 模式的出现为企业提供了另外一种解决方案。借助 SaaS 平台，用户只需通过网络注册使用账号并在自己设备上进行一些简单的设置，即可以启用 SaaS 平台上的软件服务以及通过互联网使用共享的基础设备。从而大大地节省了用户的成本。

对 SaaS 软件厂商来说，以通过四个因素提高 ROK 投资回报）：部署速度快、受众率高、减少支持的需要、低成本网。

（1）部署速度快：在公有云场景使用 SaaS，用户无须购买软硬件、建设机房、招聘 IT 人员，即可通过互联网使用信息系统，就像打开自来水龙头就能用水一样，节省了部署的时间。

（2）受众率高：SaaS 一般提供多种业务和服务模式供用户选择，这样可以满足不同用户的需求。一些服务或软件的收费模式也灵活，比如按天、按月收费等。

（3）减少支持的需要：一些用户需要多平台技术的支持，如果自己部署势必需要更多的技术成本，而采用 SaaS 就可以大大缓解这些难题。首先，部署的简便性让开发人员能够在发现 bug 之后很快被提供商的技术人员进行修复，从而提高了客户的满意度，降低客户流失的可能性。另外，传统桌面软件应用程序的开发商常常必须支持多种平台。

（4）低成本：SaaS 模式实质属于 IT 外包。用户无须购买软件许可证，而是以租赁的方式使用软件，不会占用过多的营运资金，从而缓解企业资金不足的压力。

四、云计算的管理层

云计算的管理层是为 IaaS、PaaS、SaaS 服务的，并给它们提供多种管理和维护等方面的技术，主要有下面这些方面。

用户管理。通过良好的账号管理技术，能够在安全的条件下方便用户登录，并方便管理员对用户的账号进行管理。

SLA 监控。对云计算平台各个层次运行的虚拟机、服务和应用等可靠性、可用性、服务状态和各项指标等进行监控，以使它们都能在满足预先设定的 SLA（Service Level Agreement）的情况下运行。

计费管理。根据用户付费和定制情况，对每个用户所消耗的资源等进行统计，来准确地向用户收取费用。

五、云计算的其他概念

近年来，出现了一些关于云计算的新概念。

（一）DaaS

DaaS 是 Dataasa Service（数据即服务）的缩写，是继 IaaS、PaaS、SaaS 之后又一个新的服务概念。随着信息化的深入，单位用户积累了大量的数据，有时势必造成资源利用率不足，从而导致管理的复杂程度不断加深，这是 DaaS 产生的背景。

数据是载荷或记录信息按一定规则排列组合的物理符号。可以是数字、文字、图像、声音，也可以是计算机代码等。数据的意义在于能够传递信息。数据即服务就是把数据作为一种服务通过传递有用的信息以帮助他人的活动。

DaaS 通过资源的集中化管理，为提升 IT 效率以及系统性能指明了方向。因此 DaaS 在过去的几年中得到了许多青睐，它包含的主要技术有数据虚拟化、数据集成、SOA（Service Oriented Architecture，面向服务的体系框架）、BPM 及 PaaS 等。

DaaS 解决方案的优势。

（1）敏捷性：数据访问整合后，用户无须考虑底层数据的来源，而直接对数据进行使用。对不同的数据结构或者调用特定位置的数据，DaaS 通过最低程度的变更就能够非常快速满足用户的需求。

（2）成本效益：云计算平台让数据技术人员来建好底层架构，一些报表类的表现层事务可以外包给第三方，同时使得表现层出现的任何变更需求都能更灵活的满足。

（3）数据质量：数据质量的提升和改进得力于通过服务来控制数据的访问。当服务被完全测试好以后，如果下一次部署不发生变化，那么用户只需要进行回归测试。

（4）高效率、高可用和弹性：这些优势来自云计算平台的虚拟化功能，物理服务器资源共享将提升效率，跨多个物理服务器的集群可以提高可用性，动态调整和实时迁移集群节点到不同的物理服务器能够增强弹性。

构建一个 DaaS 平台，其中所涉及的技术一般包括。

（1）数据采集：对来自单位内部，甚至外部的任何有关数据源，如数据仓库、电子邮件、门户、第三方数据源等数据进行采集。

（2）数据治理与标准化。对数据进行治理，最后达到数据标准化。

（3）数据聚合：利用 ETL 实现数据的聚合，建立数据中心。

（4）数据服务：通过 Web 服务、数据抽取和报表等，让终端用户能够更容易地消费数据。

（二）CaaS

CaaS 是将传统电信的能力如消息、语音、视频、会议、通信协同等封装成 API 或者 SDK 通过互联网对外开放，提供给第三方使用，将电信能力真正作为服务对外提供。

（三）MaaS

MaaS（MachineasaService，物联网即服务）是伴随着物联网的产生而产生的。物联网常见的两种业务形式就是 MAI（MachineApplicationIntegration，物联网应用集成）与 MaaS，因此 MaaS 属于物联网业务形式的一种。随着物联网业务量的增加，对数据存储和计算量的需求将带来对"云计算"能力的要求。

在物联网的初级阶段，把数据从计算中心传输到数据中心，使用 PoP（PointofPresence，接入点）就可满足需求。

在物联网高级阶段，数据可能纷繁复杂，要求的技术更加专业，这时可能需要第三方运营商的配合，需要虚拟化云计算技术、SOA 等技术的结合实现物联网的泛在服务。

（四）CompaaS

CompaaS（ComplianceasaService，计算即服务）为云服务用户提供部署和运行软件所需的配置和计算资源能力的一种云服务类别。

（五）DSaaS

数据存储即服务（DSaaS）为云服务用户提供配置和使用数据存储相关能力的一种云服务类别。

（六）NaaS

网络即服务（NaaS）为云服务用户提供传输连接和相关网络能力的一种云服务类别。

（七）XaaS

一切皆服务（XaaS）是一个统称，代表"Xasaservice""anythingasaservice"或"everythingasaservice"。这一缩写指越来越多地通过互联网提供的服务，而不仅仅指本地或现场服务，云计算的本质就是XaaS。

第三节　云计算支撑技术

中国电子技术标准化研究院于2014年发布《云计算标准化白皮书V3.0》，指出云计算有七类主要支撑技术，分别是：系统虚拟化、虚拟化资源管理、分布式数据存储、并行计算模式、用户交互技术、安全管理和运营支撑管理网。

一、系统虚拟化

系统虚拟化是指将一台物理计算机系统虚拟化为一台或多台虚拟计算机系统。每个虚拟计算机系统（简称虚拟机）都拥有自己的虚拟硬件（如CPU、内存和设备等），来提供一个独立的虚拟机执行环境。这个提供虚拟机运行环境的虚拟化层被称为虚拟机监控器（VMM）。

经过虚拟化层的模拟，对用户来说，虚拟机中的操作系统仍然是自己独占一个系统在运行。每个虚拟机中的操作系统可以相同也可以完全不同，并且这些虚拟机的执行环境是完全独立的。

虚拟机监视器（VMM）是一个系统软件，可以同时维护多个高效的、隔离的程序环境，该环境支持用户直接去访问真实硬件，而这样的程序环境就是虚拟机。

虚拟机可以看作是物理机的一种高效隔离的复制。虚拟机具有三个典型特征：同质、高效和资源受控。VMM对物理资源的虚拟可以归结为三个主要任务：CPU虚拟化、内存虚拟化和I/O虚拟化。按照VMM提供的虚拟平台类型可以将VMM分为两类：完全虚拟化和半虚拟化。当前主流的虚拟化技术实现结构可以分为三类：Hypervisor模型、宿主模型和混合模型。

二、虚拟化资源管理

虚拟化资源管理是云计算中最重要的组成部分之一，虚拟化资源池管理就是实现对虚拟化数据中心资源池中的物理服务器和虚拟机统一管理、监控、调度的。

云计算的虚拟化资源的管理水平直接影响其可用性、可靠性和安全性。主要功能如下：

（1）物理服务器管理。资源纳管，信息获取，清单与查询，配置和管理。

（2）虚拟机管理。生命周期管理，配置，部署，快照。

（3）资源部署调度。集群管理，资源分配，资源动态增减，资源绑定，资源优先级，调度策略管理，故障切换，网络切换，节能管理。

（4）模板管理。模板管理，镜像管理。

（5）监控与告警管理。物理服务器资源监控，虚拟机监控，操作系统监控，检测日志，告警管理。

三、分布式数据存储

分布式数据存储技术包含结构化数据存储、半结构化数据存储、非结构化数据三种数据的存储。

（1）结构化数据是指可以使用关系型数据库表示和存储，表现为二维形式的数据。一般特点是数据以行为单位，一行数据表示一个实体的信息，每一列的数据属性是相同的。比如文本、数字等都是结构化数据，这些数据都可以直接保存在关系数据库系统中。

（2）半结构化数据不符合关系型数据库或其他数据表的形式关联起来的数据模型结构，但包含相关标记，用来分隔语义元素以及对记录和字段进行分层。因此，它也被称为自描述的结构。常见的半结构数据有 XML 和 JSON。

（3）非结构化数据是数据结构不规则或不完整，没有预定义的数据模型，不方便用数据库二维逻辑表来表现的数据。包括所有格式的办公文档、文本、图片、各类报表、图像和音频/视频信息等。

结构化数据存储主要采用分布式数据库技术；非结构化数据存储主要采用文件存储和对象存储技术；而由于半结构化数据没有严格的 schema 定义，所以不适合用传统的关系型数据库进行存储，适合存储这类数据的数据库被称作 No SQL 数据库。

No SQL 是对不同于传统的关系数据库的数据库管理系统的统称。两者存在许多显著的不同点，其中最重要的是 No SQL 不使用 SQL 作为查询语言。其数据存储可以不需要固定的表格模式，也经常会避免使用 SQL 的 JOIN 操作，一般有水平可扩展性的特征。

四、并行计算模式

相对于串行计算，简单的说，并行计算就是同时使用多个计算资源来解决一个计算问题；也就是说一个问题被分解成为一系列可以并发执行的离散部分，每个部分可以进一步被分解成为一系列离散指令，来自每个部分的指令可以在不同的处理器上被同时执行，还需要一个总体的控制/协作机制来负责对不同部分的执行情况进行调度。由于自然界中的万事万物都处于并发状态，并按照其内在时间序列运行着，所以和串行计算相比，并行计算更适用于对现实世界中的复杂现象进行建模、模拟和理解。

在云计算环境中，需要把海量数据分布到多个结点（通常是廉价不可靠的 PC 机）上，将计算并行化，利用多机的计算资源，加快数据处理的速度。而并行计算模型是提高海量数据处理效率的常用方法，故并行计算正是云计算所需要的。

云计算下的并行处理需要考虑以下关键问题：任务划分，使得任务能更加优化的被分解和并行执行；任务调度，操作尽量本地化，以保证在网络资源有限的情况下，最大限度地将计算任务在本地执行，减少通信开销；自动容错处理机制，保证在结点失效的情况下处理任务仍然能够正确地执行。

五、用户交互技术

所谓人机交互（HCI），狭义地讲，人机交互技术主要是研究人与计算机之间的信息交换，它主要包括人到计算机和计算机到人的信息交换两部分。

随着云计算的逐步普及，浏览器不仅仅是一个浏览网页的工具，而今成了用户与云平台进行交互的主要工具。浏览器与云计算的整合技术主要体现在两个方面：浏览器网络化与浏览器云服务。

六、安全管理

安全问题是用户是否选择云计算的主要顾虑之一。传统集中式管理方式下也有安全问题，云计算的多租户、分布性、对网络和服务提供者的依赖性，为安全问题带来新的挑战。

云计算面临的安全问题，其实与传统的安全问题并没有太大的差异，但从安全方案和服务模式有了很大的变化。数据存储及访问控制，数据传输保护，依从性管理。

七、运营支撑管理

为了支持规模巨大的云计算环境，计的服务器进行稳定高效地运营管理，成为云服务被用户认可的关键因素之一。涉及云的部署、负载管理和监控、计量计费、SLA、能效评测等五个方面。

第四节 云计算服务商及产品简介

一、云计算服务商

互联网数据中心（IDC）公布了的2018年上半年中国公有云厂商市场份额数据。报告显示，阿里云市场份额（43%）位居中国第一，相当于二至九名总和。腾讯云（份额11.2%）位列第二，中国电信（份额7.4%）第三，AWS（份额6.9%）位列第四，金山云（份额4.5%）位列第五。IDC的数据还显示，中国公共云厂商的前十名厂商的市场份额总和为87%，而其中前五大厂商的市场份额就高达73%0第五名之后的"长尾"厂商市场份额都不高。2015年统计至2018年，阿里云一直位居中国市场第一。报告称，阿里云在存储、数据库、人工智能等领域都有丰富的产品布局，服务也更加多样化。

2018年11月，中国私有云市场的首份报告《2017—2018年度中国私有云市场现状与发展趋势研究报告》由工信部电子一所指导，计世资讯（CCW Research）发布。该报告成为2018年首份中国私有云市场报告。根据计世资讯的研究调查结果，中国私有云市场将继续保持高速增长的趋势，预计2018年市场规模将达到512.4亿元，同比增长27.0%。且到2022年，预计中国私有云市场规模将达到近1000亿元。

计世资讯同时还发布了"2018中国私有云解决方案提供商TOP20"榜单，分别是：华为、新华三、青云、云宏、中国电信、阿里云、烽火通信、云途腾、海云捷讯、易思捷、品高云、中兴、UMcloud。

二、私有云产品简介

国内很多图书馆都建有自己的网络机房，这就为其建立私有云提供了便利条件。近年来，很多图书馆已经建有自己的私有云。对图书馆来说，如何结合馆信息系统的应用和经费等实际情况，选择适合自己的私有云软件平台非常重要。本节列举几个私有云产品的简介，目前华为云、华三云和VMware位列私有云市场前三，本节就根据它们的官方资料简介一下这三种产品。

（一）华为私有云

根据华为官方网站的资料，华为FusionCloud私有云解决方案可为客户提供业务感知、商业智能、统一管理和统一服务的云数据中心。包括几大部分：虚拟化层Fusion

Sphere Virtualization；云平台层 FusionSphereOpenStack；云服务层，由各个服务组件提供不同的云服务能力；统一管理层 Manage One；以及联接公有云实现混合云部署的 Fusion Bridge。

Fusion Sphere Open Stack 基于开源的 Open Stack，内置华为 KVM 虚拟化引擎，针对计算管理、存储管理、网络管理、安装运维、安全、可靠性等方面做了丰富的企业级增强。Manage One 提供统一的数据中心管理平台，针对分布云数据中心的服务保障和服务编排提供先进管理方案。Fusion Bridge 混合云解决方案，支持 8 种统一服务，提供标准 Open StackAPI 接口，实现跨云网络自动互通、统一镜像能力，提供统一资源视图和服务目录。

（二）新华三私有云

新华三私有云在各个行业都有应用，其中针对教育行业推出了 H3 Cloud OS 教育版方案，据其官方网站报道，该方案是 H3C 公司经过对教育行业用户 IT 现状、校园业务、资源交付流程等进行了深入调研，专门推出的贴合教育用户云计算需求的云操作系统、旨在为学校提供统一的校园云服务门户、实现校内云运营、助力学校信息中心实现云化转型。方案架构有三层。

（1）服务层：向学校二级部处、学院、课题组、创新创业团队提供多种多样的校园云服务，服务种类目录包括虚拟机、块存储、裸金属、防火墙、负载均衡、防病毒、云桌面、云网盘、大数据、域名、开发环境、应用商店、容器以及 Dev Ops 服务。

（2）管理层：实现服务发布。权限管理、流程管理都能云运营运维功能。

（3）调度层：通过 Open Stack 平台对于底层计算、存储、网络、安全、软件资源进行统一调度。

（三）VMware 私有云

根据 VMware 网上的资料，由 vCloud Suite 所构建的私有云的整体概念架构一般有 5 部分组成：服务器和网络与安全虚拟化、服务编排层、服务调配层、运维管理模块、高可用可灾难恢复模块。

第五节　云计算在图书馆的应用

数字图书馆建设取得的巨大成就以及智慧图书馆建设的推进，出现了图书馆信息系统海量数据的增长、数据种类繁多且结构复杂、磁盘设备存储能力有限等问题，这时传统技术很难满足对数据的备份、扩展和恢复的需求。从技术方面主要表现在：

（1）图书馆信息资源海量增加。尤其是采用了门禁、监控、RF1D 等系统以后，数据更新频繁且变化无常，对图书馆现有的数据管理、备份、存储设备等提出了挑战。

（2）有些图书馆的 IT 基础设施比较落后。在服务器、存储及备份系统等基础设施更新改造时，可以考虑私有云建设，发挥云计算在建设方面费用少的长处，更好地为图书馆提供服务。

（3）读者对信息服务的需求日益提升。这就要求图书馆的信息网络资源要保证读者可以从任何地点、任何设备接入服务和数据；同时要做到信息共享更加容易和方便，信息更新更加及时，信息利用更加简便。

按照云计算提供者与使用者的所属关系，可将云计算分为四类，即公有云、私有云、混合云和行业云。而图书馆在这四种云计算机模式中都有应用。图书馆利用的云计算模式大致可分为：公有云模式、独立或总分馆私有云模式、混合模式、行业模式等。

一、公有云模式

图书馆把数据或信息系统放在云服务商提供的"云"上，通过互联网对数据或信息系统进行管理，这是一种典型的公有云服务应用模式。比如，在阿里云、腾讯云等云平台上可以分别搭载书目、自荐数据、电子资源目录的检索、定购、电子邮件、博客等业务服务。图书馆的业务究竟搭载到哪朵云上，要根据自己的实际应用来定刖。

这种模式适用于一些小规模的图书馆，或者图书馆的一些不太敏感的信息系统或数据。一些小规模图书馆不想创建或维护自有的基础架构或应用，可以选择这种模式。这种模式按时间收费租用虚拟机，可以大大减少图书馆内部的IT成本开支。

二、独立或总分馆私有云模式

现阶段图书馆采用最为典型的模式应该是独立或总分馆模式。独立就是没有分馆的情境下，而总分馆却是有分馆情况下使用，比如一个高校可能有几个校区的分馆，一个市级的图书馆有一些县区级的分馆。在总分馆的模式下，总馆肩负着中心节点的职能，承担"云服务"提供者的角色，提供本地数据中心或其他业务支持。总馆和分馆都是"云服务"的使用者，直接将业务负载于"云"上，几乎所有的业务支持系统和资源服务系统都通过总馆的"云"来提供。这样，总馆可以利用云计算平台，进行数字资源的整合、组织、关联、导航甚至可视化服务。每个分馆背后都以互联互通的图书馆网作为支持，通过网络协议实现馆际互借、资源共享。这种模式对总馆来说提供的是私有云服务，而对分馆来说，在某种层次上算行业云的服务。

三、混合模式

混合模式是指图书馆一方面利用一个或多个云计算提供商提供公有云服务，另一方面还在本地构造私有云服务。利用混合模式，可以把一些信息系统，比如目录服务、馆际互借、联合咨询、联机编目、软件共享等放在公有云上，这样对互联网用户来说，访问的速度也许更快一些，同时也节省了私有云的建设成本；另外对一些海量数据，需要大数据处理的系统可以放在私有云上，方便对这些数据进行分析和处理。

四、行业云

行业云模式是指图书馆行业联合起来组成行业联盟，各个图书馆提供自己的资源，由联盟组织进行统一的管理，向联盟馆提供统一的服务。

截至目前，很多图书馆经常使用的还是第二种模式，比如很多高校图书馆采用了云计算技术，建立了自己专属的私有云。云计算和传统计算机与网络技术相结合，可为智慧图书馆的大数据分析与决策提供 IaaS、PaaS、SaaS 支持。高校智慧图书馆的云服务平台分为三个层次，分别为用户层、云服务层（IaaS层、PaaS层、SaaS层）和资源层，其中资源层主要包括各类馆藏纸质资源、数字资源以及其拥有使用权限的其他数据库或者电子资源；资源信息的存储、运算以及用户资源信息的调度和负载均衡由 IaaS 层负责管理，IaaS 资源池主要由 CPU、存储、网络构成的实体层和由应用、计算、服务器虚拟化等构成的虚拟化层组成；PaaS 层对图书馆各种资源进行分类、存储及发布，为智慧图书馆的使用者提供有效的个性化服务；SaaS 层直接运行信息和应用系统，直接面向读者服务。

第六节　新一代图书馆服务平台

在云计算技术发展日新月异之际，相应的图书馆管理系统也进入了新时代，也许有一天，不支持云计算技术的图书馆管理系统以后会逐步被淘汰出局。

新一代图书馆管理系统（LMS），不单纯是传统图书馆自动化系统或集成管理系统的"进化"，而是一种"变革"。它采用 SOA，对原系统进行重新设计、重构并统一图书馆对各类资源管理的工作流程，以全球知识库代替分散的本地资源库，以 SaaS 的方式提供云服务，能更好地适应图书馆的资源建设和服务创新。

美国图书馆学家 Marshal lBreeding 自 2011 年以后，认为新一代图书馆管理系统应该没有 OPAC（联机公共查询目录），所以必须与面向资源发现与获取的资源发现系统配套使用，从而构成新一代图书馆服务平台（LSP）12410 Marshall Breeding 关于图书馆的论述，可见其主页文献。2013 年他提出新一代图书馆服务平台的出现将会在未来10 年重新塑造这个行业，系统将可以用来管理所有格式的图书馆资源，核心特点是 SOA、B/S 架构和 SaaS 云服务。杨新涯等也在研究中指出向服务"平台化"转型应成为下一代图书馆管理系统的发展趋势。

新一代图书馆服务平台 LSP 以云服务为主要特征，云服务作为新的 IT 基础设施与软件的服务方式，可使图书馆的信息系统建设和服务模式从本地服务器向云服务转移，从而也给学术图书馆联盟合作和共享提供了新思路，即通过联盟联合采购基于云服务的新一代图书馆服务平台，使各成员馆用户能够在系统层面进行合作与共享[四]。

LSP 的功能特性有以下几点。

（1）LSP 可整合电子形式及印刷形式资源，并进行统一的管理。同时把一些独立系统管理的资源，比如档案资源、机构记录等数字资产的管理也融入于 LSP 中。

（2）LSP 是一个综合的系统，可对现有的多种系统进行替代。比如可能替代图书馆集成管理系统、电子资源管理系统、数字资源管理系统等。

（3）LSP 可对大量的元数据进行管理。LSP 可以支持多种形式的元数据，比如 MARC、DublinCore 或其他 XML 标准，并对这些元数据进行管理。

（4）支持多种采购作业流程。LSP 支持对购买的、授权的以及开放获取资源的采购作业流程。它将电子和印刷资源的获取及管理集成到了同一个平台、数据库以及作业流程。

（5）LSP 包括知识库及目录文献服务，图书馆无须建立其自己的电子资源数据库，而是可以依赖于由提供商建立维护的数据库资源。

（6）LSP 具有嵌入式的馆藏分析功能。这些功能比图书馆集成管理系统对馆藏的分析与评估功能更加丰富和完善。

（7）功能组织更加先进和灵活。LSP 的功能组织与传统当代图书馆集成管理系统模块（编目、在线目录、流通、采购、期刊管理、权限控制）还是存在一些差别的。

（8）LSP 集成了发现服务，而不再是提供一个传统的在线目录服务。LSP 将具有单一搜索框的统一搜索界面及相关性排名、分面搜索、社交标记、持久链接、RSS 提要等，以及轻松保存搜索或将所选记录导出到书目管理软件程序的能力。

新一代图书馆系统采用全新的技术，基于云环境对原系统重新设计并重构各类工作流程，最终以 SaaS 或者云计算方式实现系统部署。

目前，国外系统开发商和图书馆界积极合作，一些下一代图书馆服务平台产品不断涌现，本节简要介绍其中的五款，分别是 ExLibris 公司的 Alma、InnovativeInterface 公司的 Sierra、开源计划 KualiOLEsOCLC 的 WorldShare、Proquest 公司的 Intota。

一、Alma

据其官方网站报道 1321，ExLihrisAlma 是世界上唯一的统一图书馆服务平台，在单一界面中管理印刷、电子和数字资料。作为一项完全基于云的服务，Alma 为图书馆提供了业内最具成本效益的图书馆管理解决方案。具有以下特点。

（1）创建统一的图书馆体验：Alma 是从头开始构建的，允许图书馆管理自己所有的资源和独特的材料，并且支持教学、学习和研究。Alma 删除了不必要的孤岛并简化了流程，同时支持所有现代元数据和开放标准。

（2）将图书馆置于学术生态系统的核心：Alma 与图书馆的学术和财务系统集成，利用开放标准和协议，并作为图书馆的中心枢纽。Alma 强大的服务平台使图书馆工作人员能够集中精力支持学生学习、教师教学和学术研究。

（3）提供图书馆未来所需的数据：利用 ExLibris 知识库和规范记录来简化图书馆的工作流程。深入了解图书馆的数据，并使用 Alma Analytics 作出明智的决策。

（4）加强图书馆合作：利用不断增长的 Alma 社区的力量。通过使用社区配置，数据和报告模板，分享想法和经验，节省时间和精力。

另外：为了支持全球分布的用户，Alma 系统可以通过各大洲多国数据中心进行数据分发。该系统工作端采用 B/S 模式访问，终端无须软件或插件；通过 Alma 不仅可以从现有图书馆集成管理系统中迁移数据，还能转变早期建立的电子资源管理流程。

Alma 的用户多以学术图书馆为主，目前在全球 714 个图书馆用户中，有 565 家是学术图书馆。2016 年、2017 年北京师范大学和清华大学分别选用了 Alma 产品作为其下一代图书馆管理平台。

二、Sierra

InnovativeInter face 公司作为最大的独立图书馆技术公司之一，其研发新一代自动化系统 Sierra ServicesPlatform，据其官方网站报道，可使图书馆能够重塑其服务的本质，并为未来创造价值。Sierra 的尖端技术为图书馆提供自动化工作流程，集成资源管理和数据开放访问网。

SierraRE STful API 通过鼓励图书馆和第三方开发人员创建自定义应用程序来扩展其功能，为新的可能性打开了大门。Sierra 支持充满活力、可扩展的解决方案，将图书馆彼此以及与所服务的社区和机构联系起来。图书馆服务的未来承诺更深层次的连接，更多的定制和更大的移动性。图书馆服务的未来是开放的。据其官方报道，该平台具有以下特点：

（1）可以整合现有的图书馆系统：Sierra 解决了当今图书馆面临的许多挑战，它能够与其他系统实现无缝链接和互操作。Sierra 可以连接到电子商务界面、课件管理系统以及大量扩展其功能的各种第三方数字内容提供商。

（2）具有更好的灵活性：Sierra 的可扩展可以满足图书馆和读者不断变化的需求。借助 Sierra 的开放式设计，图书馆可以自由选择自主开发、开源和第三方产品，从而实现其特殊的需求。

（3）接口易建，定制灵活：SierraAPI 和直接数据库访问提供了更好的方法来利用图书馆的数据并定制图书馆的服务。

（4）简化工作流程：Sierra 通过革命性的基于角色的设计和方便的基于 Web 的访问，在统一的馆员应用程序中实现传统图书馆工作流程的现代化。

（5）简单易用：Sierra 在馆员工作流程中提供了一系列导航选项，以便于使用和缩短培训时间。

截至 2016 年底，Sierra 全球图书馆用户 1972 家，其中公共图书馆 1248 家，学术图书馆 542 家。2014 年华中科技大学图书馆正式引入 Sierra，成为国内首家用户。

三、Kuali OLE

Kuali OLE 项目的前身是一个开源的项目，其目标是设计一个下一代图书馆系统来替代目前基于实体印刷型资源工作流程的传统图书馆自动化系统。目前它是一个开放源代码的图书馆服务平台解决方案。KualiOLE 系统设计是管理印刷和电子资源，支持每种格式对应的工作流程。软件设计理念基于面向服务架构。

四、World Share

OCLC World Share 提供了一整套基于云开放平台的图书馆管理应用程序和平台服务。据其官方网站报道，WorldShare 是一个基于云的平台，可提供图书馆工作流程的集成管理，并提高工作效率。并且图书馆可以共享工作、数据和资源，从而可以节省图书馆资金并为图书馆创造价值时。

World Share 提供了一个集中的图书馆服务平台，用于管理活动、服务交付和工作流程。OCLC 正在将所有图书馆管理任务转移到一个平台上。在这个平台上，数据和活动可以在尽可能多的情况下有效地重复使用，从而减少工作量并节省图书馆馆员的时间。

五、Intota

据其官方网站报道，Intota 是 Pro Quest 提供的一套图书馆服务平台，是在满足当今图书馆的关键需求——管理电子馆藏和支持现代顾客的期望。Intota 将业界领先的发现、链接、集合管理和评估结合在一个基于综合知识库的系统智麴图书馆技术及应用中。Intota 提供了变革性的工作流程，从根本上改变了图书馆为用户提供服务的方式。Intota 是全新的 SaaS 产品，将会简化图书馆馆藏的管理，提供网络规模的馆藏管理解决方案。

第七节　图书馆行业云平台

20世纪末，随着新一代网络和信息技术的广泛应用，图书馆在文献信息的生产、传播和服务模式面临着新的挑战。在知识越来越多样、信息越来越巨量的环境下，单个图书馆的资源、经费、设备与人力，已不可能满足本馆读者专业化和深层次的需求，这就为图书馆之间进行合作提供了可能，图书馆联合起来共同面对读者提供透明的服务。同时，由于技术应用越来越深入到图书馆各个方面，单馆的技术能力已经远远满足不了技术应用的需要，整合各馆的技术力量，通过馆之间的技术合作以及和相关厂商的技术合作，发挥联盟的优势成了当务之急[四]。中国高等教育文献保障体系（CAL1S）正是在这种背景下产生的。

据其官网介绍，CALIS可以提供易得文献获取服务、易得学术搜索服务、外文期刊网服务、CALIS联合目录服务、CALIS共享系统服务、CALIS与上图的馆际借书服务、CALIS与NSTL的文献传递服务、电子书在线阅读和租借式借阅服务、CALIS中文期刊论文单篇订购服务等九种服务。

其中的CALIS共享系统服务采用云计算技术构建了中心云服务平台和共享域云服务平台，可以支撑百家左右的图书馆在同一个共享域内实现业务操作，切实改善了图书馆共享的服务模式，实现资源、平台、服务、数据共享。共享域是指按地域、学科等类型组成的图书馆联盟，分实体共享域和虚拟共享域两类。CALIS共享系统服务就是通过在共享域内部署云服务平台，为共享域内成员馆提供普遍服务和个性化服务。利用CALIS共享系统服务，可以灵活定制、即时部署、快速集成CALIS研发的一系列共享软件。

CAL1S从启动建设至今20多年来，国家累计投资4.4亿元建设资金，建成以高等教育文献服务体系、CALIS应用软件云服务（SaaS）平台、CALIS联机编目体系、CAL1S文献发现与获取体系等为主干，以各省级共建共享数字图书馆平台、各高校数字图书馆系统为分支和节点的分布式"中国高等教育数字图书馆"。由4大全国中心、7大地区中心、除港澳台之外的31个省级中心和500多个服务馆组成的CALIS骨干服务体系，支撑着面向全国1700多所院校的共享服务。至此，CALIS成为全球最大的高校图书馆联盟之一。截至2018年3月31日，联合目录数据库积累书目记录708万条，馆藏信息约5000万条，各类型规范记录175万余条，覆盖中、英、法、德、西、拉、日、俄文等百余语种，已面向包括港、澳、韩国和北美地区近1300家成员馆提供数据下载服务逾亿次，月平均提供下载服务约130万次叫为了进一步加强北京地区高校图书馆的整体化建设，进一步推进北京地区高校图书馆文献资源的共建共享工作，根据北京高校图工委的意见，经北京市教委批准，2008年正式恢复成立"北京地区高校图书馆文献资源保障体系"，英文名称为：Beijing Academic Library Information System，简称BALIS。

据其官网介绍，"北京地区高校图书馆文献资源保障体系（BALIS）"宗旨是，在北京市教委的领导下，把国家的投资、现代图书馆理念、先进的技术手段、高校丰富的文献资源和人力资源整合起来，建设北京高等教育文献联合保障体系，依托中国高等教育文献保障系统（CALIS），实现文献信息资源的共建、共知、共享，以发挥最大的社会效益和经济效益，为北京的高等教育服务，为北京的经济建设和社会发展服务。系统的硬件和软件由中国人民大学图书馆系统部和北京邮电大学图书馆技术部托管。

根据工作需要和项目进行情况，现成立 5 个中心，分别由有关大学图书馆负责运行。

（1）原文传递管理中心，由中国人民大学图书馆负责。

（2）馆际互借管理中心，由北京邮电大学图书馆负责。

（3）资源协调中心，由首都师范大学图书馆负责。

（4）培训中心，由北京师范大学图书馆负责。

（5）联合信息咨询中心，由北京科技大学图书馆负责。聘请北京大学图书馆和清华大学图书馆为 BALIS 顾问馆。

其中的 BALIS 原文传递管理中心作为北京地区高校图书馆文献资源保障体系下设的五个分中心之一，现有 96 家成员馆，其中包括 92 家北京地区高校图书馆，国家图书馆、上海图书馆、首都图书馆 3 家合作公共馆，以及 1 个团体成员馆（即北京地区医院图书馆协会）。2007 年 12 月 1H—2017 年 6 月 30 日，BALIS 原文传递本地系统总服务量为 172075 条，满足量 142169 条，满足率 82.62%，平均每条申请完成时间 1.86 天，共注册人数 62114 人；2013-2016 年，BAL1S/CALIS 融合系统中，北京地区高校图书馆总服务量为 271540 条，满足率为 82.25%，平均每条申请完成时间 4.07 天，共注册用户 32343A；2014-2016 年，CASHL 系统中，北京地区高校图书馆总服务量为 15269 条，满足率为 87.88%，共注册用户 8103 人 1441。

近年来，随着信息技术的进一步的发展，越来越多的学者对未来图书馆的建设有了多的思考，比如姚仰平教授提出的"中国云图书馆"构想，建议图书馆界借助行政力量的推动，联合全国图书馆的力量，形成一个统一的强有力的联盟机构。这一全国性的联盟机构可以基于云计算技术，采用相关技术标准，开发构建一种高效率、低成本的信息资源管理和服务模式，通过统一的数字服务平台，进行全方位的资源和服务整合，以使不同类型和层次的图书馆间全面实现海量资源的高度共享，所需资源的实时获取，以及学术成果的快速上传，共建共享，相互合作，让各图书馆把更多的精力致力于为读者提供高附加值的知识型服务，创建中国图书馆云生态。2018 年 7 月 30 日，"中国云图书馆三沙馆"在永兴岛开馆。这是"中国云图书馆"第一家正式落地的云图书馆。

第八节　私有云在图书馆的应用

根据目前国内的实际情况，很多图书馆都建立了自己的私有云平台，可以说目前图书馆利用云计算技术时搭建自己的专属私有云是主流，本节主要介绍一些相应的研究成果。

图书馆私有云的建设，在云计算技术开始不久的 2011 年，就构建了数字图书馆私有云平台，随后利用开源平台，搭建了数字图书馆私有云基础设施，并和外部存储集成，并进行了相应的测试网。

根据云计算的技术，特别是私有云的建设，以虚拟化为基础，搭建了高校图书馆云计算平台，并提出了当时比较成熟的解决方案。针对数字图书馆建设中资源浪费的问题，基于 Xen Cloud Platform 的服务器虚拟化构架，讨论了多个增值服务来解决私有云建设过程中的关键问题,提出了图书馆私有云的开源基础构架解决方案。

图书馆私有云平台的架构,以微软 Hyper-VCkwd 为原型,在身份认证架构和虚拟基础设施平台基础上,实现不同用户自助使用图书馆软、硬件资源的服务,简化基础设施和系统平台的管理,提高业务管理和服务平台的可用性。

一般情况下私有云架构有两种,一种是先虚拟化再集群,另一种是先集群再虚拟化。前者要建立虚拟机的集群,需要的服务器数量小,软硬件均有高可用性,缺点是部署及配置管理复杂,空间可能会造成浪费。后者是先将虚拟主机建立集群,虚拟机运行在集群上,这样硬件不仅可达到高可用性,存储空间也可按需分配,部署及配置管理相对比较简单,缺点是所需服务器数量多,软件无法达到高可用性伺。

在图书馆私有云方面,虽然很多图书馆都建立了自己的专属私有云,但总体来说,相应的公开发表的文献不是很多,主要原因可能是图书馆把云计算底层的事务交给了云计算提供商来处理,而图书馆的技术人员更多关注的是应用的层面、使用的层面。在这方面,正是体现了云计算在图书馆应用方面的优势。

第九节 云计算的安全

私有云模式的部署方式可根据自身单位的情况灵活运用,因此比较受青睐。目前很多高校图书馆或公共图书馆都建立了自己的专用私有云,在云计算安全方面应用引起足够的重视,私有云的安全涉及很多的技术,也涉及很多的方面,本节从存储、数据两个方面简述一下私有云的安全。

一、私有云存储的安全

(一)网络安全

高校图书馆私有云存储的安全因素主要有:网络安全是指黑客利用网络层对云存储及设备进行攻击,从而造成服务器无法访问或数据安全事故。有时这些事件是灾难性的,对图书馆的系统服务造成极为恶劣的影响。故此图书馆一定要重视网络安全,从路由器、交换机、服务器等层面把好安全关。

(二)服务器的稳定运行

一个私有云的架构一般有多个服务器的集群来组成,服务器的稳定运行是云存储的前提。造成服务器不能稳定运行的因素可能有:

信息堵塞可能导致服务器故障。服务请求超过带宽限制,或者超过响应最大限制,造成信息堵塞。

信息残缺也可能导致服务器故障信息残缺包括信号接收不全,或信号传播不稳定。

机房环境的配置,如通风条件,防火条件,空调等,这些外在因素也有可能影响到服务器的稳定性。

黑客或竞争对手对服务器的恶意攻击,或者植入一些病毒等,都将会大大影响服务器的正常运行。

服务器本身的硬件故障。比如内存、硬盘故障、网卡故障等。

系统软件、私有云软件等在服务器上的设置是否合理以及各组件之间是否相互融合，都对服务器的稳定运行造成影响。

不可抗力因素。比如战争、地震、洪水等。

（三）访问对象控制的安全

访问控制指系统对用户身份及其所属的预先定义的策略组限制其使用数据资源能力的手段。通常用于系统管理员控制用户对服务器、目录、文件等网络资源的访问。访问控制是系统保密性、完整性、可用性和合法使用性的重要基础，是网络安全防范和资源保护的关键策略之一，也是主体依据某些控制策略或权限对客体本身或其资源进行的不同授权访问。

图书馆私有云环境中，各个应用系统属于不同的安全管理域，它们各自管理着本地的资源和用户，跨系统间的实现就需要制定云中全局的访问控制策略。访问控制是信息安全保障机制的核心内容，可以用来保证数据的保密性和完整性。它用来限制主体对客体的访问权限，指定用户可以访问哪些资源并对这些资源做哪些操作，随着数量增多，处理的信息数据不断增大，对用户权限的管理任务将变得十分繁重，安全隐患也会降低系统的安全性和可靠性。

（四）系统管理员操作的安全

私有云存储作为一个新型的存储系统，在使用便利的同时，也对系统管理员的技术和管理水平提出了新的要求。系统管理员应该熟练掌握私有云系统的基础架构、系统操作管理、系统应用管理、用户服务与管理、安全管理、预警系统管理等方面的知识和技术，并且要严格执行信息安全、云计算管理方面的安全管理规范、方案和预案，杜绝误操作，提高云存储系统防范攻击的能力。

二、私有云数据的安全

数据安全是私有云的重要内容。数据的安全需要考虑网络的安全、服务器的安全、私有云存储的安全、私有云平台安全等因素。

（一）数据保密性

数据的保密性是指图书馆要严密控制每个可能造成数据泄密的环节，使数据在产生、传输、处理和存储的各个环节中不泄漏给非授权的个人和实体。图书馆数据保密性体现在两个方面，一是用户信息的保密性，另外就是一些珍贵文献资料的保密性。用户信息一般包括姓名、借阅信息等数据，甚至还有身份证号码、住址、手机号码等隐私信息。

用户信息和珍贵文献资料的泄露可能的原因，一是提供私有云的服务商在数据的安全控制上缺乏完善的安全管理机制，或者私有云软件平台本身有安全漏洞，未经加密处理的数据在信息存储和网络通信过程中就有可能遭到黑客的攻击和窃取；另外服务商或具体服务人员在得到数据后，人为地造成数据泄露。

（二）数据完整性

数据完整性是指数据的精确性和可靠性。它是防止数据库中存在不符合语义规定的数据和防止因错误信息的输入输出造成无效操作或错误信息而提出的。为了提供正常的信息检索和资源共享的服务，图书馆必须保证数据的完整性。黑客可能利用云计算共享性的特点，找到漏洞直接攻击用于存储数字图书馆资源的云计算数据中心，对数据进行窃取、修改或删除；未经加密的数据在网络传输时候极易被监听、截获或篡改。

(三)数据可用性

数据的可用性是指图书馆要保证数据确实能为授权用户所用,即保证合法用户在需要时可以使用所需的数据。图书馆要保证授权用户按需使用,并且及时存取和访问,避免出现延时和拒绝服务等故障。这时图书馆要加强数据的授权管理工作,严格授权范围,避免错误的授权、非法的授权。另外要防止黑客对数据的篡改和删除。

第七章 大数据技术及应用

近年来，随着物联网和云计算的兴起，"大数据"已然成为当下最时髦的词汇，大数据被人们誉为未来的石油和黄金，大数据背后隐藏的世界越来越引起人们的兴趣，可以说目前人类社会已经初步迈入了"大数据"时代。

在图书馆方面，图书馆服务经历了漫长的传统文献服务阶段，随着网络化、信息化的发展，数字信息服务成为与传统文献服务并重的现代图书馆必备功能(1)。而如今，随着智慧城市、智慧校园的兴起，智慧图书馆的建设如火如荼，把大数据技术应用于数字图书馆或智慧图书馆建设已经成为必然选择。

在数字图书馆阶段，图书馆的信息系统积累了海量的数据，这些数据对图书馆的管理和服务起了必不可少的作用；同时，图书馆为了更好地提高管理和服务水平，在有些方面也感到力不从心，比如不知如何给读者提供个性化的服务使其满意，这是一个比较尴尬的境地，虽然图书馆掌握着大量的数据资源，但没有从这些数据资源里得到有用的信息。随着物联网、数据挖掘、云计算和大数据等技术的不断发展，这些问题可以在一定层面上得到缓解或解决，比如利用大数据技术进行数据挖掘，可以给图书馆带来更多的新应用、新服务以满足读者的需求。

图书馆通过建立图书馆层面的数据共享中心，以云计算和信息网络安全作为平台支撑，采用数据挖掘、大数据技术和人工智能技术对图书馆的数据以及其他相关数据进行分析、挖掘、智能计算，最终可为实现图书馆的智慧化打下基础。

第一节 大数据概述

2011年5月，全球知名咨询公司麦肯锡发布了《大数据：创新、竞争和生产力的下一个前沿领域》报告，首次提出了"Bigdata"（大数据）的概念，并在报告中指出"数据已经渗透到每一个行业和业务职能领域，逐渐成为重要的生产因素；而人们对于海量数据的运用将预示着新一波生产率增长和消费者盈余浪潮的到来"。至此，大数据的研究与应用受到广泛的关注。虽然人们对"大数据"字面引申的概念、内涵等存在着多种的定义与理解，但存在一个共识，即：大数据不是对数据量大小的定量描述，而是一种在种类繁多、数量庞大的多样数据中进行的快速信息获取。

大数据的数据具有多样性，日常情况下，人们说到的数据，大多指的是数字、文本等格式的数据，这些数据可以用关系数据库来直接存储，是所谓的结构化数据。而大数据的数据还应该包括半结构化数据和非结构化数据。图书馆系统的图书信息、电子书刊信息、借阅信息、读者信息等为结构化数据；而图书馆留言簿、图书馆论坛、微博、微信平台等用户咨询借阅过程信息为半结构化数据；用户浏览图书馆网站及相关B/S系统的网页记录、用户的行为痕迹、在线咨询信息，以及用户存储和下载信息行为时出现的各种音视频信息等为非结构化数据。

对"大数据"之中的"大"理解，IBM 认为大数据具有"3V"特点，但以 IDC 为代表的业界认为满足"4V"指标的数据才可称为大数据，即 Variety（种类多）、Velocity（速度快）、Volume（容量大）、Value（价值高），比 IBM 提出的"3V"多了一个"价值高"。目前很多人认为满足应该"4V+1C"，其中 C 指的是 Complexity，就是复杂性加大，要处理分析大数据具有一定的难度。

所谓的"种类多"是指数据来自多种数据源，不仅包含了文本数据，也包含了数据库、图像、音/视频、传感器数据、网络检索历史记录等信息。同一个知识或智慧可以同时存在于不同类型的数据源中，也可能是每一种类型数据源分别支持同一个知识或智慧的某一个或几个侧面。所谓的"速度快"是指处理数据的速度要求足够快。只有快速处理的数据才能满足大数据时代数据的产生和变化的需要。所谓的"容量大"，一般数据量级已从 TB 跃升至 PB 乃至 ZB。所谓的"价值高"是指数据本身就是资产，运用科技手段对大量的、随机的、模糊的及不完全的可用数据进行筛选、融合分析，可以挖掘出许多有用的知识、关系、模式，用于新的知识服务方式，从而创造新的更大的价值叫所谓的"复杂性加大"，是由于数据量大、数据机构复杂性和需求高几个方面决定的，相对于前期的数据挖掘阶段，大数据阶段的数据挖掘更加复杂。

大数据的"数据"不仅仅是数据存储，更重要的是数据获取与数据应用网。随着信息技术的发展，信息数据越来越多，数据容量越来越大，而右计算的出现使得信息数据的存储、计算并不成为信息数据存储的障碍，故此，大数据技术更应多的关注数据的获取和应用。

无论高校图书馆还是公共图书馆，都可以通过数据分析、数据挖掘等方法对数据进行分析和挖掘，快速有效地评估图书馆各种资源的使用情况，并且通过对读者平日使用资源日志及阅读偏好的收集，预测读者最可能关注的热点和动态，为有效评估图书馆已有文献的质量以及读者的潜在需求提供数据支持叫量体裁衣地为读者提供优质服务，同时利用读者不断增长的个性化信息需求完善高校图书馆的服务。

图书馆在利用大数据技术时，面对不断产生并膨胀的数据统计分析、可视化展示、趋势预测等需求，通过利用数据交换、数据挖掘、云计算、数据库技术和信息系统的协同，可构建起图书馆数据分析与监控系统，在积累了大量实际应用经验的同时，分析各类大数据技术在图书馆的基本应用、拓展应用以及未来发展趋势，形成具有较强借鉴和参考作用的研究成果，助力图书馆构建大数据综合应用平台，推进图书馆向智能化、智慧型方向发展。

因此，深刻理解大数据的内涵，以及了解和熟悉大数据及相关技术，根据图书馆自身的发展及其现阶段数据储存、分析、挖掘的现状，和未来发展的规划或设想，以及大数据时代图书馆用户对信息资源的利用需求，对如何利用大数据进行全面的、系统的分析和论证将显得非常重要。

第二节　Hadoop 及相关平台

一、Hadoop 平台

ApacheHadoop 是一种可靠的、可扩展的分布式计算的开源软件,主要是针对大规模分布式数据而开发的软件框架,目前已经成为企业管理大数据的基础支撑技术。Hadoop 是解决企业数据中心大数据存储、大规模数据计算、快速数据分析的优秀基础数据平台。

据其官网介绍,ApacheHadoop 软件库是一个框架,允许使用简单的编程模型,跨计算机集群分布式处理大型数据集。它旨在从单个计算机扩展到数千台计算机,每台计算机都提供本地计算和存储。该库本身不是依靠硬件来提供高可用性,而是设计用于检测和处理应用层的故障,从而在计算机集群之上提供高可用性服务。该项目包括以下模块:Hadoop Common、HDFS、YARN、Map Reduce、Hadoop Ozone、HadoopSubmarine 等。

(一)Hadoop Common

HadoopCommon 提供一系列组件和接口,用于分布式文件系统和通用 I/O,支持其他 Hadoop 模块的常用实用程序。

(二)HDFS

据其官网介绍,HDFS(Hadoop Distributed File System,分布式文件系统)是 Hadoop 应用程序使用的主要分布式存储。HDFS 集群主要由管理文件系统元数据的 Name Node 和存储实际数据的 Dala Node 组成。HDFS 架构图描述了 Name Node、Data Node 和客户端之间的基本交互。客户端联系 Name Node 以获取文件元数据或文件修改,并直接使用 Data Node 执行实际文件 I/O。

HDFS 具有以下一些显著特征:Hadoop(包括 HDFS)非常适合使用商用硬件进行分布式存储和分布式处理,具有容错性、可扩展性和扩展性,非常简单;HDFS 具有高度可配置性,其默认配置非常适合许多安装;大多数情况下,只需要针对非常大的集群调整配置;Hadoop 是用 Java 编写的,并且在所有主要平台上都受支持;Hadoop 支持类似 shell 的命令直接与 HDFS 交互;Name Node 和 Data Node 内置了 Web 服务器,可以轻松检查群集的当前状态。

Name Node 将对文件系统的修改存储为附加到本机文件系统文件的日志进行编辑。由于 Name Node 仅在启动期间合并 fsimage 和编辑文件,因此编辑日志文件可能会在繁忙的群集上随着时间的推移而变得非常大。较大的编辑文件的另一个副作用是下次重新启动 Name Node 需要更长的时间。有\SecondaryNameNode,就可以定期合并 fsimage 和编辑日志文件,并使编辑日志大小保持在限制范围内。它通常在与主 Name Node 不同的机器上运行,因为它的内存要求与主 Name Node 的顺序相同。

Hadoop 目前可在具有数千个节点的集群上运行。HDFS 为每个群集都有一个 Name Node。Name Node±可用的总内存是主要的可扩展性限制。在非常大的群集上,增加存储在 HDFS 中的文件的平均大小有助于增加群集大小,而不会增加 Name Node 的内存要求。

(三)Map Reduce

据其官网介绍,Hadoop Map Reduce 是一个软件框架,用于轻松编写应用程序,以可靠、容错的方式在大型集群(数千个节点)的商用硬件上并行处理大量数据(多是 TB 级别的数据集。

Map Reduce 作业通常将输入数据集拆分为独立的块，这些块由 map（映射）任务以完全并行的方式处理。框架对 map 的输出进行排序，然后输入到 reduce（归约）任务。通常，作业的输入和输出都存储在文件系统中。该框架负责调度任务，监视任务并重新执行失败的任务。

通常，计算节点和存储节点是相同的，即 Map Reduce 框架和 Hadoop 分布式文件系统在同一组节点上运行。Map Reduce 框架由每个集群节点的单个主 JobTracker 和一个从属 Task Tracker 组成。主服务器负责在从服务器上调度作业的组件任务，监视它们并重新执行失败的任务。从属服务器按照主服务器的指示执行任务。尽管 Hadoop 框架是在 Java 中实现的，但 Map Reduce 应用程序不需要用 Java 编写。

Hadoop Streaming 是一个实用程序，它允许用户使用任何可执行文件（例如 shell 实用程序）作为映射器和/或 reducer 创建并运行作业。Hadoop Pipes 是一个 SWIG 兼容的 C++API，用于实现 Map Reduce 应用程序。

HDFS 和 Map Reduce 是 Hadoop 的两大核心，整个 Hadoop 的体系结构主要是通过 HDFS 实现分布式存储的底层支持的，并且通过 MapReduce 来实现分布式并行任务处理的程序支持。HDFS 采用了主从结构模型，HDFS 集群是由一个 Name Node 和若干个 DataNode 组成的，Name Node 管理文件系统的命名空间和客户端对文件的访问操作；Data Node 管理存储的数据。Map Reduce 框架是由一个单独运行在主节点的 JobTracker 和运行在每个集群从节点的 Task Tracker 共同组成的。Jobfracker 负责调度构成一个作业的所有任务，从节点仅负责由主节点指派的任务。当一个 job 被提交时，Job Tracker 接收到提交作业和其配置信息之后，就会将配置信息等分发给从节点，同时调度任务并监控 Task Tracker 的执行。

（四）YARN

据其官网介绍，ApacheHadoopYARN 的基本思想是将资源管理和作业调度/监视的功能分解为单独的守护进程。其想法是拥有一个全局的 Resource Manager（RM）和每个应用程序的 Application Master（AM）。应用程序可以是单个作业，也可以是作业的 DAG（Directed Acyclic Graph），有向无环图、Resource Manager 和 Node Manager 构成 K 数据计算框架。Resource Manager 在系统中的所有应用程序之间拥有仲裁资源的最终权限。Node Manager 是每台机器框架代理，负责容器、监视其资源使用情况（CPU、内存、磁盘、网络）并将其报告给 Resource Manager/Scheduler。

每个应用程序 Application Master 实际上是一个特定于框架的库，其任务是协调来自 Resource Manager 的资源，并与 Node Manager 一起执行和监视任务。

YARN 是下一代的 Map Reduce，即 MRv2，是在第一代 Map Reduce 基础上演变而来的，主要是为了解决原始 Hadoop 扩展性较差，不支持多计算框架而提出的。

（五）Hadoop Ozone

据其官网介绍，Ozone 是 Hadoop 的可扩展、冗余和分布式对象存储。除了扩展到数十亿不同大小的 object 外，Ozone 还可以在 Kubernetes 和 YARN 等集成化环境中有效发挥作用。

Ozone 建立在一个高度可用的、可复制的块存储层上，这个层被称为 Hadoop 分布式数据存储（HDDS）。使用 Apache Spark、YARN 和 Hive 等框架的应用程序本地工作，无须任何修改。

（六）Hadoop Submarine

为了使分布式深度学习/机器学习应用程序易于启动、管理和监控，Hadoop 社区启动了 Submarine 项目以及其他改进，例如一流的 GPU 支持、Docker 容器支持、容器 DNS 支持、调度改进等。这些改进使得在 ApacheHadoopYARN 上运行的分布式深度学习/机器学习应用程序就像在本地运行一样简单，可以让机器学习工程师专注于算法，而不是担心底层基础架构。

Submarine 项目有两个部分：Submarine 计算引擎和一套集成 Submarine 的生态系统软件和工具。

（1）Submarine 计算引擎。通过命令行向 YARN 提交定制的深度学习应用程序（如 Tensorflowx Pytorch 等）。这些应用程序与 YARN 上的其他应用程序并行运行，例如 Apache Spark、HadoopMapReduce 等。

（2）Submarine 的生态系统软件和工具。Submarine-Zeppelinintegration，允许数据科学家在 Zeppelin 的 notebook 中编写算法和调参进行可视化输出，并直接从 notebook 提交和管理机器学习的训练工作；Submarine-Azkahanintegration，允许数据科学家从 Zeppelin 的 notebook 中直接向 Azkaban 提交一组具有依赖关系的任务，组成工作流进行周期性调度；Submarine-installer，在服务器环境中安装 Submarine 和 YARN，轻松解决 Docker Parallel network 和 Nvidia 驱动的安装部署难题，可以更轻松地尝试强大的工具集。

二、Hadoop 相关发行版本

基于 Hadoop 技术或理念，一些厂商或组织发行了一些其他版本，比如 Cloudera、Hortonworks、MapR、EMR、Fusioninsight 腾讯慧聚、DKHadocp、Transwarp DataHub 等。

（一）Cloudera

Cloudera 的 CDH（Clouderas DistributionIncluding ApacheHadoop）被认为最成型的发行版本，拥有最多的部署案例，可提供强大的部署、管理和监控工具。Cloudera 开发并贡献了可实时处理大数据的 Impala 项目。

CDH 提供了 Hadoop 的核心元素——可扩展的存储和分布式计算，以及基于 Weh 的用户界面和重要的企业功能。CDH 是 Apache 许可的开放源码，是唯一提供统一批处理、交互式 SQL 和交互式搜索以及基于角色访问控制的 Hadoop 解决方案。

据其官网介绍，Cloudera 企业数据中心（Cloudera Enterprise）提供了统一的平台，来解决数据仓库、数据科学、数据工程、搜索以及流媒体和实时分析等问题的可能性。

Cloudera 通过无数独特的创新、增强、降低风险和集中化来策划和扩展开源核心，以满足用户对业务关键型企业的需求。借助 ClouHera 共享数据体验（SDX），用户可以将其选择的分析数据添加到数据中，使用统一的目录桥接最复杂的环境并确保一致的安全性和细粒度治理。同时支持混合云和多云环境组合。

最新版本的 ClouderaEnterprise6.1.0 是针对云优化的机器学习和分析的现代平台。此版本提供了多项新功能，改进了可用性和更好的性能。

在数据工程方面，Cloudera Enterprise6.1 现在支持 Spark Stnictured Streaming，并以大约 100ms 的增量启用微批处理，使得可以在几秒内以摄取方式查询 Cloudera 平台中的延迟。

结构化流式传输通过将相同的 Spark Session API（数据框架和数据集 API）引人流数据，简化了传统的 Spark Streaming 功能，从而可以使用类似 SQL 的 API 在批处理和流处理中使用相同的代码。

将 SparkStructuredStreaming 与 HBase 结合使用时，可以实现秒延退为业务应用程序提供数据，从而为应用程序提供前所未有的响应实时数据的能力。

在存储方面，现在支持 HDFS 的 Erasurecodingo 从 Cloudera Enterprise6.1 开始，Hive、MapReduce、Spark、BDR 和 Navigator 将能够与 Erasure Coded 数据进行交互。HDFS Erasurecoding 使用的磁盘可减少 50%，也不会影响弹性。

在数据仓库和 SQL 方面，Cloudera 继续使用 Impala 扩展 SQL 支持。Cloudera Enterprise6.1 在单个查询中包含对"精确多个 COUNT"的支持，允许运行更复杂的数据仓库查询，降低了查询后数据处理和分析的复杂性。

在平台支持与安全方面，除了 Oracle 的 JDK 之外，Cloudera 现在还支持使用 Open JDK8 进行部署，支持 AWSCloudHSMforHDFS 加密。

在云编排方面，Cloudera 继续加强对云的支持。在 6.1 版本中，Cloudera Altus Director 增强了对安全环境的代理支持，增强了脚本的功能，包括预终止脚本和 Google Cloud 子网支持。

（二）Hortonworks

据其官网介绍，Hortonworks 数据平台 HDP（Hortonworks Data Platform）可帮助企业从结构化和非结构化数据中获得洞察力。它是用于分布式存储和处理大型多源数据集的开源框架。HDP 使 IT 基础架构现代化，并使数据在云或本地保持安全。

HDP 支持灵活的应用程序部署、机器学习和深度学习工作负载、实时数据仓库以及安全性和治理。它是静态数据的现代数据架构的关键组成部分。

HDP 具有如下优点。

（1）更快：以更低的成本提供灵活的部署时间。

基于容器的服务可以在几分钟内构建和部署应用程序。容器化使运行多个版本的应用程序成为可能，允许用户快速创建新功能，开发和测试新版本的服务，而不会中断旧版本。HDP 还支持 Docker 容器和本机 YARN 容器中的第三方应用程序。

（2）更智能：加快时间，获得更明智的决策。

HDP 为支持 Apache Hadoop 集群中的 GPU 提供了基础，增强了数据科学和 A1 实例所需的计算性能。它支持 GPU 池，以便与更多工作负载共享 GPU 资源，从而实现成本效益。它还支持 GPU 隔离，将 GPU 专用于某个应用程序，以便其他应用程序无法访问该 GPU。HDP 包括一个容器化的 Tensor Flow 技术预览，结合 GPU 池为深度学习模型提供更容易的设计、构建和培训。

（3）混合：通往所有云层的最快途径。

HDP 可以自由地在混合和多云环境中部署大数据工作负载，而无须将供应商锁定到特定的云架构。客户能够在任何云设置中无缝地创建和管理大数据集群。HDP 与云无关，可自动配置以简化大数据部署，同时优化云资源的使用。

（4）实时数据库：跨历史和实时查询的一个 SQL 界面。

HDP 包括改进的查询性能，专注于更快的查询。HiveLLAP（LowLatency Analytical Processing）是最快的 ApacheHive 引擎，可在多租户环境中运行，不会造成资源竞争。此集成极大地加速了商业智能方案中常用的查询，例如连接和聚合查询。除了查询优化之外，Hive 还允许创建资源池，以实现细粒度的资源分配。

默认情况下，HDP 启用 ACID 事务，使 Hive 表中的更新更容易。Hive 作为实时数据库，消除了低延迟和高吞吐量工作负载之间的性能差距，从而以更快的速度处理更多数据。

（5）可信：用于安全和治理的企业级访问控制和元数据。

HDP 继续提供全面的安全和治理。HDP 的安全性分层集成，包括身份验证、授权、责任和数据保护功能。安全性和治理的集成允许安全专业人员设置基于分类的安全策略，此外，数据治理工具使组织能够在整个数据生态系统中应用一致的数据分类。允许对事件的审核变得更加细致和详细，使审核员更容易完成工作。

2018 年 10 月，两大数据平台 Cloudera 和 Hortonworks 宣布合并，打算创建世界领先数据平台[12]。

（三）MapR

据其官网介绍，MapR 加速了计算和存储的分离，最新版本与 Kubernetes 集成，以更好地管理当今的突发性和不可预测的 AI/ML（机器学习）工作负载。

MapR 通过以下关键功能加速计算和存储的分离：处理计算突发和典型的 AI/ML工作负载，通过转移其他计算容器而无须添加更多物理主机服务器。可在多云环境中部署 Spark 和 Drill 容器应用程序，包括私有云、混合云和公共云。可在同一平台上运行不同版本的 Spark 和 Drill，促进数据工程师工作流程中典型的开发、测试和质量保证多个阶段正常进行。通过设置对配额的精细限制，并通过使用 Spark 作业运算符创建不同的 Spark 集群来隔离资源，防止应用程序相互隔离资源。

（四）Amazon Elastic Map Reduce

据其官网介绍，Amazon Elastic Map Reduce（EMR）提供的托管 Hadoop 框架可以快速、轻松、经济高效地在多个动态可扩展的 Amazon EC2 实例中处理大量数据，还可以运行其他常用的分布式框架（例如 EMR 中的 Apache Spark、HBase、Presto 和 Flink），以及与其他 AWS 数据存储服务（例如 AniazonS3 和 AmazonDynamoDB）中的数据进行交互。EMR Notebooks 基于 Jupyter Notebook，可为即时查询和探索性分析提供开发和协作环境。

EMR 能够安全可靠地处理广泛的大数据使用实例，包括日志分析、Web 索引、数据转换（ETL）、机器学习、财务分析、科学模拟和生物信息。

（五）Fusioninsight

华为 Fusioninsight 大数据平台是集 Hadoop 生态发行版、大规模并行处理数据库、大数据云服务于一体的融合数据处理与服务平台，拥有端到端全生命周期的解决方案能力。除了提供包括批处理、内存计算、流计算和 MPPDB（Massively Parallel Processing Database，大规模并行处理数据库）在内的全方位数据处理能力外，还提供数据分析挖掘平台、数据服务平台，帮助用户实现从数据到知识，从知识到智慧的转换，进而帮助用户从海量数据中挖掘数据价值。

据其官方网站，FusionInsighl 包括 Fusioninsight HD 和 FusionInsighl Stream 两个组件：Fusioninsight HD 包含了开放社区的主要软件及其生态圈中的主流组件，并进行了大量优化，让企业可以从各类繁杂无序的海量数据中洞察商机；Fusioninsight Stream 是 Fusioninsight 大数据分析平台中的实时数据处理引擎，以事件驱动模式处理实时数据的大数据技术，解决高速事件流的实时计算问题。

Fusioninsight 具有如下特点：敏捷，全面优化的大数据平台，实现海量数据快速处理；智慧，超百万维度的建模框架，精准洞察用户的行为与特征；可信，金融级可信解决方案，有效支撑企业级核心业务的数据处理。

（六）腾讯慧聚

据其官网介绍，腾讯慧聚是基于腾讯多年的大数据平台建设经验和海量数据处理能力的政企大数据解决方案专家，提供大数据一站式平台 Dmaster、海量事务处理平台 Thase、大数据实时接入平台 TDbank、大数据实时多维分析平台 Hermes、机器学习基础平台 TDinsight 等各类大数据平台产品，旨在慧聚数据之力，赋能智慧政企。

Dmaster 是结合开源 Hadoop 生态和而研制的组件服务，对外提供可靠、安全、易用的大数据处理平台。用户可以按需在公有云、私有云、非云化环境部署大数据处理服务以实现企业的大数据处理需求。

Tbase 是一款 MPP（大规模并行处理）数据库产品，采用 shared-nothing 的分布式架构并兼容优秀的开源 PostgreSQL 社区版本，具备业界先进的数据治理和数据安全特性，能够为业务提供有效的海量数据管理服务。

TDbank 主要负责数据的实时采集，分发以及配置管理工作，旨在统一数据入口，对外提供多样的数据接入方式，以及高效实时地分发数据。

Hemes 针对交互式海量数据分析需求而研发的数据多维分析平台。结合数据嵌套列存储、多维分析、全文检索、极速查询优化等技术，为用户提供高性能的用户画像和实时多维分析能力，以快速洞察海量数据价值。

TDinsight 提供一站式的机器学习平台，通过可视化的拖拽布局，组合各种数据源、组件、算法、覆盖特征工程、分类、的同时，支持图算法。

（七）DKHadoop

DKH（DKHadoop）是一款国产大数据平台。据其官网介绍，DKH 是为了打通大数据生态系统与传统非大数据公司之间的通道而设计的一站式搜索引擎级大数据通用计算平台。通过使用 DKH，可以轻松的跨越大数据的技术鸿沟，实现搜索引擎级的大数据平台性能。将大数据、搜索、分布式计算、内存计算、图计算、流计算、自然语言处理、机器学习等复杂的技术变成简单的接口和类库，底层技术从此触手可及。

DKH 有效的集成了整个 Hadoop 生态系统的全部组件，并深度优化，重新编译为一个完整的更高性能的大数据通用计算平台，实现了各部件的有机协调。因此 DKH 相比开源的大数据平台，在计算性能上有了高达 5 倍（最大）的性能提升。

DKH 更是通过独有的中间件技术，将复杂的大数据集群配置简化至三种节点（主节点、管理节点、计算节点），极大地简化了集群的管理运维，增强了集群的高可用性、高可维护性、高稳定性。

（八）Transwarp DataHub

Transwaq）DataHub（简称 TDH）是国内研发的企业级大数据平台。据其官网介绍，TDH 主要提供 5 款核心产品：大数据分析数据库 TranswarpInceptor，实时计算引擎 Transwarp Slipstream，数据挖掘工具 TranswarpDiscover，NoSQL 数据 *Transwarp Hyperbase，企业搜索引擎 Transwarp Search，通过部署、安装、使用 TDH，企业能够更有效地利用数据构建核心商业系统，加速商业创新。

其中 TranswarpInceptor 是用于数据仓库和交互式分析的大数据平台软件，它基于 Hadoop 和 Spark 技术平台打造。

第三节　大数据技术图谱

Hadoop 解决了大数据（大到一台计算机无法进行存储，一台计算机无法在要求的时间内进行处理）的可靠存储和处理。但是，其核心部件 Map Recue。

（1）由于其抽象层次低，需要手工编写代码来完成，初级者上手不易。

（2）只提供 Map 和 Reduce 两个操作，表达力欠缺。

（3）一个 Job 只有 Map 和 Reduce 两个阶段，而复杂的计算需要大量的 Job 完成，Job 之间的依赖关系是由开发者自己管理的，使用和管理起来比较复杂。

（4）处理逻辑隐藏在代码细节中，不容易读懂，对使用者要求较高。

（5）中间结果也放在 HDFS 文件系统中。

（6）Reduce Task 需要等待所有 MapTask 都完成后才可以开始，不能并行。

（7）时延高，只适用 Batch 数据处理，对于交互式数据处理，实时数据处理的支持不够。

（8）对于迭代式数据处理性能比较差。

由此，Hadoop 的其他相关项目也就随之诞生，并和 Hadoop 兼容互补，进而这些相关项目也如火如荼的开展起来了。

本节从数据采集和传输、消息系统、文件系统、内存技术、存储和数据库系统、数据计算与处理、查询引擎、分布式资源调度、机器学习、分析和报告工具、其他相关技术等方面对大数据相关技术进行论述。需要指出的是，有些软件或平台可能不仅仅属于本节所列属的类别，由于其功能众多，还可能属于其他类别。

一、数据采集和传输

本节主要介绍 Sqoop、Flume、Logstashx Chukwa、Avro、Fluentd>Splunk 等数据采集和传输工具。

（一）Sqoop

据其官网介绍，ApacheSqoop 是一种用于在 Apache Hadoop 和结构化数据存储（如关系数据库）之间高效传输批量数据的工具。使用 Sqoop 可将数据从外部结构化数据存储导入 Hadoop 分布式文件系统，或 Hive 和 HBase 等相关系统。相反，Sqoop 可用于从 Hadoop 中提取数据并将其导出到外部结构化数据存储区，例如关系数据库和企业数据仓库。

Sqoop 底层用 Map Reduce 程序实现抽取、转换、加载，Map Red 特性保证了并行化和高容错率，而且相比 Kettle 等传统 ETL 工具，Sqocp 任务跑在 Hadoop 集群上，减少了 ETL 服务器资源的使用。在特定场景下，抽取过程会有很大的性能提升[四]。

（二）Flume

据其官网介绍，Apache Flume 是一个分布式的、可靠的且可用的系统，用于有效地从许多不同的源收集、聚合和移动大量日志数据到集中式数据存储。

Apache Flume 的使用不仅限于日志数据聚合。由于数据源是可定制的，因此 Flume 可用于传输大量事件数据，包括但不限于网络流量数据、社交媒体生成的数据、电子邮件消息以及几乎任何可能的其他数据源。

它具有基于流数据流的简单灵活的架构、可靠性机制和许多故障转移和恢复机制，以及强大的容错性。它使用简单的可扩展数据模型，允许在线分析应用程序。

（三）Logstash

据其官网介绍，Logstash 是开源的服务器端数据处理管道，能够同时从多个来源采集数据、转换数据，然后将数据发送到用户指定的"存储库"中。Logstash 支持各种输入选择，可以在同一时间从众多常用来源捕捉事件。能够以连续的流式传输方式，轻松地从日志、指标、Weh 应用、数据存储以及各种 AWS 服务采集数据。

数据从源传输到存储库的过程中，Ugstash 过滤器能够解析各个事件，识别已命名的字段以构建结构，并将它们转换成通用格式，以便更轻松、更快速地分析和实现商业价值。

尽管 Elasticsearch 是 Logstash 首选输出方向，能够为搜索和分析带来无限可能，但它并非唯一选择。Logstash 提供众多输出选择，用户可以将数据发送到其要指定的地方。

（四）Chukwa

Chukwa 用于管理大型分布式系统的数据收集系统。

Hadoop 的 Map Reduce 最初用于日志处理，随着集群日志不断地增加，生成大量的小文件，而 MapReduce 具有处理少量大文件的优势。Chukwa 弥补了这一缺陷，同时具有高可靠性。Chukwa 由 Yahoo 开发，是基于 Hadoop 的大集群分布式监控系统，是 Hadoop 软件家族成员之一，以 HDFS 为存储层，MapReduce 为计算模型，Pig 作为其高层处理语言，采用流水式处理方式和模块化结构的收集系统。Chukwa 的系统开销非常小，不到整个集群资源的 5%。

（五）Avro

据其官网介绍，Apache Avro 是一个数据序列化系统，设计用于支持大批量数据交换的应用。Avro 提供丰富的数据结构，快速可压缩的二进制数据形式，存储持久数据的文件容器，远程过程调用 RPC（Remote Procedure Call）等。

主要特点有：支持二进制序列化方式，可以便捷、快速地处理大量数据；动态语言友好，Avro 提供的机制使动态语言可以方便地处理 Avro 数据。

Avro 依赖模式（Schema）用来实现数据结构定义。可以把模式理解为 Java 的类，它定义每个实例的结构，可以包含哪些属性。Avm 的模式主要由 JSON（JavaScript Object

Notation，JS 对象简谱）对象来表示，它可能会有一些特定的属性，用来描述某种类型（Type）的不同形式四。

（六）Fluentd

据其官网介绍，FlueuId 是一个开源数据收集器，允许用户统一数据收集，以便更好地使用和理解数据。Fluentd 尝试尽可能地将数据结构化为 JSON：这需要 Fluentd 统一处理日志数据的收集、过滤、缓冲和跨多个源和目标（统一日志层）输出日志。使用 JSON 可以更轻松地进行下游数据处理，因为它具有足够多的结构，可以在保留灵活模式的同时进行访问。

（七）Splunk

据其官网介绍，SplunkEnterprise 便于收集、分析和操作技术基础设施、查看安全系统和业务应用的大数据中未开发的价值，并将数据分析结果可视化，为用户提供驱动运维性能和业务结果的见解。对任何机器数据，在下载数据可视化工具后，可收集来自任意来源的日志以及机器数据并为其建立索引。并可将机器数据和相关的数据库、数据仓库、Hadoop 以及 NoSQL 数据存储联系起来。支持每 HTB 级数据的多站点群集和自动加载均衡范围，优化反应时间并提供连续的可用性。开发者可以建立自定义 Splunk 应用程序或将 Splunk 数据集成到其他应用程序中。

二、消息系统

消息中间件主要是用于分布式系统中解耦、异步消息、流量削锋、日志处理等场景。主要具有以下优势：削峰填谷，主要解决瞬时写压力大于应用服务能力而导致消息丢失、系统崩溃等问题；系统解耦，解决不同重要程度、不同能力级别系统之间互相依赖导致一死全死问题；提升性能，当存在一对多调用时，可以发一条消息给消息系统，让消息系统通知相关系统；蓄流压测，线上有些链路不好压测，可以通过堆积一定量消息再放开来压测同。

现在常用的有 ActiveMQ、Rabbit MQ、Kafka、Rocket MQ 等消息系统。

（一）ActiveMQ

据其官网介绍，Apache Active MQ 是一款功能强大的开源消息传递和整合模式服务产品。并具有如下特征：支持 Java、C、C++、C#、Ruby 等各种跨语言客户端和协议；完全支持 JMS 客户端和 Message Broker 中的企业集成模式；支持许多高级功能，如消息组、虚拟目标、通配符和复合目标；完全支持 JMS1.1 和 J2EE1.4，支持瞬态、持久、事务和 XA 消息传递等。XA 是由 X/Open 组织提出的两阶段提交协议、分布式事务的规范。

（二）Rabbit MQ

据其官网介绍，ApacheRabhit MQ 是一个受欢迎的消息代理系统，通常用于应用程序之间或者程序的不同组件之间通过消息来进行集成的情景。它支持多种消息传递协议、消息队列、传递确认、灵活路由到队列、多种交换类型；可与 BOSH、Docker 和 Puppet 一起部署。用户可以使用自己喜欢的编程语言开发跨语言消息，例如：Java、.NET、PHP、Pythons Java Scriptx Ruby、Go 等；可部署为集群以实现高可用性和高吞吐量等。

（三）Kafka

据其官网介绍，Apache Kafka 是一个分布式流媒体平台。流媒体平台有三个关键功能：发布和订阅记录流，类似于消息队列或企业消息传递系统；以容错的持久方式存储记录流；处理记录发生时的数据流。

Kafka 通常用于两大类应用：构建可在系统或应用程序之间可靠获取数据的实时流数据管道；构建转换或响应数据流的实时流应用程序。

Kafka 作为一个集群运行在一个或多个可跨多个数据中心的服务器上。

（四）Rocket MQ

Apache Rocket MQ 是一款开源的、分布式消息传递和流数据平台。

Rocket MQ 相比于 Rabbit MQ Kafka 具有主要优势特性有：支持事务型消息（消息发送和数据库操作保持两方的最终一致性，RabbilMQ 和 Kafka 不支持）；支持结合 Rocket MQ 的多个系统之间数据最终一致性（多方事务，二方事务是前提）；支持 18 个级别的延迟消息（Babbit MQ 和 Kafta 不支持）；支持指定次数和时间间隔的失败消息重发（Kafka 不支持，RabhitMQ 需要手动确认）；支持 consumer 端 tag 过滤，减少不必要的网络传输（Rahbit MQ 和 Kafka 不支持）；支持重复消费（Rabbit MQ 不支持，Kaflca 支持）网。

三、文件系统

除了 HDFS 文件系统以外，还有：GlusterFS.Ceph、Kudu 等文件系统。

（一）GlusterFS

据其官网介绍，RedHat 的 Gluster 是一个开源的、可扩展的网络文件系统。

使用常见的现成硬件，可以为媒体流、数据分析以及其他数据和带宽密集型任务创建大型分布式存储解决方案。适用于云存储和媒体流等数据密集型任务。

（二）Ceph

Linux 中备受关注的开源分布式存储系统，除了 GlusterFS，当属 Ceph0 目前 Ceph 已经成为 RedHat 旗下重要的分布式存储产品，并继续开源。

据其官网介绍，Ceph 存储集群至少需要一个 Ceph Monitors Ceph Manager 和 Ceph OSD（对象存储守护进程）。运行 Ceph Filesystem 客户端时也需要 Ceph 元数据服务器。Ceph 将数据存储为逻辑存储池中的对象。利用 CRUSH 算法，Ceph 计算应该包含对象的放置组，并进一步计算哪个 Ceph OSD 守护进程应该存储放置组。CRUSH 算法使 Ceph 存储集群能够动态扩展，重新平衡和恢复。

（三）Kudu

Kudu 是 Cloudera 开源的、运行在 Hadoop 平台上的列式存储系统，拥有 Hadoop 生态系统应用的常见技术特性，可运行在一般的商用硬件上，支持水平扩展和高可用，目前是 Apache Hadoop 生态圈的新成员之一。Kudu 整体应用模式和 HBase 比较接近，即支持行级别的随机读写，并支持批量顺序检索功能。

Kudu 的设计与众不同，它定位于应对快速变化数据的快速分析型数据仓库，希望靠系统自身能力，支撑起同时需要高吞吐率的顺序和随机读写的应用场景，提供一个介于 HDFS 和 HBase 的性能特点之间的一个系统，在随机读写和批量扫描之间找到一个平衡点，并保障稳定可预测的响应延迟。可与 MapReduce、Spark 和其他 Hadoop 生态系统集成。

四、内存技术

大数据的内存技术：Alluxio、Redis、Ignite。

（一）Alluxio

据其官网介绍，Alluxio（以前称为Tachyon）是开源的，以内存为中心的分布式存储系统，使任何应用程序都能以内存速度与来自任何存储系统的任何数据进行交互。Alluxio主要有两大功能，一是提供一个文件系统层的抽象，统一文件系统接口，桥接储存系统和计算框架；二是通过内存实现对远程数据的加速访问。

在文件统一存储和抽象方面，Alluxio统一了对不同系统的数据访问，并无缝地桥接计算框架和底层存储。Alluxio通过其统一的命名空间功能，有助于访问不同的系统，并无缝地桥接计算框架和底层存储。应用程序只需与Alluxio交互即可访问存储在任何底层存储系统中的数据。Alluxio充当"虚拟数据湖"，提供来自不同数据源的所有数据的聚合视图，同时不创建该数据的永久副本。

远程数据加速访问方面，在不损失性能的情况下对计算和存储进行分离。当Alluxio与计算节点一起部署时，Alluxio通过缓存来实现这一目标。应用程序和计算框架通过Alluxio发送请求，Alluxio又从远程存储中获取数据。

（二）Redis

据其官网介绍，Redis是一个开源的、内存数据结构存储，用作数据库、缓存和消息代理。它支持数据结构，如字符串、散列、列表、集合、带有范围查询的排序集、位图、超级日志，具有半径查询和流的地理空间索引。

Redis使用内存数据集。根据使用情况，用户可以通过每隔一段时间将数据集转储到磁盘或通过将每个命令附加到日志来保留数据。

Redis还支持简单到设置的主从异步复制，具有非常快速的非阻塞第一次同步，自动重新连接以及在网络分割上的部分重新同步。

（三）Ignite

据其官网介绍，ApacheIgnite是以内存为中心的分布式数据库、缓存和处理平台，用于事务、分析和流式工作负载，以PB级的速度提供内存速度。

Ignite是一个内存数据库，不完全是SQL数据库。尽管Ignite的行为与任何其他关系型SQL数据库的行为相同，但Ignite处理约束和索引的方式也存在差异。Ignite支持主索引和辅助索引，但是，只能对主索引强制执行唯一性。Ignite也不支持外键约束。与其他NoSQL数据库一样，Ignite具有高可用性和水平可扩展性；但是，与其他NoSQL数据库不同是，Ignite支持跨多个群集节点的SQL和ACID事务。

NoSQL数据库（NotonlySQL）是一种数据库，它提供一种机制来存储和检索数据，而不是关系数据库中使用的表格关系。这些数据库是无架构的，支持简单的复制，并且可以处理大量的数据。NoSQL数据库的主要目的在于：设计简单、水平缩放、更好地控制可用性。与关系数据库相比，NoSql数据库使用不同的数据结构，它使NoSQL中的一些操作更快西。

五、存储和数据库系统

（一）Cassandra

ApacheCassandra是一个高度可扩展的高性能分布式数据库，用于处理大量商用服务器上的大量数据，提供高可用性，无单点故障。这也是一种 NoSQL 类型的数据库。可提供高可用性且无单点故障，用于管理遍布各处的大量结构化数据。

Cassandra 的主要特点就是它不是一个单个的数据库，而是由一堆数据库节点共同构成的一个分布式网络服务，对 Cassandra 的一个写操作，会被复制到其他节点上去，对 Cassandra 的读操作，也会被路由到某个节点上面去读取。

（二）Mongo DB

据其官网介绍，Mongo DB 是一种文档数据库，具有用户所需的可查询性和索引所需的可伸缩性和灵活性。Mongo DB 将数据存储在灵活的类似 JSON 的文档中，并且数据结构可能会随时间而变化；文档模型映射到应用程序代码中的对象，使数据易于使用；随时查询、索引和实时聚合提供了访问和分析数据的强大方法；Mongo DB 是一个分布式数据库，内置了高可用性、水平扩展和地理分布，并且易于使用；Mongo DB 可以免费使用。

Mongo DB 可用于各种规模的企业、各个行业以及各类应用程序的开源数据库。作为一个适用于敏捷开发的数据库，Mongo DB 的数据模式可以随着应用程序的发展而灵活地更新。与此同时，它也为开发人员提供了传统数据库的功能：二级索引、完整的查询系统以及严格一致性等。

（三）BigTable

Google 的 BigTable 是一个分布式存储系统，它可以支持扩展到 PB 级别的数据，包含几千个商业服务器。

Big Table 达到了几个目标：广泛应用性、可扩展性、高性能和高可用性。Google 的 60 多款产品和项目都存储在 Big Table 中，包括 WEB 索引、Google Earth 和 Google Finance 等。这些产品使用 Big Table 来处理不同类型的工作负载，包括面向吞吐量的批处理作业以及对延迟敏感的终端用户数据服务。这些产品所使用的 Big Table 的簇，也涵盖了多种配置，数量从几个到几千个服务器，并且存储了几百 TB 的数据。

（四）HBase

据其官网介绍，Apache HBase 是 Hadoop 的数据库，是一个分布式、可扩展的大数据存储。HBase 适用于对大数据进行随机、实时读/写访问，其目标是支持托管非常大的表（数十亿行数百万列）在商品硬件集群上。HBase 是一个开源的、分布式的、版本化的非关系数据库，按 Google 的 Bigtable 理念进行设计，正如 Bigtahle 利用 Google 文件系统提供的分布式数据存储一样。作为是一种 NoSQL 数据库，HBase 在 Hadoop 和 HDFS 之上提供类似 Bigtable 的功能。HBase 不同于一般的关系数据库，它是一个适合于非结构化数据存储的数据库。另一个不同的是 HBase 基于列的而不是基于行的模式。

HBase 并不适合所有问题。首先要确保有足够的数据。一般需要数亿或数十亿行，比较适合使用 HBase。其次，针对 RDBMS（RelationalDatabaseManagementSystem，关系数据库管理系统）构建的应用程序无法通过简单地更改"移植"到 HBase。第三，确保有足够的硬件支撑。

（五）TiDB

据其官网介绍，TiDB 是一款开源的、分布式关系型数据库，其定位于在线事务处理和在线分析处理融合型数据库产品。

TiDB 是一个分布式 NewSQL 数据库。它支持水平弹性扩展、ACID 事务、标准 SQL、MySQL 语法和 MySQL 协议，具有数据强一致的高可用特性，是一个不仅适合 OLTP 场景，还适合 OLAP 场景的混合数据库。

TiDB 是为云而设计的数据库，同 Kubemetes 深度耦合，支持公有云、私有云和混合云，使部署、配置和维护变得十分简单。

NewSQL 类型数据库的出现主要是因为 NoSQL 不能完全取代 RDBMS，而单机 RDBMS 无法满足性能需求，并且使用"单机 RDBMS+中间件"方式，在中间件层很难解决分布式事务、高可用问题。NewSQL 针对 OLTP 的读写，提供与 NoSQL 相同的可扩展性和性能，同时能支持满足 ACID 特性的事务，即保持 NoSQL 的高可扩展和高性能，并且保持关系模型。

其他类似产品还有 Neo4j、Vertica、Cmich DB、Dynamo、Simple DB、Hypertable 等。

六、数据计算与处理

从某种层面来说，Hadoop 就是一种数据处理的开源框架，其他的数据计算和处理产品还有：

（一）Spark

MapReduce 计算模型基于非循环的数据流模型，具有很好的容错性，也能很容易地访问集群中的计算资源，但是不能充分地利用分布式内存，导致了对那些重用中间结果的应用不是很有效。Spark 计算模型刚好解决了这些问题，并且能在 Hadoop 集群下部署，访问 HDFS 文件系统。

Spark 的核心引擎被称之为 Spark Runtime，主要负责任务调度、资源管理、故障恢复、存储压缩及数据交互等，而 RDD 是其最关键的技术。Spark 将分布式内存抽象成弹性分布式数据集（Resilient Distributed Datasets，RDD）oRDD 支持基于工作集的应用，同时具有数据流模型的特点：自动容错、位置感知调度和可伸缩性。RDD 允许用户在执行多个查询时显式地将工作集缓存在内存中，以便后续的查询能够重用，这极大地提升了查询速度[四]。

Spark 中数据的输入和处理都使用 RDD 包装，是 Spark 的核心逻辑数据结构或编程模型。它将所有数据分区抽象为不同的 RDD 对象，然后根据对应和依赖关系计算出其他 RDDO 一个完整的 Spark 执行过程核心步骤是将作业转换为多个 RDD 组成的 DAG，并分阶段进行 DAG 调度和任务的分布式并行处理叫 Spark 通过 Scala、Java、Python 和 R 等编程语言中的功能性 API 来提供 RDD 接口，用户通过对自己的数据申请转换操作（如 map、filter 和 group By 等）来创建 RDD。

数据源进入 Spark 以后就会自动生成一个 DAG，它规定了各 RDD 之间的依存关系；再根据 DAG 的分析结果，Spark 将一个作业分成多个 Stage；然后 Stage 确定后会报告给对应的 TaskScheduler，由后者负责将这些任务分发到集群的各个节点 Executoro 在 Spark 中，多个 DAG 可以并行运行，从而避免 Map Reduce 的同步问题。

Spark 用于 Hadoop 数据的快速通用计算引擎。Spark 提供了一种简单而富有表现力的编程模型，支持广泛的应用程序，包括 ETL、机器学习、流处理和图形计算。

（二）Storm

据其官方介绍，Apache Stom 是一个免费的开源分布式实时计算系统。Storm 可以轻松可靠地处理无限数据流，实时处理 Hadoop 为批处理所做的工作。Storm 很简单，可以与任何编程语言一起使用。

Storm 有许多用例包括实时分析、在线机器学习、连续计算、分布式 RPC、ETL 等。Storm 速度也很快，一个基准测试表明每个节点每秒可处理超过一百万个元组。它具有可扩展性和容错性，可确保用户的数据得到及时处理，并且易于设置和操作。

Storm 集成了用户已经使用的排队和数据库技术。Storm 拓扑支持数据流并以任意复杂的方式处理这些流，并且可以在计算的每个阶段之间重新划分流。

（三）Spark Streaming

据其官方介绍，Spark Streaming 是 ApacheSpark 的一部分。因此，每个 Spark 版本都会对其进行测试和更新。Spark Streaming 将 Apache Spark 的语言集成 API 引入流处理，使用户可以像编写批处理作业一样编写流式作业，并且支持 Java、Scala 和 Python。Spark Streaming 将流式传输与批量和交互式查询相结合，允许用户重复使用相同的代码进行批处理，将流加入历史数据，或者在流状态下运行即时查询。可以构建强大的交互式应用程序，而不只是分析。Spark Streaming 可以从 HDFS、Flumes Kafka、Twitter 和 Zero MQ 读取数据，另外用户还可以自定义数据源。

（四）Flink

据其官方介绍，Apache Flink 是一个框架和分布式处理引擎，用于对无界和有界数据流进行状态计算。Flink 被设计为可在所有常见的集群环境中运行，并以内存速度和任何规模执行计算。

任何类型的数据都是作为事件流产生的。信用卡交易、传感器测量、机器日志、网站或移动应用程序上的用户交互，所有这些数据都作为流生成。

数据可以作为无界或有界流处理。无界流有一个开始但没有确定的结束，不会在生成时终止并提供数据。实际应用时，必须连续处理无界流，即必须在摄取事件后立即处理该事件。无法等待所有输入数据到达，因为输入是无界的，并且在任何时间点都不会完成。处理无界数据通常要求以特定顺序提取事件，例如事件发生的顺序，以便能够推断结果的完整性。

有界流具有确定的开始和结束。可以在执行任何计算之前通过提取所有数据来处理有界流。处理有界流不需要有序提取，因为可以始终对有界数据集进行排序。有界流的处理也称为批处理。

Apache Flink 擅长处理无界和有界数据集。精确控制时间和状态使 Flink 的运行时能够在无界流上运行任何类型的应用程序。有界流由算法和数据结构内部处理，这些算法和数据结构专门针对固定大小的数据集而设计，从而产生出色的性能。

Apache Flink 是一个分布式系统，需要计算资源才能执行应用程序。Flink 与所有常见的集群资源管理器（如 Hadoop YARN、Apache Mesos 和 Kubemetes）集成，但也可以设置为作为独立集群运行。Flink 可以很好地运作这些集群资源管理器。这是通过特定于资源管理器的部署模式实现的，这些模式允许 Flink 以其惯用方式与每个资源管理器进行交互。

部署 Flink 应用程序时，Flink 会根据应用程序配置的并行性自动识别所需资源，并且可以以任何规模运行应用程序。

其他类似产品还有 Kinesis、Trident、Samza、HaLoop 等。

七、查询引擎

查询引擎，包括 Hive、Impala、Pig、Spark SQL、Presto、Lucene、Tez 等。

（一）Hive

据其官网介绍，ApacheHive 数据仓库软件有助于使用 SQL 读取、编写和管理驻留在分布式存储中的大型数据集。它可以将结构投影到已存储的数据中，并提供命令行工具和 JDBC 驱动程序以将用户连接到 Hive。

Hive 是一个构建在 Hadoop 上的数据仓库框架。Hive 的设计目标是让精通 SQL 技能但 Java 编程技能相对较弱的用户能对存放在 Hadoop 上的大规模数据执行查询。

Hive 的查询语言 HiveQL 是基于 SQL 的，任何熟悉 SQL 的人都可以轻松使 fflHiveSQL 写查询。和 RDBMS 相同，Hive 要求所有数据必须存储在表中，而表必须有模式（Schema），且模式由 Hive 进行管理。

（二）Impala

据其官网介绍，ApacheImpala 是 Apache Hadoop 的一个升源的、原生的分析数据库。Impala 为 Hadoop 上的 BI 分析查询提供低延迟和高并发性（不是由 ApacheHive 等批处理框架提供）。即使在多租户环境中，Impala 也可以线性扩展。

利用与 Hadoop 部署相同的文件和数据格式以及元数据，实现安全性和资源管理框架——无冗余基础架构或数据转换/复制。对于 ApacheHive 用户，Impala 使用相同的元数据和 ODBC 驱动程序。与 Hive 一样，Impala 支持 SQ。

（三）Pig

据其官网介绍，ApachePig 是一个分析大型数据集的平台，它包含用于表述数据分析程序的高级语言，以及用于评估这些程序的基础结构。Pig 程序的显著特性是其结构适合于大量的并行化，能够处理非常大的数据集。

目前，Pig 的基础设施层由一个编译器组成，该编译器生成 Map-Reduce 程序序列，已经在大规模并行中实现。Pig 的语言层目前由一个名为 Pig 的文本语言组成，它具有以下关键属性：

（1）易于编程。实现简单，"令人尴尬的并行"数据分析任务的并行执行对 Pig 来说很容易实现。由多个相互关联的数据转换组成的复杂任务被明确。

（2）优化机会。任务编码的方式允许系统自动优化其执行，允许用户专注于语义而不是效率。

（3）可扩展性。用户可以创建自己的功能来进行专用处理。

目前 Pig 有 6 种执行模式，分别是本地模式、Tez 本地模式（实验性的）、Spark 本地模式（实验性的）、MapReduce 模式、Tez 模式、Spark 模式。

（四）Spark SQL

据其官网介绍，Spark SQL 是 Apache Spark 用于处理结构化数据的模块。将 SQL 查询与 Spark 程序实现无缝融合。

Spark SQL 允许使用 SQL 或熟悉的 Data Frame API 在 Spark 程序中查询结构化数据。

可用于 Java、Scala、Python。

通过 JDBC 或 ODBC，以相同的方式连接到任何数据源；从而实现统一数据访问。DataFrames 和 SQL 提供了访问各种数据源的常用方法，包括 Hive、Avro、Parquet.ORC、JSON 和 JDBC，甚至可以跨这些来源来添加数据。

（五）Presto

据其官网介绍，Face Book 的 Presto 是一个开源的分布式 SQL 查询引擎，用于针对各种大小的数据源运行交互式分析查询。

Presto 允许查询它所在的数据，包括 Hive、Cassandra、关系数据库甚至专有数据存储。单个 Prest。查询可以组合来自多个来源的数据，从而允许整个组织进行分析。

查询速度快是 Presto 的一个重要特点，其针对的是那些期望响应时间从亚秒级到分钟级不等的用户。Presto 打破了使用昂贵的商业解决方案进行快速分析或使用需要过多硬件的慢速"免费"解决方案之间的错误选择。

（六）Lucene

据其官网介绍，Apache Lucene 项目开发的开源搜索软件包括：Lucene Core 子项目，提供基于 Java 的索引和搜索技术，并具有拼写检查、命中突出显示和高级分析/标记化功能。Solr 是一个使用 Lucene Core 构建的高性能搜索服务器，具有 XMUHTTP 和 JSON/Python/RubyAPI、突出显示、分面搜索、缓存、复制和 Web 管理界面等功能。PyLucene 是 Core 项目的 Python 端口。

（七）Tez

Tez 是 Apache 支持 DAG 作业的开源计算框架，它可以将多个有依赖的作业转换为一个作业，从而大幅提升 DAG 作业的性能。Tez 并不直接面向最终用户，事实上它允许开发者为最终用户构建性能更快、扩展性更好的应用程序。Hadoop 传统上是一个大量数据批处理平台。但是，有很多用例需要近乎实时的查询处理性能。还有一些工作则不太适合 Map Reduce，例如机器学习。Tez 的目的就是帮助 Hadoop 处理这些用例场景。

Tez 项目的目标是支持高度定制化，这样它就能够满足各种用例的需要，让人们不必借助其他的外部方式就能完成自己的工作。

Tez 是基于 Hadoop YARN 构建的通用数据流编程框架，它提供了一个功能强大且灵活的引擎，可以执行任意 DAG 任务来处理批量和交互式用例的数据。Fez 正在被 Hadoop 生态系统中的 Hive、Pig 和其他框架以及其他商业软件（例如 ETL 工具）采用，以取代 Hadoop Map Reduce 作为底层执行引擎。

其他类似的产品还有 Kylin、Druid、Drill、Phoenix、Stinger、Tajo、Elasticsearch 等。

八、分布式资源调度

（一）Mesos

据其官网介绍，Apache Mesos 将 CPU、内存、存储和其他计算资源从机器（物理或虚拟）中抽象出来，使容错和弹性分布式系统能够轻松构建并有效运行。

Mesos 使用与 Linux 内核相同的原理构建，只是构建在不同的抽象层次上。Mesos 内核在每台机器上运行，并为 API 提供应用程序（例如 Hadoop、Spark、Kafka、Elasticsearch），用于整个数据中心和云环境的资源管理和调度。

Mesos 可在 LinuxsOSX 和 Windows 上运行，可以将整个数据中心的资源（包括 CPU、内存、存储、网络等）进行抽象和调度，使得多个应用同时运行在集群中分享资源，并无须关心资源的物理分布情况。如果把数据中心中的集群资源看做一台服务器，那么 Mesos 要做的事情，其实就是今天操作系统内核的职责：抽象资源+调度任务。

（二）ZooKeeper

据其官网介绍，Apache Zoo Keeper 致力于开发和维护开源服务器，实现高度可靠的分布式协调。Zoo Keeper 是一种集中式服务，用于维护配置信息、命名、提供分布式同步和组服务。所有这些类型的服务都以分布式应用程序的某种形式使用。

分布式应用程序可以基于 Zoo Keeper 实现诸如数据发布/订阅、负载均衡、命名服务、分布式协调/通知、集群管理、Master 选举、配置维护、分布式同步、分布式锁和分布式队列等功能啊。

ZooKeeper 集群包括三种角色：Leader、Follower、ObserveroLeader 由除 Observer 外的所有节点选举产生，既可以为客户端提供写服务又能提供读服务。Follower 和 Observer 都只能提供读服务 Follower 和 Observer 唯一的区别在于 Observer 机器不参与 Leader 的选举过程，也不参与写操作的"过半写成功"策略，因此 Observer 机器可以在不影响写性能的情况下提升集群的读性能。

（三）Ambari

据其官网介绍，ApaeheAmbari 项目旨在通过开发用于配置、管理和监控 ApacheHadoop 集群的软件，来简化 Hadoop 的管理。Ambari 是一款基于 Web 的工具，用于配置、管理和监控 ApacheHadoop 集群，包括对 Hadoop HDFS、HadoopMap Reduce、Hive、HCatalog、HBase、Zoo Keeper、Oozies Pig 和 Sqoop 的支持。Ambari 还提供了一个用于查看群集运行状况的仪表板，例如热图，以可视化直观地查看 MapReduce、Pig 和 Hive 应用的程序，以及以用户友好的方式诊断它们的性能特征。

（四）Kubemetes

据其官网介绍，Kubemetes 是一个可移植、可扩展的开源平台，用于管理容器化工作负载和服务，有助于声明性配置和自动化。它拥有庞大、快速发展的生态系统。Kubemetes 的服务、支持和工具被广泛使用。

谷歌在 2014 年开放 Kubemetes 项目，Kubemetes 建立在谷歌拥有大量运行生产工作量的十五年经验的基础上，结合了社区中的最佳创意和实践。

Kubemetes 有许多功能，可以被认为包括：一个容器平台、一个微服务平台、便携式云平台等。

Kubemetes 提供以容器为中心的管理环境，可以协调计算、网络和存储基础架构，提供了平台即服务（PaaS）的大部分简单性，并具有基础架构即服务（IaaS）的灵活性，并支持跨基础架构提供商的移植。

Kubemetes 还可以作为构建组件和工具生态系统的平台，以便更轻松地部署、扩展和管理应用程序。用户可以使用自己的 API 编写自己的控制器（例如调度程序），这些 API 可以通过通用命令行工具进行定位，使得许多其他系统能够在 Kubemetes 上面构建。

其他类似产品还有 Azkaban.Thrift 等。

九、机器学习平台

（一）Tensor Flow

据其官方介绍，谷歌的 Tensor Flow 是一个用于机器学习的端到端开源平台。它拥有全面并且灵活的工具、库和社区资源生态系统，可让研究人员使用机器学习的最新技术，开发人员可轻松构建和部署机器学习驱动的应用程序。

Tensor Flow 提供多个抽象级别，用户可以根据自己的需要选择合适的抽象级别。用户可以使用高级 KerasAPI 构建和训练模型，这使得 Tensor Flow 较易入门。

无论使用何种语言或平台，无论是在服务器、边缘设备还是 Web 上，Tensor Flow 都可以轻松地训练和部署模型。Tensor Flow Extended（TFX）提供完整的机器学习管道，Tensor FlowLite 可在移动和边缘设备上运行，Tensor Flow.js 在 JavaScript 环境中训练和部署模型。

Tensor Flow 可在不牺牲速度或性能的情况下，构建出最先进的模型。Tensor Flow 通过 Keras Functional API 和 Model Subclassing API 等功能为用户提供灵活性和控制，以创建复杂的拓扑。

（二）Mahout

据其官方介绍，Apache Mahoul 是一个分布式线性代数框架和数学表达的 Scala DSL（Domain Specific Language，领域特定语言），旨在让数学家、统计学家和数据科学家在此平台上可以快速实现自己的算法。具有数学上富有表现力的 Scala DSL、支持多个分布式后端（包括 Apache Spark）、用于 CPU/GPU/CUDA 加速的模块化求解器等特点。

Scala 是一种通用编程语言，旨在以简洁、优雅和类型安全的方式表达常见的编程模式，与 Java 平台可以完美集成 Scala DSL 实现基于 Java 的 DSL 构建，但它增加了 Scala 语法的便捷，从而使构建路径更加方便。

Mahout 也可提供一些可扩展的机器学习领域经典算法的实现，旨在帮助开发人员更加方便快捷地创建智能应用程序。

Mahout 集成了很多算法，包括聚类、分类、推荐过滤、频繁子项挖掘。通过使用 Apache Hadoop 库，Mahout 可以有效地扩展到 Hadoop 集群。其他的类似产品还有 MLib、Theano、Keras、DSSTNE、Lasagne、Torch、Mxnet、Ricardo、DL4J、CognitiveToolkit、Caffe、Hivemall 等。

十、其他相关技术

其他相关技术方面主要介绍 Lumify、Etherenum 和 HyperLedger。

（一）Lumify

据其官网介绍，Altamira 的 Lumify 是一个功能强大的大数据融合、分析和可视化平台，支持可操作智能的开发。用户通过一系列分析选项发现复杂的连接并探索其数据中的各种关系，包括图形可视化、全文分面搜索、动态直方图、交互式地理空间视图以及实时共享的协作工作空间。Lumify 以基于云的架构为设计理念，在亚马逊的 AWS 环境中开箱即用，可在大多数内部署的云环境中运行。

查询的运行速度与底层数据库可以支持的速度一样快，允许用户利用现有的数据基础架构进行数据提取、流式传输、复杂查询等。

Lumify 位于标准数据平台之上，适合分析生态系统。数据存储是非专有的，Lumify

可与用户现有的数据配合使用，以实现跨分析工具和系统的共享。

Lumify 的基础架构允许用户附加新的分析工具。Lumify 提供了一个定义良好的 API，允许用户将分析输入和输出映射到 Lumify 中的对象类型。

基于浏览器的访问。无须在个人工作站上安装 Lumify，Lumify 可在服务器上运行。在拥有浏览器的任何地方访问 Lumify 的功能完整版本。

（二）Etherenum

作为区块链技术的一种，据其官网介绍，以太坊 Ethereum 是一个分散的平台，其运行的智能合约是完全按照程序运行的应用程序，没有任何停机、审查、欺诈或第三方干扰的可能性。这些应用程序运行在定制的区块链上，这是一个非常强大的共享全局基础架构。

在传统的服务器体系结构中，每个应用程序都必须建立自己的服务器，在孤立的孤岛中运行自己的代码，从而使数据共享变得困难，如果单个应用受到威胁或脱机，许多用户和其他应用都会受到影响。

在区块链中，任何人都可以设置一个节点，复制所有节点的必要数据以达成协议，并由用户和应用程序开发人员进行补偿。并且允许用户数据保持私有，并且应用程序可以像互联网一样分散。

（三）Hyper Ledger

据其官网介绍，超级账本 Hyper Ledger 也是一种区块链技术，本身是一项开源协作工作，旨在推动跨行业的区块链技术。这是由 Linux 基金会主办的全球合作项目，包括金融、银行、物联网、供应链、制造和技术领域的领导者参与。

Hyper ledger 区块链是一种通过共识形成的点对点分布式账本，与"智能合约"和其他辅助技术系统相结合。可以用于构建新一代的事务性应用程序，在其核心建立信任，问责制和透明度，同时简化业务流程和法律约束。

第四节 大数据技术在图书馆的应用

在大数据时代，大数据获取、大数据存储和分析、大数据思维可以被看作是大数据的生态系统的重要组成要素，也是图书馆目前面临的三大挑战[四]。

但从潜在的机会看，数据量的增加为图书馆提供了精确把握用户群体和个体网络行为模式的基础，如果能够充分利用，就可以探索个性化、精确化和智能化地进行推送和服务，帮助用户从海量的信息中迅速找到所需要的信息，准确地发现读者的需求以提供最贴心的个性化知识服务，快速弥补图书馆现有服务中的不足，不断提升图书馆的核心竞争力[四]。

图书馆的大数据，既包含了结构化数据、半结构化数据，同时也含有非结构化数据。在图书馆利用大数据时，一般情况下，首先要对图书馆的结构化数据、半结构化数据和非结构化数据进行采集，然后利用 Hadoop 技术、云计算、关系型数据库等技术对数据进行存储；其次对数据进行清洗、加工、组织、备份等处理；最后利用知识发现、专家系统、数据挖掘等技术对智慧图书馆的数据进行分析、批处理，挖掘数据潜在的价值，了解读者用户的阅读行为及需求，以便为馆员用户和读者用户提供相应的智慧管理和个性化服务等。

从现有的研究现状来看，目前大数据技术在图书馆的应用研究和实践涉及图书馆的各个方面，为了论述的方便，本节把研究成果分为综合应用、管理和决策、服务创新、个性化推荐等几个方面。其中的个性化推荐本来也算服务创新的类别，但由于这方面研究成果较多，所以单独列为一类。

一、综合应用

这里的综合应用是指一篇文献涉及对图书馆整体的或几个方面的综合研究或应用。

云计算开源框架Hadoop进行了比较深入的研究，设计了基于云计算Hadoop环境下的数字图书馆体系的结构框架，并对数字图书馆中的一些功能进行了设计实现。

大数据环境下高校图书馆服务面临的海量数据分布式存储、多样化数据源分布式管理以及简易灵活的大数据服务应用问题，提出一种基于Hadoop的高校图书馆大数据整体技术框架，构建高校图书馆海量数据分布式存储管理、多样化数据源分布式管理和多样化服务管理。

针对互联网时代图书馆的海量业务、文献和用户数据，利用Spark技术框架有效解决图书馆大数据挖掘处理下读者更复杂的多重处理需求和低延迟的交互式查询需求问题。根据智慧图书馆建设发展的相关理念及功能性需求，建立了基于Spark大数据处理技术的图书馆智慧服务框架，对比Hadoop Map Reduce框架法，提出和介绍基于Spark大数据处理技术的图书馆智慧服务流程和应用实践情况。

读者兴趣分析和导向模型。一是将大数据技术与C#语言数据分析技术应用于读者兴趣分析与导向分析工作中，为解决大数据存储与运算的高成本问题，选择成本较低的Microsoft Azurez作为服务器群，用来构建数据平台；二是利用NoSQL分布式数据库和HBase数据库对图书馆读者借阅检索日志（图书电子资源访问来源）进行分析，实现对图书馆电子资源的使用信息进行监控和优化；三是通过对读者的文献借阅的历史数据进行挖掘，构建文献推荐模型框架；四是将文献推荐模型框架生成的图书推荐列表进行转化，最终为采编部生成采购清单。

二、管理与决策

通过对图书馆业务流程再造。改变传统的基于"文献采购为起点，读者借阅为终点"的图书馆工作流程，建立了以读者为起点的，大数据分析决策为核心，读者服务为终点的图书馆工作流程，并将大数据分析决策的结果应用到图书馆全盘工作中去。具体应用包括图书馆大数据的信息获取、图书馆大数据的信息存储、图书馆大数据的信息分析、图书馆大数据决策支持系统（包括管理策划、参考咨询、资源建设、采购评估、阅读推广、读者教育、舆论监督）等几个方面。

一种基于Hadoop的图书馆非结构化大数据分析与决策系统。该系统能够快速分析图书馆中的海量非结构化数据，通过处理海量非结构化数据发现其中隐藏的价值，并从非结构大数据中挖掘知识，可为图书馆决策和读者服务提供支持。

基于Hadoop的高校图书馆数字资源大数据分析系统。该系统可以多维度、多层次的进行数据分析，发现数据之间的潜在关系，深度挖掘数据价值，通过资源聚类与标签，可以合理配置热点数字资源。

基于 Hadoop 的分布式文件系统 HDFS，用来管理数据量庞大的图书基本信息和书籍评论信息。同时，构建 Hadoop 集群环境，并设计、实现了分布式存储图书信息和评论信息的功能。

解决图书馆传统关系型数据库在海量数据存储和访问效率中存在的瓶颈问题，提出了一种基于 Hadoop 的图书馆复合大数据存储系统。该系统能够满足图书馆大数据存储需求，提高大数据存储效率，可高效保障图书馆大数据决策的需求。

图书馆的移动用户行为分析模型进行了研究。根据图书馆需求拟定出符合业务发展的数据模型，然后根据该数据模型的表示方式从 My SQL、Mongo DB 中的业务数据和 Elastic.search 中的用户行为、日志数据中提取数据进行筛选，通过 ETL 过程编写 Python 脚本完成分析功能，由 Air-flow 负责任务处理和存储，最后将形成的数据存入 MySQL 中，建立能应用于深度分析、供数据应用层使用的多维数据模型。从时间维度、用户维度、部门维度、资源维度、行为维度、入口渠道 6 个维度进行数据仓库层面的建模，从用户行为序列预测与用户兴趣引导两步实现数据应用。

研究了一种采用 Web 日志工具 LogStash 和 Elasticsearch 设计实现的高校图书电子资源访问日志的实时采集和快速查询分析方法；给出了日志采集的大数据工具的选择、索引的建立方法，以及日志分析的处理流程，文中采用 KibanaT.具实现日志可视化分析。

图书馆海量文献资源为基础，结合以 Spark 为代表的内存计算框架特点，阐述其在提供文献大数据服务方面的独特优势，提出以文献资源聚合模式和 Spark 技术为支撑的图书馆文献服务方案，设计应用案例并分析实验结果。

《全国报刊索引》的自动分类问题作为实验对象，利用两台图形工作站，建立了 TensorFlow 深度学习模型，通过设定参数和阈值、系统调优等工作，实践了应用 TensorFlow 的完整过程，论证了其可行性。实验通过对 170 万余条题录数据进行训练和测试，克服了报刊索引数据过于简单与中国图书馆分类法的类目过于细致之间的矛盾。

为了给功能性阅读应用加入更多的个性化设计与辅助性应用，将 Redis 缓存与传统数据库相结合，以此来提高资源的查询效率，将用户的阅读历史以知识图谱的形式记录下来，既可以展示用户的成长记录，又能将用户的知识结构进行梳理。

三、服务创新

通过对图书馆文献数据和用户数据的资源整合、信息挖掘，提出构建一种基于大数据的图书馆移动信息服务平台，同时提出大数据移动检索、个性化推荐、情景感知等创新性的移动信息服务，以提高数字图书馆服务水平。

为了提升图书馆在大数据下的特色数字资源服务质量，探讨了一种更科学有效的云服务模式。采用 Hadoop 平台，结合实例探讨了 HDFS 构建需求与可行性，并提出 HDFS 关键技术应用于特色数字资源云服务的具体方案。

提到的图书馆智慧墙系统，是以大数据技术为依托，采集图书馆设备数据、空间数据、环境数据和第三方业务数据后开展数据整合与数据挖掘，并在大屏幕液晶拼接屏上进行直观展示，实现信息统一发布及管理。

一个基于 Hadoop 的分布式文件系统 HDFS、分布式计算模型 MapReduce 和分布式数据仓库 Hive 相结合的图书馆信息检索平台，并在大规模数据检索方面进行了实验。

通过 Hadoop 云计算搭建图书馆数字资源，实现 Hadoop 平台下数字资源的检索实例。

四、个性化推荐

个性化推荐的研究成果比较多，按所含关键词 Mahout、K-Means 或 Apriori、MapReduce 分别论述，不含这三个或组关键词的归其他类别。

（一）含关键词 Mahout

使用 Hadoop 计算平台，以 K-Means 算法为例，分析其在 Mahout 中的并行化策略。通过对读者的借阅数据进行分析研究，应用数据挖掘技术逐步建立应用模型，有效地将数据挖掘技术与图书馆个性化服务紧密地结合在一起。

从搭建 Hadoop 分布式平台和运用 Mahout 的 Map Reduce 实现算法入手，针对读者借阅记录的分类号进行频数统计和借阅时间统计，依据借阅次数和借阅时间获得偏好值，使用 Mahout 基于图书的推荐器，测试伪分布式单节点模式和完全分布式 Map Reduce 计算框架下的推荐效果。

通过搭建 Hadoop 分布式平台，采用 Mahout 框架构建客户端图书推荐处理中心，并利用数据迁移工具 Sqoop 作为 HDFS 与 MySQL 的桥梁，将推荐结果迁移到 MySQL 数据库。存储在 MySQL 数据库中的推荐数据可以通过 Web 推荐引擎展示在 Web 页面。Web 端的推荐引擎是通过 Maven 进行构建的。

以 Tomcat 作为 Web 容器，采用 SSH 框架，实现了基于 Hadoop 和 Mahout 的个性化图书推荐系统。

Hadoop 开源分布式计算框架和 Mahout 协同过滤推荐引擎技术构建图书推荐引擎系统，并利用云模型和 Pearson 系数对传统协同过滤推荐算法进行改进，改善传统单机推荐算法在高维稀疏矩阵上进行运算所导致的系统性能不佳及推荐结果不准确的问题。

基于 Mahout 的图书推荐系统的设计与实现。该系统主要使用 Taste 引擎来构建用户偏好，使用基于项目的协同过滤算法计算物品和物品之间的相似度，向目标用户进行推荐。

（二）含关键词 K-Means 或 Apriori

通过 Hadoop 平台，利用图书流通数据，对学生和图书的信息收集整理并规范化为聚类数据，通过对借阅次数和读者类别的不同形式的 K-Means 聚类，发现学生在图书借阅上的不同倾向和很多有价值的信息。

在云平台上搭建 Spark 集群，以 HDFS 为存储系统，Spark 为计算平台，对图书推荐技术进行了研究。针对数据缺失和数据形式问题，对原始数据进行了预处理，构建了"用户-图书"评分矩阵。为解决数据稀疏性问题，采用了 ALS 矩阵分解的协同过滤算法，然后将 K-Means 聚类算法融入 ALS 矩阵分解算法中以解决用户冷启动问题，并针对 K-Means 算法属性权重和初始值问题，利用加权欧式距离和最大最小值算法对其进行了优化。最后在 Spark 上实现算法，并设计实验进行验证，针对不同的用户实现了个性化图书推荐。

利用 MapReduce 框架分块处理，结合关联分析 Apriori 算法，将数据挖掘技术应用到图书管理系统中。针对传统的 Apriori 算法，提出基于内存计算、弹性分布式数据集处理的 Spark 平台为读者推荐书籍。

基于 Hadoop 平台的 Apriori 优化算法。首先在分布式 Hadoop 框架的基础上，采用 DAG 图对 Hadoop 平台下的并行 MapReduce 实施步骤进行分析；然后对传统关联规则 Apriori 算法进行 MapReduce 优化，减少数据库连接的次数，同时尽量生成更少的无用候选项目集，从而缩短任务处理时间。最终实现为借阅者推荐最适合的书籍。

针对挖掘图书借阅记录中蕴含价值的问题，以图书分类号作为图书特征，给出了结合 Apriori 的频繁项集挖掘算法。针对海量图书借阅记录难以处理的问题，将频繁项集挖掘算法融入 Hadoop 大数据平台，设计了基于 Hadoop 的频繁项集挖掘算法，有效解决了数据存储和并行处理的问题。实验结果表明，部分图书之间的关联程度高。

（三）含关键词 MapReduce

以高校馆的借阅记录为研究对象，选择基于协同过滤的推荐算法进行个性化推荐，并使用图书类别代替图书来构成用户评分矩阵，用 Eclipse 实现了计算读者相似度的算法 MapRduce 化，并在 Hadoop 平台下进行并行化实验分析，在云平台下算法的可扩展性得到了有效的提高。

利用基于大数据的数据挖掘预处理技术，将图书馆用户细分为新用户和一般用户，然后利用数据挖掘与 MaReduce 技术，提出大数据下的图书馆个性化推荐方法和策略。针对图书馆个人信息较少的新用户，提出基于用户模式聚类与 MaReduce 的图书馆个性化推荐方法；针对图书馆的主要用户——一般用户，提出基于关联规则挖掘与 MaReduce 的图书馆个性化推荐方法。

利用优势矩阵法对目前主流的推荐算法赋予不同的权重作为混合推荐策略进行分析与研究；通过对分布式计算框架 MapReduce 的研究，以及采用的推荐算法在 Hadoop 框架下进行了并行化实现。最终在对混合推荐策略与 Hadoop 并行计算框架研究的基础上，设计并实现了基于 Hadoop 的高校图书馆图书推荐系统。

（四）其他

在大数据 Hadoop 数据处理平台上，采用协同过滤的推荐算法，按照用户的兴趣来推荐最近邻居和按照用户偏好项目的相似来推荐项目，经过对其相似度、性能优化等进行对比，提出项目和用户的加权优化、项目聚类和用户局部相似性、局部最近邻和全局最近邻的融合等协同过滤改进算法，从而达到平台的智慧推荐，满足用户的需要。

一种以文献"混合关联"为主要内容的高校图书馆文献推荐方案及实现算法，并应用 Spark 内存计算技术设计实证案例，最后对实证结果进行讨论并与同类算法比较。表明该方案能有效满足用户需求，提高文献推荐性能和效率。

在 Hadoop 平台上构建高校移动图书馆个性化信息服务系统，从用户的信息行为角度出发，利用大数据技术获取用户信息需求并以此作为系统个性化推荐功能的输入.能较好地提升高校移动图书馆个性化信息服务的质量。

以一所高校的文、史、法及心理学院读者的借阅记录为样本数据，采用大数据处理软件 Weka 进行数据离散化转换，并加载分析，根据频繁项集合算法的挖掘关联规则，预测相关书籍的借阅概率，生成推荐书目，向读者进行个性化推荐。

第八章 数据挖掘技术及应用

图书馆目前所提供的服务模式主要是"借、阅、还"以及"信息咨询"等,但随着信息需求的个性化、信息获取方式的多元化发展,图书馆需要借助网络智能技术来拓展自身的服务范围,提高图书馆信息利用的效率,能够深层次挖掘读者的真实需求,为每位读者提供个性化服务。

为了给读者提供个性化的服务,图书馆首先要对读者有更多的了解,除了对读者的年龄、性别、专业和借阅信息等显式信息了解以外,还要尝试了解读者对图书馆的一些隐性需求。而这些隐性需求埋没在读者的借阅记录、访问图书馆网站及应用系统的日志等数据中。通过数据挖掘技术可以从这些海量数据中提取出读者的特征分类、需求偏好、借阅行为等知识或规律。图书馆一方面可把这些知识和规律作为提供服务的依据,另外还可以把这些知识和规律用于馆藏优化、采访管理、图书推荐等管理方面。

数据挖掘从起源至今获得了极大的发展,被应用于各行各业。数据挖掘源于从数据库中发现知识。知识发现过程由以下步骤组成:数据清理,数据集成,数据选择,数据变换,数据挖掘,模式评估,知识表示。

数据挖掘可以与用户或知识库交互。数据挖掘是在庞大数据集当中发现模式,将它转换成有效的信息的过程。该技术利用特定的算法、统计分析、人工智能和数据库系统,从庞大数据集中提取信息,并借助于数据库系统所提供的有效存储、索引和查询处理支持,以及高性能并行计算、分布式数据处理、可视化等技术,转换成易于理解的形式。

由此可见,数据挖掘需要一定数量的数据作为支撑,而对图书馆来说,图书馆层面的共享数据中心可作为数据挖掘的支撑平台。共享数据中心把所有所需的数据进行了集成,并统一的提供共享服务,可为图书馆开展数据挖掘业务提供基础数据。

总之,图书馆运用数据挖掘技术不仅可以对图书馆应用系统的数据和日志数据进行挖掘,而且还可对图书馆的信息系统本身进行数据挖掘,从中发现有价值的知识和读者个性化的需求,从而为管理和决策提供服务,为不同读者主动提供满足其需求的个性化服务,已成为图书馆发展的重要趋势之一。尤其在智慧图书馆阶段,显得尤为重要。

第一节 数据挖掘概述

一、数据分析几个层次

关于数据挖掘和数据分析,以及数据统计等概念。在理解方面,它们的内涵或外延是有交叉的。

（一）数据分析

数据分析是一个大的概念，理论上任何对数据进行计算、处理从而得出一些有意义结论的过程，都叫数据分析。从数据本身的复杂程度，以及对数据进行处理的复杂度和深度来看，可以把数据分析分为以下 4 个层次：数据统计、联机分析处理、数据挖掘、大数据。

（二）数据统计

数据统计是最基本、最传统的数据分析，是指通过统计学方法对数据进行排序、筛选、运算、统计等处理，从而得出一些有意义的结论。比如常用的一些统计算法有：平均数、中位数、四分位数、标准差、方差等。数据分析应用于数据库系统时，一般都是传统的查询和报表工具，它会告诉用户数据库中有什么。

（三）联机分析处理

联机分析处理（On-LineAnalyticalProcessing，OLAP）的概念最早是由关系数据库之父 E.F.Codd 于 1993 年提出的。当时，CMd 认为当时使用的联机事务处理（On-LineTransactionProcessing，OLTP）已不能满足终端用户对数据库查询分析的需要，SQL 对大数据库进行的简单查询也不能满足用户分析的需求。用户的决策分析需要对关系数据库进行大量计算才能得到结果，Codd 提出了多维数据库和多维分析的概念，即 OLAP。

OLTP 是传统的关系型数据库的主要应用，主要是基本的、日常的事务处理，例如银行交易。OLAP 也是数据仓库系统的主要应用，支持复杂的分析操作，侧重决策支持，并且提供直观易懂的查询结果。

OLTP 系统强调数据库内存效率，强调内存各种指标的命令率，强调绑定变量，强调并发操作；OLAP 系统则强调数据分析，强调 SQL 执行市场，强调磁盘 I/O，强调分区等。

OLAP 可以实现基于数据仓库的在线多维统计分析。它允许用户在线地从多个维度观察某个度量值，从而为决策提供支持。OLAP 更进一步告诉你下一步会怎么样，如果用户采取这样的措施又会怎么样（Whatif）。

（四）数据挖掘

数据挖掘是从大量的、不完全的、有噪声的、模糊的、随机的数据集中识别出未知的、隐藏的、有效的、新颖的、潜在有用的知识或规则，最终以可理解的方式提供给用户。可以通过关联分析、聚类分析、时序分析等各种算法发现一些无法通过观察图表得出的深层次原因，并为此采取有针对性的管理措施。它是一门涉及面很广的交叉学科，包括机器学习、数理统计、神经网络、数据库、模式识别、粗糙集、模糊数学等相关技术。

（五）大数据

大数据是指用现有的计算机软硬件设施难以采集、存储、管理、分析和使用的超大规模的数据集。大数据具有规模大、种类杂、快速化、价值密度低等特点（4V 特性）。大数据的"大"是一个相对概念，没有具体标准，如果一定要给一个标准，那么 10～100TB 通常称为大数据的门槛。

从数据分析的角度来看，目前绝大多数高校图书馆或公共图书馆的数据应用产品还处在数据统计和报表分析的阶段，能够实现有效的 OLAP 分析与数据挖掘的还不是很多，而能够达到大数据应用阶段的非常少，至少还没有用过有效的大数据集。而智慧图书馆阶段的一个重要体现就是图书馆大规模应用大数据技术对数据进行分析和挖掘，所以目前智慧图书馆的建设还处在初级的阶段。

二、数据挖掘解决的问题

数据挖掘可以解决分类、聚类、预测和关联四个基本的问题。

（一）分类问题

利用数据挖掘在解决分类问题时，首先对收集到的变量进行分析，找出其与目标变量的相关特征，并筛选出两者间的联系。另外解决分类问题的前提是对历史数据的收集，明确具体的分类项目、用户的分类结果。因为在分析测试数据之前，类别要事先确定，所以分类通常被称为有监督的学习。分类算法要求基于数据属性值来定义类别，一般通过已知所属类别数据的特征来描述类别。

分类就是构造一个分类函数（分类模型），把具有某些特征的数据项映射到某个给定的类别上。该过程由两步构成。

第一步，模型创建。通过对训练数据集的学习来建立分类模型。

第二步，模型使用。使用分类模型对训练数据和新的数据进行分类。

其中的训练数据集是带有类标号的，也就是说在分类之前，要划分的类别是要提前确定的。通常分类模型是以分类规则、决策树或数学表达式的形式给出 O\V。

数据挖掘的分类技术在很多领域都有应用，比如在图书馆的管理中，可以针对读者的不同喜好，甚至职业的不同等特点，将读者分为不同的类别。这样不仅可以找出不同类型读者的特征，而且可以进一步了解不同行为类别读者的分布特征。

（二）聚类问题

聚类问题不属于预测性的问题，它主要解决的是把一群对象划分成若干个组的问题。所谓"物以类聚，人以群分"，故得名聚类。聚类问题的核心是其划分的依据，经过处理后的同一类对象相似度较高，不同的对象则具有较低的相似度。由于聚类分析前没有给定划分类别，因此聚类又称为无监督的学习。

聚类的方法各种各样，常用距离、密度来度量不同对象的相似度。目前，最流行的聚类划分方法是基于对象间的距离长短来划分。距离短的聚成一类，距离长的则划为不同类。这样，类与类之间的距离较长，类内距离较短。

分类问题与聚类问题有本质的区别：分类问题是预测一个未知类别的对象属于哪个类别（相当于做单选题），而聚类问题是根据选定的指标，对一群对象进行划分（相当于做开放式的论述题），它不属于预测问题。因此在进行聚类之前，首先应确定选择哪些指标来对对象进行聚类。

聚类的输入是一组未被标记的数据，根据数据自身的距离或相似度进行划分。划分的原则是保持最大的组内相似性和最小的组间相似性，也就是说使不同聚类中的数据尽可能地不同，而同一聚类中的数据尽可能地相似(7)。比如根据读者借书数量情况，可以将读者分成不同的类，总共可以分成几类，各类包含哪些读者，每一类的特征是什么，这些分类信息对图书馆来说，可能是很重要的信息。当然，聚类除了将样本分类外，还可以完成孤立点挖掘。

孤立点与数据集中的同类其他数据在某些特征或属性方面显示出非常的不同，有时会让人怀疑这些数据是随机的、偶然的。孤立点可能是由于操作偏差或执行错误而产生的，也有可能是由于正常数据变异产生的，或者其他原因。许多数据挖掘算法试图通过各种改进来尽量减少孤立点对挖掘结果的影响，或者在挖掘过程中将其排除。然而孤立点可能隐藏着某种重要的信息，也许比一般的数据更有价值，如果只是简单地将其剔除可能会导致某个重要的隐藏信息的丢失，因此研究孤立点挖掘算法也逐步受到重视。

（三）预测问题

这里所指的预测问题是狭义的预测，不包括前文所提到的分类问题。

预测是指建立两种或者两种以上变量之间相互依赖的函数模型，然后进行预测或者控制。数据挖掘中的预测问题通过对历史数据的统计和学习得到预测模型，再利用此模型对未来的输入输出值进行预测。预测问题多采用统计学技术解决，如回归分析和时间序列分析等。回归分析的主要目的是用来研究目标变量和影响它的相关变量间的关系，和关联分析不同，它较少应用于商业中更多地应用于自然科学、医学、心理学等方面。

（四）关联问题

关联分析是在各类数据挖掘算法中比较重要的一种，关联规则与聚类算法一样，属于无监督学习方法。它在许多实际业务中都有应用，最广泛的应用便是在超市中，因此也叫作"购物篮分析"。

在图书馆的应用中，关联分析可以对读者借阅图书的种类之间的相关性进行数据挖掘，按读者借阅的时间、每个种类书籍的借阅数量等数据进行分析，挖掘其中的关联性，更好地为读者进行服务。关联分析有三个非常重要的概念，那就是"三度"，分别是支持度、置信度、提升度。

在智慧图书馆阶段的数据挖掘具有更重要的使命，数据挖掘要从现有的信息中提取数据的模式和模型，即精选出最重要的信息，以用于机器学习和人工智能的数据使用。其核心目的是找到数据变量之间的关系。其发展起来的主要原因是大数据的发展，用传统的数据分析的方式已经不能处理那么多大量的看似不相关的数据，因此需要数据挖掘技术去提取各种数据和变量之间的相互关系，从而精炼数据也。从这个层面上讲，数据挖掘本质上好像是机器学习和人工智能的基础。当然，数据挖掘会使用大量机器学习的算法，但是其特定的环境和目的与机器学习不太一样。

机器学习可以自动地从过往的经验中学习新的知识，是人工智能的重要一部分，目前，大多数的人工智能处理的任务，其实是用机器学习的方式完成的。机器学习可以用程序和算法自动地学习，只要被设计好了，这个程序可以进行自我优化。同时，机器学习需要一定数量的训练数据集，用于构建来自过往经验的知识。

人工智能是一个广泛的概念，本质是用数据和模型去为现有的问题提供解决方法，是一个与机器学习和数据挖掘相对不同的概念。人工智能的目的是让电脑具有一定的"智力"，像人一样拥有处理一定问题的能力。因此，理论上人工智能几乎包括了所有机器能做的内容，当然也包括了数据挖掘和机器学习的内容，同时还会有监视和控制进程的内容。本书第七章对人工智能及其应用进行论述。

三、数据挖掘流程

一般情况下，数据挖掘可以用于任何类型的数据，只要数据对目标应用是数据的最基本形式是数据库数据、数据仓库数据和事务数据。

数据挖掘也可以用于其他类型的数据。这些数据具有各种各样的形具有很不相同的语义。如时间相关或序列数据（如历史记录、股票时间序列和生物学序列数据）、数据流（如视频监控和传感器数据，它们连续播送）、空间数据（如地图）、工程设计数据（如建筑数据、系统部件或集成电路）、超文本和多媒体数据（包括文本、图像、视频和音频数据）、图和网状数据（如社会和信息网络）和万维网（由 Internet 提供的巨型、广泛分布的信息存储库）。这些应用带来了新的挑战，例如，如何处理具有空间结构的数据（如序列、树、图和网络）和特殊语义（如次序、图像、音频和视频的内容、连接性），以及如何挖掘具有丰富结构和语义的模式。

一个数据挖掘项目可以分为六个标准阶段，分别是需求理解、数据理解、数据准备、建立模型、模型评估和模型发布问，以下分别加以简介：

（一）需求理解阶段

绝大多数的数据挖掘工程都是针对具体领域的，因此数据挖掘前应该有一个比较明确的目标，明确的需求，明确的目的。需求理解也可以说是业务/研究理解，是确定分析目标的一个阶段。

首先要明确数据挖掘的最终业务目标，并将其转化为数据挖掘主题。其次要把业务需求的理解转化为数据挖掘的定义，拟定达成业务目标的初步方案。

（二）数据理解阶段

在明确需求的前提下，需要根据现有的数据，看能否满足需求的要求，如果不满足，还需要进一步的收集相关数据。

对数据进行抽样，在这种情况下必须理解数据的抽样过程是如何影响取样分布的，以确保评估模型环节中用于训练和检验模型的数据来自同一个分布。同时还要检测所有数据的质量，初步探测数据的意义。

最后分析数据中潜藏的信息和知识，提出拟用数据加以验证的假设。

（三）数据准备阶段

数据准备阶段包括前期数据准备和预处理数据两个阶段。

前期的数据准备阶段一般要对数据进行变换、组合，建立数据挖掘工具软件要求格式和内容的宽表。如果图书馆已经建立了图书馆层面的共享数据中心，那么这时的工作量就少很多。

预处理数据阶段可分为数据准备和数据归约两部分。其中前者包含了缺失值处理、异常值处理、归一化、平整化、时间序列加权等工作；而后者主要包含维度归约、值归约，以及案例归约等工作。

（四）建立模型阶段

建立挖掘模型是数据挖掘的核心工作。在数据挖掘之前一定要对模型进行选择。在建立模型阶段，要选择合适的建模方法，一是要根据需求，二是要根据所采用的数据挖掘工具，三是要考虑数据的实际情况。

建立模型可有多种选择和使用各种建模方法，并将模型参数进行优化。可优先选择提升度高、置信度高、简单而易于总结业务政策和建议的数据挖掘技术方法。在不同的模型之间作出选择，找到最优模型是这一阶段最重要的工作。

（五）模型评估阶段

模型评估就是要从业务角度和统计角度，对数据挖掘模型得出的结论进行评估。要求检查建模的整个过程，以确保模型没有重大错误，并检查是否遗漏重要的业务问题。当模型评估阶段结束时，应对数据挖掘结果的发布计划达成一致。

常用的评估指标一般有：准确率、精确率、召回率和 F1-Measure。

（六）模型发布阶段

模型发布又称为模型部署，建立模型本身并不是数据挖掘的目标，虽然模型使数据背后隐藏的信息和知识被挖掘出来，但数据挖掘的根本目标是将信息和知识以某种方式组织和呈现出来，并用来改善运营和提高效率。对图书馆来说，数据挖掘的目标就是为了提高管理和服务水平。图书馆门户可以集成数据挖掘的成果，根据挖掘出的内容不同定期或实时的为馆领导、馆员、读者提供其访问或使用权限内的挖掘成果信息，从而为读者更好地提供服务，加强图书馆的管理提供有效的支持。

根据图书馆的实际情况设计的数据挖掘主要包括数据确定、模型构建及结果解析三部分内容。①数据确定。首先要确定挖掘的数据对象和预期目标，随后的数据准备包括 4 个步骤，即应用数据取样、数据特征探索、数据特征分析和数据预处理，其关键是选择一组合适的数据。实际操作时，可以创建一个数据集，把大量的与目标相关的数据源数据组合起来放入这个数据集中，从中搜寻所有与需要挖掘对象相关的内、外部数据，在保证数据质量的前提下，决定数据挖掘的类型。然后将数据转化为可供挖掘的简单模式。②建立数据挖掘知识模型。③结果评价和分析。在数据挖掘过程中，要对数据挖掘的结果进行分析，还要解释其价值。一般来讲，采用的方法往往要根据挖掘的操作步骤而定，通常都要运用可视化技术。

图书馆的数据挖掘过程中，在确定数据挖掘的主题之后，首先要对这个主题进行定义，明确数据挖掘的要求和目的，然后对读者数据库中的显性数据和隐性数据进行收集提取，并对其进行概念描述归纳出需求的相关特征，通过数据分析，按照相似性和差异性形成不同的需求分类模型，把数据放入不同的分类中，通过需求分类模型与读者行为信息的结合，进行差异分析和偏差检测，排除大量不相关的数据，形成挖掘结果。之后便对挖掘结果进行评价，形成的挖掘结果有可能存在无关的数据，也有可能不满足需求，如果不符合挖掘要求和目的，整个数据挖掘过程就要退回到数据收集阶段，并重复挖掘过程，这可以用"ifnwthen"规则来进行描述，反之则达到数据挖掘要求。

第二节 数据挖掘技术

下面分别从按任务分类和按技术方法分类进行论述。

一、按任务分类的数据挖掘技术

根据数据挖掘的任务不同，可把数据挖掘分为关联分析、分类、聚类、预测、偏差分析等几个大类。针对这几项任务有相对应的数据挖掘类型，分别是关联规则法、分类分析法、聚类分析法、预测分析法、偏差分析法等。并且每个类别下面还包括不同的子类。

（一）关联规则法

关联规则就是寻找描述数据库中数据项（属性、变量）之间存在（潜在）的关联规则。利用关联规则的数据挖掘技术，可以找出大量数据之间未知的依赖关系。

关联规则数据挖掘的主要目的是找出数据集中的频繁模式，即多次重复出现的模式和并发关系，或同时出现的关系，频繁和并发关系也称作关联。

应用关联规则最经典的案例就是购物篮分析（Basket Analysis），通过分析顾客购物篮中商品之间的关联,可以挖掘顾客的购物习惯，从而帮助零售商更好地制定有针对性的营销策略。

支持度、置信度和提升度是衡量关联规则强度的三个重要指标，它们分别反映所发现规则的有用性、确定性和相关性。

（1）支持度：规则 X-Y 的支持度是指事物全集中包含 XUY 的事物百分比。支持度主要衡量规则的有用性，如果支持度太小，则说明相应规则只是偶发事件。

（2）置信度：规则 X->Y 的置信度是指既包含了 X 又包含了 Y 的事物数量占所有包含了 X 的事物数量的百分比。置信度主要衡量规则的确定性（可预测性），如果置信度太低，那么从 X 就很难可靠地推断出 Y 来，置信度太低的规则在实践应用中也没有太大用处。

（3）提升度：表示含有 X 的条件下，同时含有 Y 的概率，与不含 X 的条件下却含 Y 的概率之比。提升度反映了关联规则中的 X 重点内容与 Y 的相关性；提升度＞1 且越高，证明正相关性越高；提升度＜1 且越低，表明负相关性越高；提升度=1，表明没有相关性。

在众多的关联规则数据挖掘算法中，最著名的就是 Apriori 算法，它可以找到数据中所有的频繁项集，即支持度不小于最小支持度的项集，之后，给定的置信度找到每一个频繁项集中不小于最小可信度的关联规则。

Apriori 算法是一种最有影响的挖掘布尔关联规则频繁项集的算法网。主要思想是利用逐层搜索的迭代方法，来寻找数据库中频繁出现的项集。法的主要步骤是：第一步，产生频繁 1-项集 L，扫描数据库 D，出现在 D 中各个数据项的集合组成为 1-项候选项集 q，并统计出每个数据项出现的次数，次数大于最小支持计数（预先定义）的项的集合就是频繁 1-项集的集合 L；L 用于找频繁 2-项集的集合上，而上用于找上，如此下去，第 k 步，产生频繁 k-项集利用上一步产生的频繁（k-1）-项集 L（k-1），与自己连接产生 k-项集候选集扫描数据库事务集，计算 R 中每个成员出现的次数，将小于最小支持数的候选项删除，最后产生出频繁 k-项集。

关联规则算法不但在数值型数据集的分析中有很大用途，比如发现不同专业的学生借阅纸质图书数量的关联关系，学校各个学科的教师借阅纸质图书数量关联关系；而且在纯文本文档和网页文件分析中，也有着重要用途。

（二）分类分析法

分类是数据挖掘的一种非常重要的方法，是按照分析对象的属性、特征，建立不同的类别来描述事物。实际操作时,首先要对训练集的数据进行分析并进行归类处理,同时为每个类别作出准确的描述,或挖掘出分类规则,或建立分析模型,然后用这个分类规则或模型对其他数据对象进行归类。

分类分析法一般用规则或决策树模式对类别进行内涵描述,可分为辨别性描述和特征性描述。辨别性描述是对类与类之间的差异性属性的概括一,特征性描述是对类中对象具有的共同属性特征的概括同。

分类分析与下面要提到预测分析的相似之处在于都有一个观察或归类的参照,区别就是分类通常用于离散数据,预测中的回归预测通常用于连续数据,而神经网络方法预测则既能用于连续的数据也能用于离散的数据。

图书馆可以把该技术用于对读者进行分类分析,根据读者的借阅纸质图书的情况进行分类分析。首先对训练集确定几种标记,这里的标记是指一组具有不同特征的类别。然后为每个记录赋予一个标记,检查这些标定的记录,提炼出这些记录的特征。例如对读者行为进行分析时,提取读者一段时间内的借阅量,按借书频率来划分读者的级别,将读者分为:一般、初级、中级、高级四类。用分类分析方法检查这些记录,然后给出读者级别描述:"高级读者是指那些年借阅量在 x 册以上,年龄在 y 岁之间。"通过分析结果了解读者借阅习惯,确定书目的复本数量,使馆藏资源得到充分利用。

(三)聚类分析法

聚类数据挖掘的原理是由"物以类聚,人以群分"而来的,针对几个特定的业务指标,聚类把整个数据样本分成不同的组,让同组数据个体间的差异尽可能最小,不同组数据的差异尽可能大。在数据集合的特征是未知的情况下,不受任何先验知识的干扰和影响,采用聚类分析技术可将整个无序的数据集自动分组。

聚类分析的算法一般可以分为基于划分的方法、基于层次的方法、基于密度的方法、基于网格的方法、基于模型的方法等,其中,前面两种方法在数据挖掘中最为常用。随着技术的发展,目前也包括了神经网络方法、机器学习方法等,聚类算法也被广泛应用于图像处理、模式识别、自动控制等领域。

1.基于划分的方法

当给定 m 个对象的数据集,以及确定希望生成的细分群体数量 K 后,即可采用基于划分的方法将这 m 个对象分成 K 组(KWm),使得每个组内对象是相似的,而组间的对象是相异的。基于划分的方法在中小规模的数据库中运用非常普遍,它只需要通过一个优化评价函数就可以将原始数据分解成多个集合分组,从而迅速找到数据库中隐含的信息和规律。最常用的划分方法是 K-Means,K—Medoids 方法等。

2.基于层次的方法

该方法可依次让最相似的数据对象两两合并,这样不断地合并,最后就形成了一棵聚类树。根据层次分解的形成过程,可以将基于层次的方法分为两种,即凝聚法和分裂法。凝聚法,也称为自下而上的方法,一开始将每个数据对象作为单独的一个簇,然后逐步地合并相近的对象或组,直到所有的组合并为一个层次的最上层或者达到一个终止条件。分裂法,也称为自上而下的方法,一开始将所有的数据对象置于一个聚类中,然后进行不断的迭代循环,在迭代循环的每一步中,一个簇被分裂为更小的簇,直到最终每个对象被归于一个单独的簇中,或者达到一个终止条件。常见的基于层次的方法有：Chameleon，BIRCH，CURE。

3.基于网格的方法

该方法需要采用一个多分辨率的网格数据结构。它将整个数据空间划分为有限数目的单元，以构成一个可以进行聚类分析的网格结构，几乎所有的聚类操作都在网格上进行。这种方法的主要优点是处理速度比较快，其处理时间独立平均数据对象的数目，仅依赖于量化空间中每一维上的单元数目。常用的基于网格的聚类算法有：WaveCluste，STING，CLIQUE。

4.基于密度的方法

其主要思想是：一旦相邻区域的数据密度（对象或数据点的数量）超过了某一阈值，就继续聚类。也就是说，对给定类中的每个数据点，在一个给定范围的区域中必须至少包含某个数目的点。这样的方法可以用来过滤"噪声"孤立点数据，从而发现任意形状的聚类。具有代表性的基于密度的聚类方法有：DBSCAN，OPTICS。

5.基于模型的方法

为每个聚类假定一个模型，然后寻找相关的数据对假定的模型产生最佳的拟合。一个基于模型的算法可以通过构建反映数据点空间分布的密度函数来定位聚类，基于标准的统计数字来自动决定聚类的数目，同时考虑"噪声"数据或孤立点，从而产生健壮的聚类。这种聚类方法总是试图优化给定的数据和某些数学模型之间的适应性，其典型算法有：聚类分析在图书馆中应用广泛，比如根据图书的书名进行聚类分析，可以找出其中的热门和冷门图书；对图书类别的借阅情况进行聚类分析，可以对纸质图书采购提供有效的支持，更好地满足学校专业设置的需求，迎合师生读者的借阅喜好，不断提高图书馆的使用率。

聚类技术在数据分析中的主要用途表现在：既可以直接作为模型对观察对象进行群体划分，为业务的精细化管理提供具体的细分依据和相应的建议，又可在数据处理阶段用作数据探索的工具，包括发现离群点或孤立点，作为数据降维的手段和方法，通过聚类发现数据间深层次的关系等。

（四）预测分析法

预测是根据事物的过去和现在估计未来，根据已知预测未知，从而减少对未来事物认识的不确定性，以指导人们的决策行动，减少决策的盲目性。预测数据挖掘时利用历史数据在大型数据库中找出变化的节奏或规律，建立起关于重要数据类的模型，并依据该模型来预测未来数据的种类、趋势、特征等。

预测方法可分三大类：一是定性预测法，包括特尔菲法、专家会议法、岗位分析法等；二是数学模型法，包括回归模型法、序列模型法等；三是模拟模型法，包括交互影响模拟技术法、数字模拟仿真法。

在数据挖掘中常用回归模型法、序列模型法、人工神经网络等进行预测。

1.回归模型法

回归分析是在掌握大量观察数据的基础上，利用数理统计方法建立因变量与自变量之间的回归关系函数表达式（称回归方程）。预测时，只要任意输入一个时间值就可以通过回归方法得到该时间的状态信息。

回归可以分为线性回归和非线性回归两大类，线性回归包括一元线性回归、多元线性回归、多个因变量和多个自变量的回归；非线性回归包括一元非线性回归、多元非线性回归、分段回归。当研究的因果关系只涉及因变量和一个自变量时，叫做一元回归分析；当研究的因果关系涉及因变量和两个或两个以上自变量时，叫做多元回归分析。

2.序列模型法

基于序列的分析重点在于分析数据间的前后或因果关系。在序列模式挖掘中又有时序分析和趋势分析两种。其中，时序分析的数据库中存在着一个随时间而变化的值，时序数据库是序列数据库的特殊形式，时序分析是用变量过去的值来分析并预测出未来可能的值。趋势分析法是通过对有关指标的各期对基期的变化趋势的分析，从中发现问题，为追索和检查账目提供线索的一种分析方法。序列模式挖掘被应用于 Web 日志记录分析、通信网络分析、交易数据库分析等领域。

在图书馆中可以使用时序分析来预测读者下一阶段最可能借的书。时序分析要考虑到时间的特殊性质，比如一些周期性的时间定义；不同的日期，时间前后的相关性等因素。以同一读者为标准，在两次借书期间保持时间顺序关系，则可以得出一个简单的序列规则。表示读者在借了 A 书后，接下来必定也会借 B 书，其支持度为 X%，置信度为 Y%。分析结果可指导管理人员排架工作，方便读者查找。

3.人工神经网络

人工神经网络是一种应用类似于大脑神经突触连接的结构进行信息处理的数学模型。神经网络是大量神经元的集体行为，并不是各单元行为的简单累加，而表现出一般复杂非线性动态系统的特性。人工神经网络是由人工建立的以有向图为拓扑结构的动态系统，它通过对连续或断续的输入作出状态响应而进行信息处理。

人工神经网络的特点：可以充分逼近任意复杂的非线性关系；所有定量或定性的信息都等势分布贮存于网络内的各神经元，故有很强的健壮性和容错性；采用并行分布处理方法，使得快速进行大量运算成为可能；可学习和自适应不知道或不确定的系统；能够同时处理定量、定性知识。

目前常用的"神经网络"算法是反馈传播 BP，该算法在多层前向型神经网络上进行学习，而多层前向型神经网络又是由一个输入层、一个或多个隐藏层以及一个输出层组成的。

（五）偏差分析法

数据挖掘中，偏差分析用来探测数据现状、历史记录或标准之间的显著变化和偏离，偏差包括很多潜在的有趣、有用的知识。如观测结果与期望值的偏离、分类中的反常实例、模式的例外等。

在数据实际分析或管理中，有时会发现一些异常的数据，一般会忽视这些数据的存在或将其作为噪声数据处理，偏差分析就是对这些异常数据进行观察与分析，并从中提取出有用的信息。偏差分析的最基本方法是检测和寻找给定参照数据和观察结果间的差异和差距。参照数据是外界提供的参考标准或参考数据，观察结果通常是某个领域的值或多个域值的总和。偏差分析在一些预警系统、银行对用户的信用评估等方面都有较好的应用。

二、按技术方法分类的数据挖掘技术

数据挖掘常用的技术方法有统计分析类、归纳学习类、公式发现、模糊数学方法、仿生物技术与可视化技术等大类。

（一）统计分析类

作为一门学科的统计分析，是数据挖掘中使用的主要方法。统计分析是对总体中抽取的样本进行分析，并得出描述和推断该总体信息和知识的方法，这些信息和知识往往揭示了总体中的内部规律。常用的统计、相关分析、回归分析、聚类分析、判别分析、假设检验均属于统计分析类。

相关分析就是分析现象 A 和 B 之间是否存在某种依存关系，或者研究变量 X 和 Y 之间的相互依存关系的密切程度。它是描述客观事物相互间关系的密切程度并用适当的统计指标表示出来的过程。

判别分析是按照一定的判别准则，建立一个或多个判别函数，用研究对象的大量资料确定判别函数中的待定系数，并计算判别指标。据此即可确定某一样本属于何类。

（二）归纳学习类

可分为基于信息论方法挖掘与基于集合方法挖掘两大类。基于信息论方法挖掘是利用信息论的原理从数据库中提取出信息量大的属性并建立属性的决策树。具体方法有 ID3、1BLE 等。基于集合论方法挖掘是通过数据库中各属性的元组集合间关系建立规则，方法包括关联规则挖掘、粗糙集方法、覆盖正例排斥反例的方法、概念树方法。

ID3 算法是一种贪心算法，利用信息论中信息增益寻找数据库中具有最大信息量的字段，建立决策树的一个节点，并根据字段的不同取值建立树的分枝，在每个分枝子集中重复建树的下层节点和分枝，最后得到一棵决策树，可以用它来对新的样例进行分类。

IBLE 方法是基于信息论的示例学习方法，利用信息论中信道容量的概念作为对实体中选择重要特征的度量，把数据库中的信息量从大到小的多个字段的取值建立决策规则树。

粗糙集是一种处理不精确、不确定和不完全数据的数学方法。它可以通过对数据的分析和推理来发现隐含的知识、揭示潜在的规律。在粗糙集理论中，知识被认为是一种分类能力，其核心是利用等价关系来对对象集合进行划分。

覆盖正例排斥反例方法利用覆盖所有正例，排斥所有反例的思想来寻找规则。首先在正例集合中任选一个种子，到反例集合中逐个比较。与字段取值构成的选择子相容则舍去，相反则保留。按此思想循环所有正例种子，将得到正例的规则。比较典型的算法有 AQ11 方法、AQ15 方法、AE5 方法等。

概念树是把数据库中记录的属性字段按归类方式进行合并，建立起来的层次结构。利用概念树提升的方法可以大大浓缩数据库中的记录（元组）。对多个属性字段的概念树提升，将得到高度概括的知识基表，然后再将它转换成规则。

（三）公式发现

作为典型案例的公式发现方法之一，经验公式发现理论 FDD 是应用人工智能技术的机器发现技术和数据计算中的曲线拟合技术以及可视化技术结合起来的系统。它可以从大量的实验数据中进行公式挖掘，最终以初等函数的组合公式表示变量之间的关系。

（四）模糊数学

模糊集建立在自然语言的基础上，而自然语言中常采用一些模糊的概念。模糊集是一种边界不分明的集合，模糊集与普通集合既有区别又有联系。对于模糊集合，一个元素可以既属于该集合又不属于该集合，亦此亦彼，边界不分明或界限模糊。

应用于数据挖掘的是模糊集合理论。模糊集合论为模糊信息的描述和处理提供了数学基础，模糊集合是传统集合的扩展，当某模糊概念的隶属函数的值域为{0，1}时，该模糊集合即退化为传统的集合。在对数据源进行挖掘分析时，可为指定的属性引入模糊概念，使用模糊集的方法对属性值加以转换，使数据源中的属性值便于人的理解和计算机分析处理四。一般情况下有模糊分类、模糊聚类、模糊评价、模糊关联规则、模糊模式识别等。

（五）仿生物技术

仿生物技术是利用仿生物技术进行数据挖掘的方法，典型的两大类仿生物技术是神经网络方法类和遗传算法，并形成了独立的研究体系。

遗传算法起源于对生物系统所进行的计算机模拟研究。它是模仿自然界生物进化机制发展起来的随机全局搜索和优化方法。其本质是一种高效、并行、全局搜索的方法，能在搜索过程中自动获取和积累有关搜索空间的知识，并自适应地控制搜索过程以求得最佳解。

遗传算法实现一般包括编码、解码、交配、突变、倒位、个体适应度评估、复制等几个步骤。

（六）可视化技术

可视化数据挖掘技术建立在可视化技术和数据挖掘技术基础之上，通过利用计算机图形学与人机交互技术，将挖掘过程中所用的源数据、产生的中间数据、输出的最终挖掘结果以及整个挖掘流程以图形化的方式展示给最终用户，从而有助于用户参与到挖掘过程中进行可视分析。一般包括挖掘数据的可视化、挖掘过程的可视化、挖掘结果模型的可视化。

三、几种常用数据挖掘技术

除了上面介绍的数据挖掘技术，本节再介绍几种常用的数据挖掘技术，分别是决策树、贝叶斯分类方法、支持向量机、主成分分析、假设检验。

（一）决策树

决策树是一种非常成熟的、普遍采用的数据挖掘技术，由于决策树的构造不需要任何领域的知识，并且可以处理高维度的数据而受到广泛的欢迎。

决策树又称为判定树，是运用于分类的一种树结构，其中的每个内部节点代表对某一属性的一次测试，每条边代表一个测试结果，叶节点代表某个类或类的分布。决策树的决策过程需要从决策树的根节点开始，待测数据与决策树中的特征节点进行比较，并按照比较结果选择下一比较分支，直到叶子节点作为最终的决策结果。

决策树的学习过程包括特征选择、决策树生成、剪枝三个步骤。

特征选择。从训练数据的特征中选择一个特征作为当前节点的分裂标准，这个特征的选取要慎重，选取的标准不同决定了随后的特征决策树算法。

决策树生成。根据所选特征评估标准，从上至下递归生成子节点，直到数据集不可分，则停止决策树继续生长。

剪枝。决策树容易过拟合，需要剪枝来缩小树的结构和规模，剪枝分两种，包括预剪枝和后剪枝。

决策树的优点：决策树的构造不需要任何领域的知识，适合探索式的知识发掘，并且可以处理高维度的数据，容易被分析师和业务人员理解，另外，决策树技术对数据的分布甚至缺失非常宽容，不容易受到极值的影响。

目前，最常用的3种决策树算法分别是CHAID、CART和ID3（包括后来的C4.5、C5.0）。

决策树的主要用途：在用户划分、行为预测、规则梳理等方面具有广泛的应用前景，决策树甚至可以作为其他建模技术前期进行变量筛选的一种方法，即通过决策树的分割来筛选有效的输入自变量网。

（二）贝叶斯分类方法

贝叶斯分类方法是非常成熟的统计学分类方法.用来预测类成员间关系的可能性。比如通过一个给定观察值的相关属性来判断其属于一个特定类别的概率。贝叶斯分类方法是基于贝叶斯定理的。

在许多场合，朴素贝叶斯分类算法可以与决策树和神经网络分类算法相媲美。朴素贝叶斯分类器依靠精确的自然概率模型，在有监督学习的样本集中能取得很好的分类效果。在很多实际应用中，朴素贝叶斯模型参数预计使用最大似然预计方法。朴素贝叶斯算法能运用到大型数据库中，而且方法简单、分类准确率高、速度快。

（三）支持向量机

支持向量机是Vapnik等人于1995年提出的，是近年来机器学习研究的一个重大成果。与传统的神经网络技术相比，支持向量机不仅结构简单，而且各项技术性能也有明显的提升，因此它成为当今机器学习领域的热点之一。支持向量机主要用在预测、分类这样的实际分析需求场景中。

支持向量机是一种二类分类模型。它的基本模型是定义在特征空间上的间隔最大的线性分类器；支持向量机还包括核技巧，这使它成为实质上的非线性分类器。作为一种新的分类方法，支持向量机以结构风险最小为原则。在线性的情况下，就在原空间寻找两类样本的最优分类超平面。在非线性的情况下，它使用一种非线性的映射，将原训练集数据映射到较高的维上。在新的维上，它搜索线性最佳分离超平面。使用一个适当足够高维的非线性映射，两类数据总可以被超平面分开。

（四）主成分分析

主成分分析（PCA）属于传统的统计分析技术范畴，也是数据挖掘中常用的一种分析技术和数据处理技术。

在数据挖掘过程中，当一个对象有多个属性（即该对象的测量过程产生多个变量）时，会产生高维度数据，这给数据挖掘工作带来了难度，这时希望用较少的变量来描述数据的绝大多数信息，一个比较好的方法就是先对数据进行降维处理。

作为一种广泛使用的数据降维方法，其主要思想是将数据的N维特征映射到K维上，这K维是全新的正交特征，也被称为原N维特征的主成分。PCA的工作就是从原始的空间中顺序地找一组相互正交的坐标轴，新的坐标轴的选择与数据本身是密切相关的。也就是说，PCA 会通过线性组合将多个原始变量合并成若干个主成分，这样每个主成分都转变成了原始变量的线性组合。转变的目的，一方面可以大幅降低原始数据的维度，同时也在此过程中发现原始数据属性之间的关系。

将主成分进行推广和延伸即成为因子分析，因子分析是一种数据简化的技术。它通过研究众多变量之间的内部依赖关系，探求观测数据中的基本结构，并用少数几个假想变量来表示其基本的数据结构。这几个假想变量能够反映原来众多变量的主要信息。原始的变量是可观测的显在变量，而假想变量是不可观测的潜在变量，称为因子。可以说主成分分析是因子分析的一个特例。

（五）假设检验

假设检验是现代统计学的基础和核心分析方法之一，其主要研究在一定的条件下，总体是否具备某些特定特征。假设检验是用来判断样本与样本、样本与总体的差异是由抽样误差引起还是本质差别造成的统计推断方法。其基本原理是先对总体的特征作出某种假设，然后通过抽样研究统计推理，对此假设应该被拒绝还是接受作出推断。

假设检验主要是验证在假设成立的前提下，是否发生了几乎不可能发生的事件，显著性水平即区分可能发生的事件与几乎不可能发生事件的界限（低于显著性水平的事件为几乎不可能发生的事件），若发生了几乎不可能发生的事件，则假设为假。

第三节　数据挖掘工具

随着计算机性能的不断提高，以及各种专业化数据挖掘软件的出现，人们不需要自己直接掌握这些高深、复杂的数据挖掘技术，只需要运用数据挖掘工具，采用相对简单的方法对数据进行分析，就能够实现数据挖掘的功能。

根据在图书馆的应用情况和以后可能使用的趋势，列举几个数据挖掘工具进行介绍。

一、Weka

Weka，是一款基于 Java 环境下的机器学习软件。它含有一系列面向数据分析和预测建模的可视化工具和算法，并带有图形用户界面，方便用户使用。在执行分类算法之前，Weka 还可以对属性进行删选，提供了不少筛选方法，比如主成分分析方法 PCA、信息增益方法等，帮助筛选更有效的数据属性，以此提高分类准确率。Weka 支持几种标准数据挖掘任务，包括数据预处理、聚类、分类、回归、可视化和特征选择。开发者可使用 Java 语言，在 Weka 的架构上开发出更多的数据挖掘算法。

数据挖掘技术为基础，利用 Weka 软件作为图书馆数据挖掘工具，通过 C4.5 算法的 J48 决策树模型和 Apriori 算法产生关联规则进行分类预测，对图书馆的馆藏数据进行相应的分析，从海量数据中挖掘出用户需要的有用数据，并得到合理的统计结果。

二、Clementine

SPSSClementine 是一款企业级的数据挖掘产品，提供包括神经网络、决策树、聚类分析、关联分析、因子分析、回归分析等在内的丰富的数据挖掘模型，通过节点的连接来完成整个数据挖掘过程。Clementine 还拥有优良的数据挖掘设计思想，正是因为有了这个工作思想，让数据挖掘的每一步工作也变得很清晰。

Clementine 的数据挖掘包含了六个步骤，分别是商业理解、数据理解、数据准备、建模、评价、部署。这些顺序并不严格，用户可以根据实际的需要反向执行某个步骤，也可以跳过某些步骤不予执行。

（1）商业理解：商业理解阶段是数据挖掘中最重要的一个部分，在这个阶段里需要明确商业目标、评估商业环境、确定挖掘目标以及产生一个项目计划。

（2）数据理解：数据是挖掘过程的"原材料"，在数据理解过程中要知道都有些什么数据，这些数据的特征是什么，可以通过对数据的描述性分析得到数据的特点。

（3）数据准备：在数据准备阶段要对数据作出选择、清洗、重建、合并等工作。选出要进行分析的数据，并对不符合模型输入要求的数据进行规范化操作。

（4）建模：建模过程也是数据挖掘中一个比较重要的过程。需要根据分析目的选出适合的模型工具，通过样本建立模型并对模型进行评估。

（5）评价：并不是每一次建模都能与用户的目的相吻合，评价阶段旨在对建模结果进行评估，对效果较差的结果需要分析原因，有时还需要返回前面的步骤对挖掘过程重新定义。

（6）部署：这个阶段是用建立的模型去解决实际中遇到的问题，它还包括了监督、维持、产生最终报表、重新评估模型等过程。

SPSS Clementine 的最新版本改名 SPSS Modeler，SPSS Modeler 是一个业界领先的数据挖掘平台，拥有直观的操作界面、自动化的数据准备和成熟的预测分析模型，更便于数据挖掘工作者进行数据探索和模型的优化。同时，增强了数据源连接、数据处理 I 建模分析等功能。

聚类分析技术及其在图书馆中的应用，利用 Clementine 的两步聚类模型实现对读者的聚类分析，将读者聚类为消极型、一般型和积极型三种类型，针对不同类型的读者，图书馆可以提供相应的个性化服务。

利用 Clementine 中的 Apriori 节点对图书借阅数据进行关联规则数据挖掘，从而发现、认识图书类型间的相关性，以此为依据从读者借阅、馆藏设置、采购管理等方面优化了图书馆的服务。

三、AnalysisServices

Microsoft SQL Server Analysis Services（SSAS）是微软公司提供的数据挖掘平台，允许设计、创建和管理多维结构，使其包含从其他数据源（例如关系数据库）聚合的数据，并通过这种方式来支持 OLAP。对于数据挖掘应用程序，Analysis Sendees 允许使用多种行业标准的数据挖掘算法来设计、创建和可视化从其他数据源构造的数据挖掘模型。

图书馆的工作人员利用 SSAS 的聚类算法可以分析出每位借阅者与借阅书籍类型之间的关系，将同样喜爱某类书籍的读者编入一个兴趣小组，从而把具有相同兴趣的读者分在一个组。

四、Rapid Miner

Rapid Miner 是一个可视化的开源文本挖掘工具软件，可以很直观地进行文本挖掘操作，可为数据准备、机器学习、深度学习、文本挖掘和预测分析提供一种集成环境，是领先的数据挖掘开源系统之一。该程序完全用 Java 编程语言编写，并提供了一个选项，以便用户试用大量可任意嵌套的操作符，这些操作符在 XML 文件中有详细说明，可由 Rapid Miner 的图形用户界面来构建。

采用界面友好的开源数据挖掘工具 Rapid Miner 进行文本分类的实验。表明 Rapid Miner 具有界面友好、使用简便、实验流程设计直观、结构清晰等特点，在基于维吾尔文文本语料的分类实验中得到比较满意的实验结果。

五、Oracle Data Mining

Oracle Data Mining（ODM）是 Oracle Advanced Analytics 数据库选件的一个组件，它提供了强大的数据库挖掘算法对数据进行挖掘从而发现洞察和作出预测。通过 ODM，可以在 Oracle 数据库中构建和应用预测性模型，从而对一些未知事件进行预测。

算法以 SQL 函数形式实现，充分利用了 Oracle 数据库的优势。SQL 数据挖掘函数可以挖掘数据表和视图、星型模式数据，包括事务性数据、聚合、非结构化数据，即 CLOB 数据类型（使用 Oraele Text 提取令牌），以及空间数据。Oracle Advanced Analytics SQL 数据挖掘函数充分利用数据库的并行能力进行模型构建和模型应用，并沿用所有数据、用户权限和安全方案。可以在 SQL 查询、BI 仪表盘和嵌入式实时应用中包含预测模型。

在 Oracle 中，LOB（Large Object，大型对象）类型的字段容量大，最多能容纳 4GB 的数据，且一个表中可以有多个这种类型的字段，很灵活，适用于数据量非常大的业务领域，如图像、档案等。LOB 类型分为 BLOB 和 CLOB 两种：BLOB 即二进制大型对象（Binary Large Object），适用于存贮非文本的字节流数据（如程序、图像、影音等）。而 CLOB，即字符型大型对象（Character Large Object），则与字符集相关，适于存贮文本型的数据（如历史档案、大部头著作等）。利用 ODM 在 Oracle 数据库中对读者的基本信息和借阅信息进行了数据挖掘，得出读者可能存在的阅读倾向，并以概率的形式呈现。从而为更好地为读者提供服务提供了依据。如采访部可以综合本馆的资源和现有需求量调整采购策略；信息部可以根据读者的阅读倾向提供新书的推荐服务；流通部可以根据读者的阅读倾向调整架位；咨询部可以根据阅读倾向的时间集中度适时开展相关主题的宣传、培训、讲座等。

六、SAS

SAS 是一个模块化、集成化的大型应用软件系统。它由数十个专用模块构成，功能包括数据访问、数据储存及管理、应用开发、图形处理、数据分析、报告编制、运筹学方法、计量经济学与预测等。

SAS 系统可以分为四大部分：SAS 数据库部分、SAS 分析核心、SAS 开发呈现工具、SAS 对分布处理模式的支持及其数据仓库设计。SAS 系统主要完成以数据为中心的四大任务：数据访问、数据管理、数据呈现、数据分析。SAS 持续良好的统计分析功能，得到了业界广泛好评，这为它在国际专业统计分析软件领域获得头把交椅奠定了基础。

在使用 SAS 的数据挖掘工具进行挖掘时，基本过程包括数据取样、数据探索、数据调整、模型研发、模型综合解释和评价几个部分，分别论述如下。

（1）数据取样，进行数据挖掘之前，要从大量数据中选取有代表性、真实、完整和有效的，并且要和研究的问题相关的数据子集。

（2）数据探索。利用图表、曲线等形式，通过数据分析和预处理对采样数据集进行分类和筛选、分析各因素之间的相关性、数据的规律和趋势等。

（3）数据调整：根据对数据进行探索后的初步了解，然后对数据进行增减、选择、转化、量化，保证数据挖掘的有效进行。

（4）模型研发：模型的建立和知识的发现这一步是数据挖掘的中心环节，根据数据集的特征和要实现的目标，选择一种或者几种挖掘方法，如回归分析、决策树等，通过比较获得效果最好的模型，进行预测。

（5）模型综合解释和评价。将以上处理得到的结果和模型进行综合的解释，并且根据一定的方法，对决策支持信息的适用性作出评价，从而评定数据挖掘结果的可靠性和有效性。

读者群体聚类分析和图书借阅数据关联分析为例，对怎样进行数据挖掘、采用什么样的挖掘模型及如何分析数据挖掘结果进行了深入的理论和实验研究，并将由SAS数据挖掘软件和SQLServer2000数据库组成的数据挖掘模型应用到使用日志数据挖掘中，实现用户聚类分析、数字资源聚类分析和数字资源关联规则分析。

七、Knime

Knime是一个模块化的智能、开源的开发环境，能够以可视化方式创建数据流并选择性地运行部分或全部分析步骤。Knime由Java编译，具有极高的可扩展性，该软件基于Eclipse框架并通过插件的方式提供拓展功能，可以方便地增加新算法用于数据分析，同时也提供了Java编程接口，可以把文件、图片和时间序列加入处理模块，并集成到开源项目中。

八、Orange

Orange是一个开源的数据可视化、机器学习和数据挖掘工具包，用于数据可视化、机器学习、数据挖掘和数据分析。Orange组件称为窗口组件，其应用范围从简单的数据可视化、子集选择和预处理，到学习算法和预测建模的评估。Orange的可视化编程通过界面来进行，其中工作流程通过连接预定义或用户设计的窗口组件来创建，而高级用户可以将Orange用作Python库，以便操纵数据和更改窗口组件问。

Orange的全部内容都是关于数据可视化的，可帮助用户发现隐藏的数据模式。其可视化窗口组件包括散点图、箱形图和直方图，以及特定于模型的可视化，例如树状图、轮廓图和树可视化等。许多其他可视化功能可用于附加组件，包括网络、词云、地理地图等的可视化。

第四节　图书馆的数据源

将数据挖掘技术应用到图书馆管理的过程中，其作用主要表现在如下5个方面：有助于提升图书馆对读者的吸引力，有助于图书馆了解读者群体的关系与特征，有利于提高图书馆馆藏的借阅率，有利于提升图书馆读者的忠诚度.有利于提高图书馆的管理效率。

所以说在图书馆开展数据挖掘工作具有重要的意义和应用价值。为了实现智慧图书馆层面的数据挖掘,首先要对图书馆的这些数据源做一下梳理,明确一下到底需要对哪些数据进行挖掘。本节就尝试对图书馆的各种数据进行梳理,为数据挖掘打下基础。

在图书馆,不但其日常业务方面,积累了大量的读者基本信息、读者借阅记录、读者访问数字图书馆的日志等数据,而且在其他相关业务方面,也积累大量的读者进出图书馆、图书馆环境、高校学生的课程和成绩信息、高校教师的科研和教学信息等数据。

在智慧图书馆阶段,数据挖掘的源数据范围应该是全方位、立体化的。文献[41]认为图书馆可用于满足智慧服务核心需求的重要大数据资源包括3大类:①用户数据,包括个人信息数据、显式行为数据、隐式行为数据、终端感知数据、社交数据等;②知识资源数据;③业务流程数据。而本书认为,除了这3大类以外,还需要考虑其他3类,分别是图书馆的环境数据、网络与软硬件数据以及网上的数据。

一、用户数据

用户数据一般包括个人信息数据、显式行为数据、隐式行为数据、终端感知数据、社交数据几个类别。

(1)个人信息数据。经济情况、爱好等因素。授课等数据,甚至学历、一卡通消费等数据。

(2)显式行为数据。资料的下载、对书刊或其他的评价和打分等信息。

(3)隐式行为数据。隐式行为数据一般包括对图书馆网站、门户、综合管理系统、电子资源等基于Web的系统的浏览、收藏和点击情况的数据。由于每个系统的统计方式不尽相同,所以数据挖掘时需要综合考虑。

(4)终端感知数据。在移动互联网时代,一般情况下每个读者都有一部智能手机,如果读者的智能手机安装了图书馆的APP软件,在读者同意并授权的情况下,可对读者在图书馆或高校的位置、时间、场景、设备参数等信息数据进行采集。

(5)社交数据。社交数据方面考虑其在论坛上的发布信息,以及其微博、微信、QQ空间等信息的数据。当然除非图书馆有论坛,否则采集起来是有难度的,另外读者的微博、微信和QQ空间数据也不易采集。现在使用微信公众号,或QQ、微信账号登录图书馆的账号,也许能对读者的一些信息进行了解。

二、知识资源数据

主要包括书目库、专利库、中外文期刊文献、电子图书、图像、音频、视频等系统的数据,这些数据除了系统本身的数据,比如图书的基本信息数据以外,还包括读者使用的数据,比如每本书的借阅情况,电子资源的每本书或文献的下载或浏览情况等。

三、业务流程数据

业务流程数据主要包括参考咨询、检索查新、资源采购、馆际互借与文献传递、预约系统、门禁和选座等系统的数据。

四、环境数据

这里的环境指的是图书馆馆内或周围的环境,环境方面的数据主要包括电源负载、视频监控、消防监控、温湿度监控、节能监控等系统的数据:

五、网络与软硬件数据

网络与软硬件数据主要指图书馆的网络系统监控、各个应用系统运行与服务状况监控、网络设备的使用状况监控、服务器设备配置及运行情况、云计算配置及计算能力、服务器机房电源和温湿度监控等系统的数据。

六、网上数据

图书馆不仅要利用自己可以掌握的数据进行数据挖掘，而且有时还需要对网上的一些信息进行抓取，比如网上书店某本书的书评信息数据，可以对图书馆是否采购该书提供参考的依据。网上的信息很多，初步考虑网上书店图书及评论信息、出版社网站图书信息、其他网上书评信息、网上期刊信息等数据。在有特色的图书馆，可以考虑有针对性的抓取网上的一些特色资源，比如对服装特色高校图书馆来说，还可以抓取一些时尚信息。

本书认为，智慧图书馆是一个全面性的智慧化图书馆，而不仅仅是某方面的智能化，所以只有全面性的数据挖掘才能真正实现图书馆的智慧化。故此，图书馆在考虑建设智慧图书馆时，一是应该尽可能多的采集相关数据，二是要实现全方位的数据挖掘。

第五节 数据挖掘在管理方面的应用

传统图书馆的管理和服务大多依靠馆员的经验，在信息量爆发和读者需求个性化的今天，仅仅依靠经验难免会有考虑不周之处。而信息技术的发展和数据挖掘技术的成熟，为图书馆实现更好的管理提供了一定的条件。利用数据挖掘技术对图书馆的应用系统及其数据进行分析，可以科学地评价自身和作出确实可行的规划结果，从而优化图书馆的信息内容，向用户提供更优化的信息服务，为图书馆工作提供决策管理支持，指导图书馆的业务工作。

根据目前的研究和应用现状，数据挖掘在图书馆管理方面的应用主要体现在图书期刊采购管理、馆藏优化、图书借阅管理、电子资源推荐、危机管理和决策管理等几个方面。

一、图书期刊采购管理

图书馆作为一个公益服务性的单位，在经费一定的情况下，如何配置图书才能最大限度地满足读者的需求，从而实现采购经费的优化配置，对采购任务做到统筹兼顾和区分轻重缓急，一直是每个图书馆非常关心的问题之一。这时如果图书馆利用数据挖掘技术，比如使用序列分析方法处理数据，分析图书馆各个资源的使用状况，为馆内资源购买纸质图书提供合理的建议或报告，使图书馆建设朝着智能化图书采购的方向发展。

同样，图书馆对每年的期刊购置，如何将这些费用合理、科学的分配到各学科，均衡购置各种文献载体，以便充分发挥经费的作用，也是一项非常复杂的工作。通过对现有期刊的借阅流通情况予以分析与挖掘，获取期刊使用有价值的信息，从而为购置期刊提供依据。与此同时，利用数据挖掘技术收集互联网上无序的非结构数据，并予以分类，也可以有效地丰富图书馆期刊资源。

在图书采购管理方面，分别从图书采购科目的选择、图书采购方式的选择、图书复本量的选择等三个方面进行了数据挖掘实践。

选取读者基本信息、借阅历史信息记录、检索历史记录、书目信息等数据，运用中心平均值算法作为中心的分割聚类方法，对读者的阅读习惯进行数据挖掘，从而为图书采购提供有效的信息。

在期刊采购方面，可以利用数据挖掘技术，分析各种纸质期刊的借阅率和流通情况以及各个电子期刊数据库服务器中用户的点击率、下载频率以及使用后的信息反馈，进行分析、挖掘来获取到不同专业以及不同层次读者借阅印刷型期刊和电子期刊的使用爱好，为期刊征订工作提供直接的分析依据。

二、馆藏优化

馆藏优化可以分为布局的优化和图书种类的优化两类：

（一）馆藏布局优化

在馆藏布局管理方面，一般有以读者为中心的馆藏布局、学科关联的馆藏布局、借阅一体化的馆藏布局三种情况问。通过数据挖掘，可找出图书之间的关联性和图书借阅频次等规律。对图书馆中的书架安置、图书摆放进行调整，从而优化资源配置、方便读者借阅。在新书采购时对借阅比较多的图书资料、关联性较高的图书资料和阅读意向较强的图书资料加大采购比例。

通过对纸质图书的借阅数据以及相关数据，挖掘图书的使用情况，并对图书的码放架位、图书的采购、图书的编目等进行指导或优化。

（二）馆藏图书期刊优化

通过对图书馆文献资料的流通情况以及馆藏资源进行挖掘，根据读者借阅文献的数据对图书馆的信息资源建设和分配提供决策支持。这样有利于图书馆及时过滤掉利用率不高的过时文献信息，并且还可以提高文献利用效率，减少部分文献资料的搜集。

数据挖掘可以在图书馆期刊管理的各个过程中发挥重要的作用，通过对图书馆系统中相关的数据进行整理，建立相应的数据库，利用数据挖掘的方法对数据库中用户行为进行分析，从而发现某些规律，及时调整图书馆的期刊采购及管理策略。

运用 K-means 算法，对高校图书馆管理系统中学生借阅信息进行数据挖掘。通过分析不活跃学生、一般学生和活跃学生 3 类读者的借阅规律，对馆藏结构进行优化，以期提高图书馆的资源利用率和管理工作效率，更好地为读者提供个性化服务。

三、图书借阅管理

数据挖掘技术被利用在图书借阅情况的关联规则时，首先通过图书馆管理系统查明某本图书的借阅情况,搜索借阅该图书同时又借阅另一图书的情况，假如这两本图书被借阅的比例较高，则这两本书在程度表现上有着较强的相互联系，在以后图书馆管理系统推荐图书时，可以同时介绍这两本图书，将大大节约读者查询自己所需图书的时间，提高服务对象的满意度。

在图书借阅管理方面，从个性化书目的主动推送、读者分群的借阅制度、图书宣传活动的常规化三个方面进行了数据挖掘。

四、电子资源推荐

从基于用户行为数据挖掘的数字图书馆电子资源推荐服务模型的构建策略及构建方案着手，分析了数据挖掘技术在数字图书馆电子资源推荐服务中的作用，为数字图书馆提高读者的信息采用率提供了参考。

五、危机管理

图书馆危机管理是指在图书馆管理过程中针对可能面临的危机采取一系列的管理方法和手段加以预防，使之化解，并使危机变成机遇。图书馆的危机按性质区分成两大类，即外部危机与内部危机。

内部危机是指由于图书馆组织内部的管理不当造成的危机，主要有：资源危机、人才危机和管理危机。外部危机是指由于图书馆的外部自然或社会环境等超出图书馆控制能力的因素所导致的危机。主要有自然灾害危机、计算机软硬件及网络安全危机和人为危机。

图书馆的预警系统的逻辑工作流程后，根据预警系统的逻辑工作流程，并将危机管理理论与数据仓库、数据挖掘和 OLAP 等技术结合起来，设计了一种图书馆危机与预警管理的可行性操作方案，提出基于数据挖掘的图书馆危机与预警管理系统。

图书馆网络的实际情况，设计了一种基于数据挖掘的网络安全管理模型。该模型利用多种信息采集策略收集各种安全产品的相关数据并进行整合，利用数据挖掘技术进行多维分析，实现了对图书馆多种安全产品告警事件的自动综合分析，并将挖掘结果以可视化的方式提交给系统分析员。数据挖掘是整个安全管理模型的动力所在，通过定义数据挖掘模型语言，采用合适的数据挖掘算法和工具，对事件进行统计、关联分析、聚类、序列分析，形成对事件的判断，识别威胁和产生报警。

六、决策管理

高校图书馆大数据挖掘与决策分析体系建设的基础及发展方向。然后设计了基于高校图书馆特点的体系架构模型与业务分析流程，并探讨体系在高校图书馆个性化服务中的应用。最后，结合体系在高校图书馆未来发展中的多个应用案例分析，证明了基于"大数据+微服务"的模式体系能够快速且有效地融入高校图书馆未来的建设发展中，为构建图书馆个性化服务提供技术支撑，同时为高校决策者作出科学的决策提供依据。

从图书采访的定义、工作流程和现实需求出发，分析了高校图书馆图书采访工作的现状，研究了基于数据挖掘的高校图书馆图书采访决策的信息流，设计了基于数据挖掘的高校图书馆图书采访决策模型，探讨了数据挖掘在高校图书馆图书采访决策中的应用。

针对如何科学制订高校图书馆图书采购计划以提高图书采购质量和效率的问题，将数据挖掘技术用于高校图书馆图书采购计划制订，以辅助决策，并详细给出了数据挖掘技术应用于制订高校图书馆图书采购计划的过程。

基于用户数据挖掘的图书馆文献采访决策模式有 3 种，分别为应用决策树的分类分析、应用数据群组的聚类分析和应用数据挖掘的关联分析。然后提出了基于用户数据挖掘的图书馆文献采访决策模式实现思路：采用点面结合方式、定位文献采访方向；应用数据挖掘技术、输出文献采访重点；多维度挖掘用户数据、提高文献采访有效性。

第六节 数据挖掘在服务方面的应用

数字图书馆的建设给读者的阅读等带来了极大的便利，读者不仅可以很方便地借阅纸质书刊，而且还可以通过 PC、手机等终端浏览、阅读、下载电子资源。

但有时读者面对这些数量庞大的、形式各种各样的纸质和电子资源，不知如何进行选择性的阅读和学习，从而影响了部分读者的使用。

为了解决这一问题，图书馆提供的个性化服务就是在对用户使用信息的习惯、喜好、行为以及特殊需求等进行分析的基础上，然后以此为依据提供给用户需要的信息资源。个性化服务将成为未来图书馆发展的主要趋势，是未来信息服务的主流模式，它改变了图书情报机构以往我提供什么用户就接受什么的运作方式，开创了用户需要什么，我就提供什么的发展思路，它实现的是信息找人，按需服务网。

为了更好地提供个性化服务，需要分析用户以前使用信息资源的内容和习惯等。数据挖掘技术改变了图书馆在管理和服务上被动的情况，通过追踪用户的需求来提供个性化的服务，从而提高服务效率。数据挖掘使图书馆转变成为一个主动的、智能化的信息服务单位，图书馆需要根据不同借阅群体的特征及其借阅兴趣，主动提供个性化服务，并从整体上了解图书借阅情况，书馆的服务水平。

高校图书馆的数据挖掘提供的信息服务主要有：服务、阅读推广服务、个性化信息定制服务、一站式信息资源共享、信息服务、智能化信息服务等几个方面。

一、学科信息服务

高校图书馆不同于公众图书馆的一个重要业务就是学科信息服务，传统学科服务的手段是一对一或者一对多的服务，多采用阵地型、被动型、点对点型服务方式，通过到馆咨询答疑和网上虚拟互动来实现。而随着学科信息量的急剧增加，读者的要求越来越高，势必造成一些服务满足不了用户的需求。

根据高校图书馆所提供的信息偏重于专业性、学术性、学科性和个性化特征。对学科信息利用聚类分析、网络分析、可视化分析、引文分析、知识关联分析等数据挖掘技术构建学科的知识图谱，从宏观上分析相关学科领域的研究方向和热点，为科研人员、学者节约调研时间，帮助他们迅速洞察学科领域的研究进展、确定研究方向。

二、阅读推广服务

作为高校校园文化建设体系的一部分，阅读推广活动业已成为高校图书馆的常规活动。为了更好地搞好阅读活动，需要精准的了解读者的需求，并对每个读者的个性化需求进行预测或挖掘。

通过分析读者的历史借阅记录、浏览记录等相关联数据，得出信息关注度的趋势，最终分析出读者可能感兴趣的图书、电子资源、网络资源的信息，向读者主动推送相关的信息资源。根据读者使用搜索的热门关键词，将馆藏文献资源和数据库资源一起构建向量空间模型，然后计算文献资源和数据资源之间的相似度，把相似度最高的文献资源和数据资源的同作者、同类别、同出版社等的各类信息资源推荐给读者。对流通数据与外部数据进行关联规则的数据挖掘和聚类分析，可预测读者的需求和各种关联，进而有针对地提供阅读推广服务。

三、个性化信息定制服务

所谓个性化信息定制服务，是指图书馆针对用户的特定需求主动提供相对完整的信息集合或知识集合给用户。通过使用数据挖掘技术对用户的借阅信息进行分析，发现用户的兴趣偏好，然后进行个性化计算，将与用户兴趣相关的内容进行搜集并呈现给用户，帮助用户尽快找到其他可能感兴趣的信息或资源，从而节约用户在系统中耗费的时间和精力。另外通过分类分析的方法，发现用户的最新需求，通过兴趣模式算法挖掘潜在读者，免费为读者提供感兴趣的信息，逐渐转变为图书馆的稳定用户。

一个好的推荐系统除了可以为用户提供个性化的服务，还能增加用户对系统的信任，进而对系统产生依赖。推荐可分为基于关联规则的推荐、基于内容的推荐、协同过滤推荐和组合推荐四种。

（一）基于关联规则的推荐

在高校图书馆个性化服务中，关联规则可以用来发现用户使用文献之间的关系，发现同时被频繁使用的文献，从而帮助系统在用户浏览、下载、借阅时向其推荐相关文献。基于关联规则的推荐算法首先根据所有用户的文献使用数据产生关联规则，再结合当前用户的浏览、查阅行为作出推荐。

（二）基于内容的推荐

基于内容的推荐主要是通过机器学习从内容特征描述的事例中分析出读者的兴趣所在，然后根据读者信息的内容进行推荐。这些读者信息一般包括用户的基本信息和在图书馆的借阅等方面信息，推荐系统通过对读者信息进行分析，可以获得读者的兴趣，以及确定读者信息和目标读者信息之间的相似程度，并将相似度较高的项目推荐给目标读者。

（三）协同过滤推荐

协同过滤推荐采用最近邻技术，通过分析所有读者的历史喜好信息计算不同读者之间的距离，然后找到与目标读者距离最近的用户，即最近邻用户，通过获取该读者对某些图书的评价信息并按照一定策略计算加权评价值，加权评价值的大小体现了该用户对这些图书的喜好程度，然后系统将预测的喜好程度较高的图书推荐给目标读者。协同过滤推荐又可以分为基于记忆的方法和基于模型的方法。

（四）组合推荐

组合或混合推荐就是将不同的推荐方法以一定的方式进行组合，以期达到扬长避短的效果。研究和应用最多的就是基于内容的推荐和协同过滤推荐的组合。

一个推荐系统至少包括三部分：用来收集读者信息的行为记录模块、分析读者个人喜好的模型分析模块、推荐算法模块。在图书馆应用时，行为记录模块记录读者的喜好行为，包含借阅、电子资源的阅读和下载、对图书的评价、图书预约和选购等信息；模型分析模块对这些信息进行分析，建立合适的模型描述用户的喜好信息；推荐算法模块是推荐系统的核心部分，通过后台的推荐算法，实时地从图书集合中筛选出读者可能感兴趣的图书进行推荐；推荐的方式一般可以通过图书馆的门户、图书馆的APP、短信、大屏显示等多种方式。比如在读者登录图书馆门户后，可以有一个弹出框，显示推荐的内容，让读者点击了解更加详细的内容信息。

四、一站式信息资源共享

高校图书馆拥有独有的机构知识库、硕博士论文库、教师论著文库等系统平台，这些系统积累了大量的科学数据、专利、论文、著作以及学生的毕业论文和学位论文等学术信息资源，利用这些资源可以构建虚拟社区，形成学术交流圈，并与一定范围内的高校图书馆构建"一站式"信息资源共享平台，共同挖掘、共享科研数据，共同促进知识的传播与再利用网。

对这些汇聚的海量资源和数据进行数据挖掘，比如挖掘关键词条、热词等信息，进行关联分析，然后把结果进行推荐，并通过网站、门户、移动门户等方式呈现给授权的读者，从而提供更全面、精准的信息服务，更好的满足读者用户阅读、学习、交流的需求。

五、可视化信息服务

可视化是利用计算机图形学和图像处理技术，将数据转换成图形或图像在屏幕上显示出来，再进行交互处理的理论、方法和技术。

高校图书馆可以利用可视化技术把数据统计的结果和数据挖掘的结果，转化为可视化信息，利用图形、曲线、表格的形式表达，具有直观的、实时的、动态的效果，显示在大屏上，既能为领导层提供决策参考，又方便读者直观了解图书馆的一些信息。比如把每年每月每日的图书借阅册数、还书册数、借阅人次等实时的、可视化的数据信息直观地提供给图书馆管理者和读者用户。

六、智能化信息服务

图书馆可以提供很多的智能化服务。利用物联网和 3D 导航技术帮助读者找到需要的图书，帮助读者找到自习的座位，帮助读者在馆内导航等；利用智能检索技术实现智能检索，比如利用基于内容的图像识别和检索技术实现图像数据库的"以图搜图"功能；利用智能视频监控系统对进出图书馆的人数进行统计，从而实现对入馆人数的智能调控和管理；对图书馆的网络信息资源利用智能技术进行智能开发，比如定期挖掘网络热门资源和关键词，协助学科馆员跟踪科研热点等。

第七节　Web 数据挖掘

Web 数据挖掘是图书馆应用的一个重要方面。Web 数据挖掘是数据挖掘技术在网络信息处理中的应用，是对 Web 资源中蕴涵的、未知的、有潜在应用价值的模式的提取有用信息或知识的过程。所挖掘的对象为服务器日志数据、Web 页面、Web 页面超链接关系及其他信息。Web 数据挖掘对图书馆加强信息资源建设、提升图书馆传统信息服务的质量、主动提供个性化服务都有重要的作用。

Web 数据挖掘在图书馆个性化信息服务中具有重要的作用，主要表现在以下几个方面：一是可以进一步了解读者，根据读者经常访问的内容，可以分析读者的个人喜好，从而了解读者的需要；二是对某些类型读者经常访问的地方，有针对性地提供个性化的图书推荐或讲座宣传；三是可以分析潜在读者的喜好，有针对性的优化馆藏和网站以便把这些读者吸引进来；四是根据挖掘结果对图书馆的 Web 站点进行优化，包括网站架构和网页风格等，以便更加符合读者的口味；五是根据挖掘结果，更加明确以读者需求为导向的理念，针对读者的个性提供不同的页面功能和不同风格的个性化访问页面，满足读者的个性需求问。

　　Web 数据挖掘技术可对 Web 存取方式、Web 结构和规则以及动态的 Web 内容进行挖掘，是实现数字图书馆功能的核心技术之一。按 Weh 数据的内容、结构和用户记录三种类型分为三种挖掘方式：Web 内容数据的挖掘，比如 HTML、或 XML 格式的 Web 文档；Web 结构数据挖掘，比如 Web 文档中的超链接；Web 使用记录的挖掘，或叫用户访问数据的挖掘，比如服务器上的 log 日志信息。

　　根据图书馆的实际情况，图书馆一般可以对自己控制的网站、自己的一些 B/S 信息系统、馆外网站进行数据挖掘。

　　一、Web 内容挖掘

　　Web 内容挖掘就是从各种类型的网页页面中挖掘信息的过程。这些页面中的信息按内容格式，可以分为文本、图像、音频、视频几类。在数据挖掘时，针对不同的格式内容，需要选择不同的算法。比如基于文本挖掘算法可以解决页面中文本内容的挖掘，图书馆对豆瓣网书评、当当网书评等文本信息进行数据挖掘，对制定纸书采购计划，加强图书管理，和将馆内图书推荐给读者都具有指导作用。

　　另外，内容挖掘是数据挖掘的基础，只有在内容挖掘出的信息的基础上对信息再进行分析整合，才能得到用户真正需要的信息。

　　二、Web 结构挖掘

　　Web 结构挖掘对象为网页之间的链接信息。一般是从网站的链接关系或者组织体系中推导出相关知识，通过网页之间的相互关系，可以挖掘出网页内容之外的有价值数据信息。

　　Web 结构挖掘的最大特点是：可以将 Web 站点分级，显示站点的受欢迎程度。Web 结构挖掘利用基于内容的搜索结果，通过各种算法对搜索结果进行筛选，进而选出众多链接的根页面，然后依据它们在各自角色中的分量把它们一般分为大众、中枢和权威三个等级，将权威站点和中枢放在搜索结果的前面。

　　三、使用记录挖掘

　　使用记录挖掘是图书馆最实用的一种 Web 挖掘方式，图书馆根据读者对图书馆所控网站系统（包括图书馆网站、图书馆门户以及其他的 B/S 系统等）的访问记录，进行数据挖掘可直接定位到读者感兴趣的方向。这些 Web 的访问记录主要包括服务器上与 Web 访问有关的各类日志文件，如代理日志、引用日志、访问日志等，其中涉及用户的诸多访问信息，包括访问时间、访问途径、用户的 IP 地址、访问结果等。图书馆对 Web 的访问记录进行挖掘一般可以发现用户的兴趣爱好、发现用户的期望位置、发现用户频繁访问的路径三个方面情况信息问。图书馆根据挖掘结果可以为馆藏优化、采访决策、图书推荐等提供依据。

　　读者访问图书馆数字资源的行为进行了分析，主要是针对读者经常访问的数据库、检索的关键字、下载的文章以及读者的检索行为习惯等信息。这些信息形成了日志文件，日志文件经过解析和清洗放在数据库系统中形成读者访问信息数据库，通过对读者访问信息数据库的数据进行数据挖掘建模分析，采用聚类算法，按照聚类分析的结果，将读者分为不同的类型，根据结果生成各种形式的报表，将学科信息呈现给读者，信息服务部门按照读者类型针对不同的读者有针对性地对其推送学科信息。

第八节　流通数据挖掘

除了 Web 数据的挖掘，对图书馆来说，另外一种重要的数据挖掘就是对流通数据的挖掘。本节拟对现有文献对流通数据的挖掘研究与应用进行梳理，认为对流通数据的挖掘，体现在为采访服务、馆藏建设及优化、读者阅读习惯分析、个性化推荐、书目推荐、借阅流量预测等几个方面。

一、为采访服务

采访分为"采"与"访"两部分，包含采购和调研两层含义。所谓图书采访，就是采访部门对文献资源的征集、采购与整理分析。

图书采访决策是指采访馆员利用科学的方法，对馆藏资源、用户需求进行综合分析、判断，并获得最佳方案的过程。采访决策要以大量可靠信息作为依据，并且利用数据挖掘等辅助工具，保障采访策略的针对性，其涉及的信息包括馆藏信息、用户需求信息、文献信息等。

根据这些信息构建基于数据挖掘的图书采访决策模型，利用数据挖掘实现对各类数据的分析、关联，发现其中蕴含的有价值内容，可以提高图书采访决策的准确性，也为馆藏资源建设和图书馆文献管理提供科学指导。

二、馆藏建设与优化

读者在专业知识学习或科研活动中，经常需要进行某些预备知识或相关知识的学习，这些预备知识或相关知识与读者学习或研究的专业领域既有可能属于同一领域内的不同学科方向，也有可能根本就不属于同一个领域。

图书馆在实际服务中，有针对性地对这些专业领域或学科之间存在的内在知识进行关联，这些关联的一部分对馆员来说可能是常识，容易处理，而相当一部分知识关联是馆员无法判断和发现的。这时图书馆可以利用数据挖掘技术对流通数据，特别是对不同专业读者群的流通数据进行挖掘分析，发现这种隐含的关联，以指导图书馆的读者服务工作向知识服务的层面发展。

三、读者阅读习惯分析

高校图书馆通过对借阅情况的数据挖掘分析，可获知本校读者的阅读习惯关联、领域知识关联，对把握采购图书方向和推荐读者关联图书有较大的参考意义。

利用数据挖掘技术的 C4.5 决策树对图书馆文献管理集成系统数据库进行了深度挖掘，从而得出读者阅读需求偏好特点，为实现个性化服务做了基础性的工作。

对高校教师和学生借阅图书的相关信息以及馆藏图书文献资料信息结合起来进行分析，采用 DISAN 关联规则实施数据挖掘。通过改进性的 Apriori 算法，有效的分析整合出这些信息之间存在的关联性，得出师生在不同时间阶段借阅图书文献资源的规律。

从图书馆读者借阅记录入手，针对读者借阅记录的分类号进行频数统计和聚类分析，并依据获得的借阅兴趣类目构建读者阅读兴趣本体模型。使用 SWRL 规则描述语言构造推理规则，在 Jess 推理引擎中进行推理，实现了读者阅读兴趣本体模型的动态更新。

对一些计算机专业的局部学生的借阅信息进行挖掘后,得出支持度、可信度以及关联规则数目的对比关系。运用关联规则的 Apriori 算法和恰当的支持度与可信度对图书馆管理系统中读者的借阅信息进行了数据挖掘。

四、个性化推荐

对经典关联规则挖掘算法中的 Apriori 算法进行改进,采用改进后的算法对图书借阅历史数据进行关联分析,从而对读者作出个性化的推荐。

利用数据挖掘的分类算法对读者利用图书馆的行为模式进行挖掘,对借阅信息进行关联分析,挖掘读者已使用资源之间的关系,进行资源个性化推荐。

利用数据挖掘技术深入挖掘读者的借阅规律,感知读者的真实需求,形成以读者需求为驱动的差异化服务模式。对读者借阅的历史数据,利用关联规则中的 Apriori 算法分析读者需求特征和阅读趋向;结合读者自身属性和不同读者的需求特征选取读者细分因素,采取聚类算法细分读者群,建立聚类模型,从而清晰地揭示了读者群需求的差异性。

五、书目推荐

设计了一种基于读者个性化特征数据挖掘的图书馆书目推荐系统。根据读者聚类特点与数据关联规则,设计书目个性化推荐系统,并将挖掘出的关联规则应用到推荐服务当中;根据挖掘流程可得到大量数据,并对多余数据进行清理,对不完整数据进行补充,计算支持度和置信度;采用基于读者个性化特征数据挖掘图书馆书目并进行推荐,由此完成图书馆书目推荐。

提出了一种基于数据挖掘算法的新方法用于电子图书馆的智能推荐服务,此方法采用中图分类号索引树计算读者的兴趣倾向程度,采用改进的 K-means 聚类方法实现兴趣相近的读者聚类,采用改进的 Apriori 算法实现关联规则挖掘并形成智能推荐建议,为读者提供了预期的推荐服务。

提出的基于数据挖掘的图书馆读者借阅行为分析方法,采用基于相似系数矩阵的聚类算法,对图书馆读者借阅行为进行分析,采用 Jaccard 相似系数度量高维度图书馆读者借阅数据的相似度,对高维度读者数据进行聚类分析,解决图书馆读者借阅数据维度高的问题。聚类算法的构建实现了图书馆读者借阅行为数据的有效分类,针对读者设计了个性化专属图书推荐服务。

六、借阅流量预测

针对当前高校图书馆图书借阅流量预测模型存在的精度低难题,提出了基于数据挖掘的高校图书馆图书借阅流量预测模型。引入混沌理论对借阅流量原始数据进行分析,建立高校图书馆图书借阅流量建模的学习样本,采用数据挖掘技术构建高校图书馆图书借阅流量预测模型,并与其他模型进行了高校图书馆图书借阅流量预测的仿真实验。

第九章 人工智能技术及应用

第一节 人工智能简述

一、人工智能的概念

一般认为，人工智能（简称 AI）的定义可以分为两部分，即"人工"和"智能"。"人工"一词，一般指的是用人力所能制造出来的。而对"智能"一词，可能涉及意识、自我、思维、情感等问题。到底什么才算"智能"？人类理解的智能是人本身的智能，这是普遍认同的观点。

美国斯坦福大学著名的人工智能研究中心尼尔逊教授这样定义：人工智能是表示知识及怎样获得知识并使用知识的学科。著名的美国大学 MIT 的华生教授认为，人工智能就是研究如何使计算机去做过去只有人才能做的智能工作。这些说法反映了人工智能学科的基本思想和基本内容，即人工智能是研究人类智能活动的规律，构造具有一定智能的人工系统，研究如何让计算机去完成以往需要人的智力才能胜任的工作，也就是研究如何应用计算机的软硬件来模拟人类某些智能行为的基本理论、方法和技术。

人工智能至少应该包括四个核心学科：脑认知基础、机器感知与模式识别、自然语言处理与理解、知识工程。

脑认知基础学科阐明认知活动的脑机制，包括分子、细胞、神经回路、脑组织区，实现记忆、计算、交互等认知活动，以及如何模拟这些认知活动，包括认知心理学、神经生物学、不确定性认知、人工神经网络、统计学习、机器学习、深度学习等内容。

机器感知与模式识别学科有两个重要内核，一个代表图像视觉，另一个代表语言听觉。研究脑的视知觉，以及如何利用机器完成图形和图像的信息处理与识别任务，如物体识别、生物识别、情境识别等。目前在物体的几何识别、特征识别、语义识别中，人的签名识别、人脸识别、指纹识别、虹膜识别、行为识别、情感识别都已经取得巨大成功。

智能语言处理和理解学科，即自然语言处理与理解，研究自然语言的语境、语用、语义和语构；大型词库、语料和文本的智能检索，语音和文字的计算机输入方法，词法、句法、语义和篇章的分析，机器文本和语音的生成、合成和识别，各种语言之间的机器翻译和同传等。目前，自然语言处理与理解在计算语言学和语言数字化方面取得巨大成功，如信息压缩和抽取、文本挖掘、文本分类和聚类、自动文摘、阅读与理解、自动问答、话题跟踪、语言情感分析、聊天机器人、人工智能写作等，形成一大批井喷成果，其中中文信息处理与理解尤为突出。

知识工程学科研究如何用机器代替人，实现知识的表示、获取、推理、决策，包括机器定理证明、专家系统、机器博弈、数据挖掘和知识发现、不确定性推理、领域知识库，还有数字图书馆、维基百科、知识图谱等大型知识工程。

图书馆的智慧化需要人工智能技术的支撑。随着人工智能技术的进步，一些人工智能技术会逐步应用到图书馆的智慧化建设中。

二、人工智能的特征

（一）为人类服务，数据为基础，本质是计算

从根本上说，人工智能系统必须以人为本。这些系统是人类设计出的机器，按照人类设定的程序逻辑或软件算法通过人类发明的芯片等硬件载体来运行或工作，其本质体现为计算，通过对数据的采集、加工、处理、分析和挖掘，形成有价值的信息流和知识模型，为人类提供延伸人类能力的服务，实现对人类期望的一些"智能行为"的模拟。在理想情况下，必须体现服务人类的特点，而不应该伤害人类，特别是不应该有目的性地作出伤害人类的行为。

（二）能感知环境，产生反应，与人交互，与人互补

人工智能系统应能借助传感器等器件产生对外界环境（包括人类）进行感知的能力，可以像人一样通过听觉、视觉、嗅觉、触觉等接收来自环境的各种信息，对外界输入产生文字、语音、表情、动作（控制执行机构）等必要的反应，甚至影响到环境或人类。借助按钮、键盘、鼠标、屏幕、手势、体态、表情、力反馈、虚拟现实或增强现实等方式，人与机器间可以产生交互与互动，使机器设备越来越"理解"人类乃至与人类共同协作、优势互补。这样，人工智能系统能够帮助人类做不擅长、不喜欢但机器能够完成的工作，而人类则适合做更需要创造性、洞察力、想象力、灵活性、多变性乃至用心领悟或需要感情的一些工作。

（三）有适应特性，学习能力，演化迭代，连接扩展

人工智能系统在理想情况下应具有一定的自适应特性和学习能力，即具有一定的随环境、数据或任务变化而自动调节参数或更新优化模型的能力，并且能够在此基础上通过与云、端、人、物越来越广泛、深入的数字化连接扩展，实现机器客体乃至人类主体的演化迭代，以使系统具有适应性、稳健性、灵活性、扩展性，来应对不断变化的现实环境，从而使人工智能系统在各行各业产生丰富的应用。

三、人工智能的关键技术

（一）机器学习

机器学习是一门涉及统计学、系统辨识、逼近理论、神经网络、优化理论、计算机科学、脑科学等诸多领域的交叉学科，研究计算机怎样模拟或实现人类的学习行为，以获取新的知识或技能，重新组织已有的知识结构，使之不断改善自身的性能，是人工智能技术的核心。基于数据的机器学习是现代智能技术中的重要方法之一，研究从观测数据（样本）出发寻找规律，并利用这些规律对未来数据或无法观测的数据进行预测。根据学习模式、学习方法及算法的不同，机器学习存在不同的分类方法。

1.根据学习模式分类

根据学习模式，可以将机器学习分为监督学习、无监督学习和强化学习。

（1）监督学习：监督学习是利用已标记的有限训练数据集，通过某种学习策略/方法建立一个模型，实现对新数据/实例的标记（分类）/映射。最典型的监督学习算法包括回归和分类。监督学习要求训练样本的分类标签已知。分类标签精确度越高，

样本越具有代表性，学习模型的准确度越高。监督学习在自然语言处理、信息检索、文本挖掘、手写体辨识、垃圾邮件侦测等领域获得了广泛应用。

（2）无监督学习：无监督学习是利用无标记的有限数据描述隐藏在未标记数据中的结构/规律。最典型的非监督学习算法包括单类密度估计、单类数据降维、聚类等。无监督学习不需要训练样本和人工标注数据，便于压缩数据存储、减少计算量、提升算法速度，还可以避免正、负样本偏移引起的分类错误问题。无监督学习主要用于经济预测、异常检测、数据挖掘、图像处理、模式识别等领域，如组织大型计算机集群、社交网络分析、市场分割、天文数据分析等。

（3）强化学习：强化学习是智能系统从环境到行为映射的学习，以使强化信号函数值最大。由于外部环境提供的信息很少，强化学习系统必须靠自身的经历进行学习。强化学习的目标是学习从环境状态到行为的映射，使得智能体选择的行为能够获得环境最大的奖赏，使得外部环境对学习系统在某种意义下的评价为最佳。强化学习已在机器人控制、无人驾驶、下棋、工业控制等领域获得成功应用。

2.根据学习方法分类

根据学习方法，可以将机器学习分为传统机器学习和深度学习。

（1）传统机器学习：传统机器学习从一些观测（训练）样本出发，试图发现不能通过原理分析获得的规律，实现对未来数据行为或趋势的准确预测。相关算法包括逻辑回归、隐马尔科夫方法、支持向量机方法三层人工神经网络方法、Adaboost 算法、贝叶斯方法及决策树方法等。传统机器学习平衡了学习结果的有效性与学习模型的可解释性，为解决有限样本的学习问题提供了一种框架，主要用于有限样本情况下的模式分类、回归分析、概率密度估计等。传统机器学习方法共同的重要理论基础之一是统计学，在自然语言处理、语音识别、图像识别、信息检索和生物信息等领域获得了广泛应用。

（2）深度学习：深度学习是建立深层结构模型的学习方法。典型的深度学习算法包括深度置信网络、卷积神经网络、受限玻尔兹曼机和循环神经网络等。深度学习又被称为深度神经网络（指层数超过 3 层的神经网络）。深度学习作为机器学习研究中的一个新兴领域，由 Hinton 等人于 2006 年提出。深度学习源于多层神经网络，其实质是给出了一种将特征表示和学习合二为一的方式。深度学习的特点是放弃了可解释性，单纯追求学习的有效性。经过多年的摸索尝试和研究，已经产生了诸多深度神经网络的模型，其中卷积神经网络、循环神经网络是两类典型的模型。卷积神经网络常被应用于空间性分布数据；循环神经网络在神经网络中引入了记忆和反馈，常被应用于时间性分布数据。深度学习框架是进行深度学习的基础底层框架，一般包含主流的神经网络算法模型，提供稳定的深度学习 API，支持训练模型在服务器和 GPU、TPU 间的分布式学习，部分框架还具备在包括移动设备云平台在内的多种平台上运行的移植能力，从而为深度学习算法带来前所未有的运行速度和实用性。

3.根据算法分类

根据算法，可以将机器学习分为迁移学习、主动学习、演化学习。

（1）迁移学习：迁移学习是指当在某些领域无法取得足够多的数据进行模型训练时，利用另一领域数据获得的关系进行的学习。迁移学习可以把已训练好的模型参数迁移到新的模型指导新模型训练，可以更有效地学习底层规则、减少数据量。目前的迁移学习技术主要在变量有限的小规模应用中使用，如基于传感器网络的定位、文字分类和图像分类等。未来迁移学习将被广泛应用于解决更有挑战性的问题，如视频分类、社交网络分析、逻辑推理等。

（2）主动学习：主动学习通过一定的算法查询最有用的未标记样本，并交由专家进行标记，然后用查询到的样本训练分类模型来提高模型的精度。主动学习能够选择性地获取知识，通过较少的训练样本获得高性能的模型，最常用的策略是通过不确定性准则和差异性准则选取有效的样本。

（3）演化学习：演化学习对优化问题性质要求极少，只要能够评估解的好坏即可，适用于求解复杂的优化问题，也能直接用于多目标优化。演化算法包括粒子群优化算法、多目标演化算法等。目前，针对演化学习的研究主要集中在演化数据聚类、对演化数据更有效的分类，以及提供某种自适应机制以确定演化机制的影响等。

（二）知识图谱

知识图谱本质上是结构化的语义知识库，是一种由节点和边组成的图数据结构，以符号形式描述物理世界中的概念及其相互关系，其基本组成单位是"实体—关系—实体"三元组，以及实体及其相关属性。不同实体之间通过关系相互联结，构成网状的知识结构：在知识图谱中，每个节点表示现实世界的"实体"，每条边为实体与实体之间的"关系"。

通俗地讲，知识图谱就是把所有不同种类的信息连接在一起而得到的一个关系网络，提供了从"关系"的角度去分析问题的能力。知识图谱可用于反欺诈、不一致性验证、反组团欺诈等公共安全保障领域，需要用到异常分析、静态分析、动态分析等数据挖掘方法。值得一提的是，知识图谱在搜索引擎、可视化展示和精准营销方面有很大的优势，已成为业界的热门工具。但是，知识图谱的发展还面临很大的挑战，如数据的噪声问题，即数据本身有错误或者数据存在冗余。随着知识图谱应用的不断深入，还有一系列关键技术需要突破。

（三）自然语言处理

自然语言处理是计算机科学领域与人工智能领域的一个重要方向，研究能实现人与计算机之间用自然语言进行有效通信的各种理论和方法，涉及的领域较多，主要包括机器翻译、语义理解和问答系统等。

1.机器翻译

机器翻译技术是指利用计算机技术实现从一种自然语言到另一种自然语言的翻译过程。基于统计的机器翻译方法突破了之前基于规则和实例的翻译方法的局限性，翻译性能取得巨大提升。基于深度神经网络的机器翻译在日常口语等一些场景的成功应用，已经显现出了巨大的潜力。随着上下文的语境表征和知识逻辑推理能力的发展，自然语言知识图谱不断扩充，机器翻译将会在多轮对话翻译及篇章翻译等领域取得更大进展。

目前，非限定领域机器翻译中性能较佳的一种是统计机器翻译，包括训练及解码两个阶段。训练阶段的目标是获得模型参数；解码阶段的目标是利用所估计的参数和给定的优化目标，获取待翻译语句的最佳翻译结果。

2. 语义理解

语义理解技术是指利用计算机技术实现对文本篇章的理解，并且回答与篇章相关问题的过程。语义理解更注重对上下文的理解及对答案精准程度的把控。随着 MCTest 数据集的发布，语义理解受到更多关注，取得了快速发展，相关数据集和对应的神经网络模型层出不穷。语义理解技术将在智能客服、产品自动问答等相关领域发挥重要作用，进一步提高问答与对话系统的精度。

在数据采集方面，语义理解通过自动构造数据方法和填空型问题的方法来有效扩充数据资源。为了解决填充型问题，一些基于深度学习的方法被相继提出，如基于注意力的神经网络方法。当前主流的模型是利用神经网络技术对篇章、问题建模，对答案的开始和终止位置进行预测，抽取出篇章片段。对于进一步泛化的答案，处理难度也进一步提升，目前的语义理解技术仍有较大的提升空间。

3. 问答系统

问答系统分为开放领域的对话系统和特定领域的问答系统。问答系统技术是指让计算机像人类一样用自然语言与人交流的技术。人们可以向问答系统提交用自然语言表达的问题，系统会返回关联性较高的答案。尽管问答系统目前已经有不少应用产品出现，但大多是在实际信息服务系统和智能手机助手等领域中的应用，在问答系统稳健性方面仍然存在着问题和挑战。

自然语言处理面临四大挑战：一是在词法、句法、语义、语用和语音等不同层面存在不确定性；二是新的词汇、术语、语义和语法导致未知语言现象的不可预测性；三是数据资源的不充分使其难以覆盖复杂的语言现象；四是语义知识的模糊性和错综复杂的关联性难以用简单的数学模型描述，语义计算需要参数庞大的非线性计算。

（四）人机交互

人机交互主要研究人和计算机之间的信息交换，主要包括人到计算机和计算机到人的两部分信息交换，是人工智能领域重要的外围技术。人机交互是与认知心理学、人机工程学、多媒体技术、虚拟现实技术等密切相关的综合学科。传统的人与计算机之间的信息交换主要依靠交互设备进行，包括键盘、鼠标、操纵杆、数据服装、眼动跟踪器、位置跟踪器、数据手套、压力笔等输入设备，以及打印机、绘图仪、显示器、头盔式显示器、音箱等输出设备。人机交互技术除了传统的基本交互和图形交互外，还包括语音交互、情感交互、体感交互及脑机交互等技术。以下对后四种与人工智能关系密切的典型交互手段进行介绍。

1. 语音交互

语音交互是一种高效的互动方式，是人以自然语音或机器合成语音与计算机进行交互的综合性技术，结合了语言学、心理学、工程和计算机技术等领域的知识。语音交互不仅要对语音识别和语音合成进行研究，还要对人在语音通道下的交互机理、行为方式等进行研究。语音交互过程包括四部分：语音采集、语音识别、语义理解和语音合成。语音采集完成音频的录入、采样及编码；语音识别完成语音信息到机器可识别的文本信息的转化；语义理解根据语音识别转换后的文本字符或命令完成相应的操作；语音合成完成文本信息到声音信息的转换。作为人类沟通和获取信息最自然便捷的手段，语音交互比其他交互方式具备更多的优势，能为人机交互带来根本性变革，是大数据和认知计算时代未来发展的制高点,具有广阔的发展前景和应用前景。

2.情感交互

情感是一种高层次的信息传递,而情感交互是一种交互状态,它在表达功能和信息时传递情感,勾起人们的记忆或内心的情愫。传统的人机交互无法理解和适应人的情绪或心境,缺乏情感理解和表达能力。计算机难以具有类似人一样的智能,也难以通过人机交互做到真正的和谐与自然。情感交互就是要赋予计算机类似于人一样的观察、理解和生成各种情感的能力,最终使计算机像人一样能进行自然、亲切和生动的交互。情感交互已经成为人工智能领域的热点方向,旨在让人机交互变得更加自然。目前,情感交互信息的处理方式、情感描述方式、情感数据获取和处理过程、情感表达方式等方面还面临着诸多技术挑战。

3.体感交互

体感交互是个体不需要借助任何复杂的控制系统,以体感技术为基础,直接通过肢体动作与周边数字设备装置、环境进行自然的交互。依照体感方式与原理的不同,体感技术主要分为三类:惯性感测、光学感测及光学联合感测。体感交互通常由运动追踪、手势识别、运动捕捉、面部表情识别等一系列技术支撑。与其他交互手段相比,体感交互技术无论是硬件还是软件方面都有了较大的提升,交互设备向小型化、便携化、使用方便化等方面发展,大大降低了对用户的约束,使得交互过程更加自然。目前,体感交互在游戏娱乐、医疗辅助与康复、全自动三维建模、辅助购物、眼动仪等领域有了较为广泛的应用。

4.脑机交互

脑机交互又被称为脑机接口,指不依赖于外围神经和肌肉等神经通道,直接实现大脑与外界信息传递的通路。脑机接口系统检测中枢神经系统活动,并将其转化为人工输出指令,能够替代、修复、增强、补充或者改善中枢神经系统的正常输出,从而改变中枢神经系统与内外环境之间的交互作用。脑机交互通过对神经信号解码,实现脑信号到机器指令的转化,一般包括信号采集、特征提取和命令输出三个模块。从脑电信号采集的角度来看,一般将脑机接口分为侵入式和非侵入式两大类。除此之外,脑机接口还有其他常见的分类方式:按照信号传输方向可以分为脑到机、机到脑和脑机双向接口;按照信号生成的类型可分为自发式脑机接口和诱发式脑机接口;按照信号源的不同可分为基于脑电的脑机接口、基于功能性核磁共振的脑机接口及基于近红外光谱分析的脑机接口。

(五)计算机视觉

计算机视觉是使用计算机模仿人类视觉系统的科学,让计算机拥有类似人类提取、处理、理解和分析图像及图像序列的能力。自动驾驶、机器人、智能医疗等领域均需要通过计算机视觉技术从视觉信号中提取并处理信息。近年来,随着深度学习的发展,预处理特征提取与算法处理渐渐融合,形成端到端的人工智能算法技术。根据解决的问题,计算机视觉可分为计算成像学、图像理解、三维视觉、动态视觉和视频编解码五大类。

1.计算成像学

计算成像学是探索人眼结构、相机成像原理及延伸应用的科学。在相机成像原理方面，计算成像学不断促进现有可见光相机的完善，使得现代相机更加轻便，可以适用于不同场景。同时，计算成像学也推动着新型相机的产生，使相机超出可见光的限制。在相机应用科学方面，计算成像学可以提升相机的能力，从而通过后续的算法处理使得在受限条件下拍摄的图像更加完善，如图像去噪、去模糊、暗光增强、去雾霾等，以及实现新的功能，如全景图、软件虚化、超分辨率等。

2.图像理解

图像理解是通过用计算机系统解释图像，实现类似人类视觉系统理解外部世界的一门科学。根据理解信息的抽象程度可分为三个层次：浅层理解，包括图像边缘、图像特征点、纹理元素等；中层理解，包括物体边界、区域与平面等；高层理解，根据需要抽取的高层语义信息，可大致分为识别、检测、分割、姿态估计、图像文字说明等。目前，高层图像理解算法已广泛应用于人工智能系统，如刷脸支付、智慧安防、图像搜索等。

3.三维视觉

三维视觉即研究如何通过视觉获取三维信息（三维重建）及如何理解所获取的三维信息的科学。三维重建可以根据重建的信息来源，分为单目图像重建、多目图像重建和深度图像重建等。三维信息理解即使用三维信息辅助图像理解或者直接理解三维信息。三维信息理解可分为浅层（角点、边缘、法向量等）、中层（平面、立方体等）和高层（物体检测、识别、分割等）。三维视觉技术可以广泛应用于机器人、无人驾驶、智慧工厂、虚拟/增强现实等方向。

4.动态视觉

动态视觉即分析视频或图像序列，模拟人处理时序图像的科学。通常，动态视觉问题可以定义为寻找图像元素，如像素、区域、物体在时序上的对应，以及提取其语义信息的问题。动态视觉研究被广泛应用在视频分析及人机交互等方面。

5.视频编解码

视频编解码是指通过特定的压缩技术，将视频流进行压缩。视频流传输中最为重要的编解码标准有 H.261、H.263、H.264、H.265.M-JPEG 和 MPEG 系列标准。视频压缩编码主要分为两大类：无损压缩和有损压缩。无损压缩指使用压缩后的数据进行重构时，重构后的数据与原来的数据完全相同，如磁盘文件的压缩。有损压缩也被称为不可逆编码，指使用压缩后的数据进行重构时，重构后的数据与原来的数据有差异，但不会使人们原始资料所表达的信息产生误解。有损压缩的应用范围广泛，如视频会议、可视电话、视频广播、视频监控等。

目前，计算机视觉技术发展迅速，已具备初步的产业规模。未来计算机视觉技术的发展主要面临以下挑战：一是如何在不同的应用领域和其他技术更好地结合。计算机视觉在解决某些问题时可以广泛利用大数据，已经逐渐成熟并且可以超过人类，而在某些问题上无法达到很高的精度。二是如何降低计算机视觉算法的开发时间和人力成本。目前计算机视觉算法需要大量的数据与人工标注，需要较长的研发周期以达到应用领域所要求的精度与耗时。三是如何加快新型算法的设计开发。随着新的成像硬件与人工智能芯片的出现，针对不同芯片与数据采集设备的计算机视觉算法的设计和开发也是挑战之一。

（六）生物特征识别

生物特征识别技术是指通过个体生理特征或行为特征对个体身份进行识别认证的技术。从应用流程来看，生物特征识别通常分为注册和识别两个阶段。注册阶段通过传感器对人体的生物表征信息进行采集，如利用图像传感器对指纹和人脸等光学信息、利用麦克风对说话声等声学信息进行采集，利用数据预处理及特征提取技术对采集的数据进行处理，得到相应的特征并进行存储。识别过程采用与注册过程一致的信息采集方式对待识别人进行信息采集、数据预处理和特征提取，然后将提取的特征与存储的特征进行比对分析，完成识别。从应用任务来看，生物特征识别一般分为辨认与确认两种任务。辨认是指从存储库中确定待识别人身份的过程，是一对多的问题；确认是指将待识别人信息与存储库中特定单人信息进行比对，确定身份的过程，是一对一的问题。

生物特征识别技术涉及的内容十分广泛，包括指纹、人脸、虹膜、指静脉、声纹、步态等多种生物特征，其识别过程涉及图像处理、计算机视觉、语音识别、机器学习等多项技术。目前，生物特征识别作为重要的智能化身份认证技术，在金融、公共安全、教育、交通等领域得到广泛的应用。下面将对指纹识别、人脸识别、虹膜识别、指静脉识别、声纹识别及步态识别等技术进行介绍。

1.指纹识别

指纹识别通常包括数据采集、数据处理、分析判别三个过程。数据采集是通过光、电、力、热等物理传感器获取指纹图像；数据处理包括预处理、畸变校正、特征提取三个过程；分析判别是对提取的特征进行分析判别的过程。

2.人脸识别

人脸识别是典型的计算机视觉应用。从应用过程来看，可将人脸识别技术划分为检测定位、面部特征提取及人脸确认三个过程。人脸识别技术的应用主要受到光照、拍摄角度、图像遮挡、年龄等多个因素的影响。在约束条件下，人脸识别技术相对成熟；在自由条件下，人脸识别技术还在不断改进。

3.虹膜识别

虹膜识别的理论框架主要包括虹膜图像分割、虹膜区域归一化、特征提取和识别四个部分，研究工作大多是基于此理论框架发展而来的。虹膜识别技术应用的主要难题包含传感器和光照影响两个方面：一方面，由于近膜尺寸小且受黑色素遮挡，需在近红外光源下采用高分辨图像传感器才可清晰成像，对传感器质量和稳定性要求比较高；另一方面，光照的强弱变化会引起瞳孔缩放，导致虹膜纹理产生复杂形变，增加了匹配的难度。

4.指静脉识别

指静脉识别是利用了人体静脉血管中的脱氧血红蛋白对特定波长范围内的近红外线有很好的吸收作用这一特性，采用近红外光对指静脉进行成像与识别的技术。由于指静脉血管分布随机性很强，其网络特征具有很好的唯一性，且属于人体内部特征，不受外界影响，因此模态特性十分稳定。指静脉识别技术应用面临的主要难题来自成像单元。

5.声纹识别

声纹识别是根据待识别语音的声纹特征识别说话人的技术。声纹识别技术通常可以分为前端处理和建模分析两个阶段。声纹识别的过程是将某段来自某个人的语音经过特征提取后与多复合声纹模型库中的声纹模型进行匹配,常用的识别方法分为模板匹配法、概率模型法等。

6. 步态识别

步态是远距离复杂场景下唯一可清晰成像的生物特征。步态识别是指通过身体体形和行走姿态来识别人的身份。相比上述几种生物特征识别,步态识别的技术难度更大,体现在其需要从视频中提取运动特征,以及需要更高要求的预处理算法。但步态识别具有远距离、跨角度、光照不敏感等优势。

(七)虚拟现实/增强现实

虚拟现实(VR)/增强现实(AR)是以计算机为核心的新型视听技术。结合相关科学技术,在一定范围内生成与真实环境在视觉、听觉、触感等方面高度近似的数字化环境。用户借助必要的装备与数字化环境中的对象进行交互,相互影响,获得近似真实环境的感受和体验,通过显示设备、跟踪定位设备、触力觉交互设备、数据获取设备、专用芯片等实现。

虚拟现实/增强现实从技术特征角度,按照不同处理阶段,可以分为获取与建模技术、分析与利用技术、交换与分发技术、展示与交互技术、技术标准与评价体系五个方面。获取与建模技术研究如何把物理世界或者人类的创意进行数字化和模型化,难点是三维物理世界的数字化和模型化技术;分析与利用技术重点研究对数字内容进行分析、理解、搜索和知识化的方法,其难点在于内容的语义表示和分析;交换与分发技术主要强调各种网络环境下大规模的数字化内容流通、转换、集成,以及面向不同终端用户的个性化服务等,其核心是开放的内容交换和版权管理技术;展示与交互技术重点研究符合人类习惯的数字内容的各种显示技术及交互方法,以期提高人对复杂信息的认知能力,其难点在于建立自然和谐的人机交互环境;技术标准与评价体系重点研究虚拟现实/增强现实基础资源、内容编目、信源编码等的规范标准及相应的评估技术。

目前,虚拟现实/增强现实面临的挑战主要体现在智能获取、普适设备、自由交互和感知融合四个方面,在硬件平台与装置、核心芯片与器件、软件平台与工具、相关标准与规范等方面存在一系列科学技术问题。总体来说,虚拟现实/增强现实呈现虚拟现实系统智能化、虚实环境对象无缝融合、自然交互全方位与舒适化的发展趋势:

综上所述,人工智能技术在以下方面的发展有显著的特点,是进一步研究人工智能发展趋势的重点。

1. 技术平台开源化

开源的学习框架在人工智能领域的研发成绩斐然,对深度学习领域影响巨大。开源的深度学习框架使得开发者可以直接使用已经研发成功的深度学习工具,减少二次开发,提高效率,促进业界紧密合作和交流。国内外产业巨头也纷纷意识到通过开源技术建立产业生态,是抢占产业制高点的重要手段。通过技术平台的开源化,可以扩大技术规模,整合技术和应用,有效布局人工智能全产业链。谷歌、百度等国内外龙头企业纷纷布局开源人工智能生态,未来将有更多的软硬件企业参与开源生态。

2. 专用智能向通用智能发展

目前，人工智能的发展主要集中在专用智能方面，具有领域局限性。随着科技的发展，各领域之间相互融合、相互影响，需要一种范围广、集成度高、适应能力强的通用智能，提供从辅助性决策工具到专业性解决方案的升级。通用人工智能具备执行一般智慧行为的能力，可以将人工智能与感知、知识、意识和直觉等人类的特征互相连接，减少对领域知识的依赖性，提高处理任务的普适性，这将是人工智能未来的发展方向。未来的人工智能将广泛地涵盖各个领域，消除各领域之间的应用壁垒。

3. 智能感知向智能认知方向迈进

人工智能的主要发展阶段包括运算智能、感知智能、认知智能，这一观点得到业界的广泛认可。早期阶段的人工智能是运算智能，机器具有快速计算和记忆存储能力。当前大数据时代的人工智能是感知智能，机器具有视觉、听觉、触觉等感知能力。随着类脑科技的发展，人工智能必然向认知智能时代迈进，即让机器能理解、会思考。

第二节　基于人工智能的智慧图书馆分析

近年来，人工智能技术在图书馆各项工作中的运用日益增多，在给我国图书馆的服务理念、服务内容及服务方式等带来历史性变革的同时，使智慧图书馆的发展步伐进一步加快。

一、人工智能助力智慧图书馆馆藏资源的有效整合

目前，现代图书馆数字资源整合与发现系统主要有维普智图、超星发现等。图书馆能做到的数字资源整合还远远达不到为读者自由获取信息资源的实际要求。读者在图书馆检索文献时，会显示书评及下载链接等少量信息。目前，图书馆资源整合的主要方式包括 OPAC 系统的纸质文献和电子文献关联整合、异构数据库元数据抽取整合、异构电子资源库接口链接整合等。①元数据整合、接口整合已经成为主流的平台整合方式。传统图书馆的数据处理由于受数据获取和分析能力的制约，采用数据采样或抽样的方式处理数据，通过少量的样本数据，使用数学或统计学模型近似地描述变量之间的特征或规律，进行趋势外推到总体特征。②智慧图书馆中数字资源的整合指的是综合运用各种技术、方法和手段，对图书馆相互独立的各种数字资源进行优化，重新将其结合为一个新的有机整体，形成效能更好、效率更高的数字资源体系。智慧图书馆运用人工智能技术可做到数字资源的深度整合，而人工智能技术的应用则是依据信息用户的需求，对各个相对独立的数字资源中的数据单元、功能结构及其互动关系进行揭示和融合。它不仅是对数字资源本身的集中化整合，更是对数字资源相关数据的整合，使智慧图书馆中数字资源更趋于有序化。③人工智能技术使传统图书馆馆藏数字资源的有效整合、数据处理方式和数据处理思维模式发生了根本性的变革。

二、人工智能可助力智慧图书馆数字资源的智慧检索

"互联网+"技术的快速发展，以计算机技术、网络通信技术、多媒体数字技术等为依托的人工智能技术广泛应用，使传统图书馆的馆藏结构、信息服务方式与服务理念等正在发生改变。读者在海量信息中精准检索并筛选到符合自己需求的信息资源，

既是一项专业的事情，又是一种烦琐的事情。要想在海量的网络信息资源中快速、准确地找到目标信息，减少读者检索的负担，人工智能检索技术在智慧图书馆中广泛应用就显得尤为重要。与传统网络检索相比，智慧图书馆中的人工智能检索可通过提取信息的语义内容来实现匹配和推理，实现从基本的文献检索到知识检索的转变。它可以根据读者的检索行为，通过算法来满足读者的要求，进而将符合读者需求的信息资源进行智能筛选并呈现给读者，使检索更便捷和精准。①人工智能技术可帮助馆员或者系统自动完成一些咨询服务，让馆员能从事更加具体的咨询服务。其中，语义分析、智能回答、垂直搜索和业务系统的一站式接入平台系统是开展这项工作的关键。而且语义平台已经能够提供覆盖多垂直领域的语义通用场景，提供海量通用问答资源，支持亿万量级词典的复杂语义空间建模，以及自定义文法和通用文法的混合解码，同时支持Andriod.IOS、JAVA、Linux等多终端形式接入，通过多样化的结果输出，满足应用的个性化定制需求。目前的语义分析系统非常发达，已经达到能对中文、英文、日文甚至部分方言的自动语义分析。

三、人工智能可助力智慧图书馆服务模式的创新

差异化和个性化的服务是互联网时代的一个重要特征，图书馆也不例外。这种差异化、个性化的服务需要人工智能技术依托大数据方式来完成。

（一）运用图像识别技术，精准识别有效读者和一般浏览读者，为读者服务工作提供有效数据支撑

图像识别技术运用到人身上主要是人脸识别，是基于人的脸部特征信息进行身份识别的一种生物识别技术。用摄像机或摄像头采集含有人脸的图像或视频流，并自动在图像中检测和跟踪人脸，通常也叫作人像识别、面部识别。人脸识别已有30多年的研发历史，现已开始深入我们的生活，并改变我们的生活。2017年，第一家阿里巴巴的无人超市、第一家刷脸取现的银行的出现，将这一技术推进到更高领域的实际应用。与其他的验证方式相比，人脸识别不需要读者专门配合采集设备，在远距离、自然状态下就可获取人脸图像，隐蔽性更好。

图书馆采用人脸识别技术可以有效完成大量到馆读者的身份管理。这种技术对提升我们的服务有至关重要的参考意义。对于图书馆来说，掌握非有效读者到馆规律非常重要。每年图书馆到馆读者有几百万，但真正有效读者和非有效读者的比例一直困扰着我们的统计工作，没有哪座图书馆能说清楚这一比例。传统图书馆统计到馆读者一般使用客流统计系统完成，大部分技术平台系统是根据头、双肩三点测定，判断进馆与出馆行为。如果应用人脸识别系统进行统计，根据有效读者的进馆数据分析，系统可将一些实时的推荐信息发送到读者移动设备中，如借阅信息、兴趣阅读信息等，可以在原有进馆、出馆统计的基础上完成有效读者和一般浏览性读者的区分。如果我们能准确掌握这一个比例，就可以在服务中有所侧重，这对提升图书馆读者服务效能非常重要。再如电子阅览室上网服务、网上报名签到服务、读者到馆统计服务、读者数字图书馆快速访问服务等。电子阅览室上网服务需要读者每次上网都要提供有效身份证明，如果应用人脸识别技术，那么读者第一次持身份证或者读者证登记注册后，再次上网时，可能只需要几秒钟进行人脸识别就可以完成上网的登记，从而极大地方便读者使用电子阅览室。

（二）运用 RFID 识别技术可节省读者等候时间，提高工作效率。

依赖于物联网、智联网的传感技术、智能感知技术和云计算技术，在硬件基础设施和软件技术的支撑下，智慧图书馆能够提供智慧化的管理和服务。①RFID 本身就是一种初级智能设备。目前，图书馆在借阅环节使用 RFID 技术已经成为一种主流，可以完全实现图书馆借阅服务的人工智能化。随着超高频标签技术门槛的不断降低，人工智能将会赋予 RFID 更多的信息，如读者信息、图书馆座位信息、预订图书到馆信息等。越来越多的图书馆采用超高频标签，实现了读者带着书经过一个探测门就能完成借阅，为实现无人超市式的借阅场景提供了可能。要完成一个快速借阅过程，需要人工智能技术中人像识别和标签识别两个系统的密切配合。现在的人像识别技术可以让身份识别在 5 秒之内完成，通过与业务系统的对话实现提取读者证号的功能。而超高频标签识别系统对超过 1 米以外的图书都能够实现读取，并完成借阅。目前这一系列的技术非常成熟，各种应用设备的价格也趋于合理。同时，人工智能引入门禁系统会在有效距离内自动识别到读者，让读者可无障碍进出图书馆，人工智能设备将引导读者找到所需的文献信息资源。

（三）运用语音鉴别技术可实现无障碍服务

语音是人类交流最自然的方式。人类通过语音传递和接收信息比其他任何媒介接收信息都要简单、方便和快捷。这些优点决定了语音识别是智慧图书馆无障碍服务最有效的方式。语音识别技术不受传统人工咨询服务时间、空间和人力的限制，能够无障碍地满足日益增长的读者服务需求，特别是能够帮助弱势群体，如老年人、学龄前儿童、阅读障碍症患者等进行文献检索和阅读。中国国家数字图书馆 App 和上海图书馆 App 均采用了语音识别技术，让读者可通过语音输入代替文本输入进行馆藏资源搜索。语音识别技术能将文字转换成语音，可以提供语音朗读，让视障人士通过听觉来获取信息，解决文本输入困难的问题；反之，可以将音频中的语言转换成文字，为听障人士提供文字阅览。另外，语音机器人还可以代替馆员为读者提供多种服务，如馆藏资源搜索、参考咨询、学科导航等。

四、人工智能可助力智慧图书馆系统分析与管理

随着人工智能技术的不断发展，图书馆的服务模式和读者的阅读方式正在发生巨大的变化，读者服务工作中产生的数据也越来越具备大数据的特征。将人工智能技术与图书馆业务相结合，挖掘、分析隐藏在读者行为大数据背后的价值，是智慧

图书馆领域研究的热点之一。基于大数据的人工智能技术，可从不同角度对图书馆的读者行为数据进行深度关联分析，探索发现隐藏在数据背后的模式和规律，进而可以形成大量的数据报告。人工智能技术通过一种对读者人群进行分类的算法，可以根据读者的借阅记录特征，如借阅书目、借阅时长、借阅频率等对读者进行分类，从而能标示出读者借阅画像。人工智能系统将自动把读者的兴趣、爱好等与文献联系起来，形成一个完整的读者借阅画像，并能完成实时的推送服务。比如，辽宁省图书馆目前拥有业务系统 OPAC、统一检索系统、读者个人图书馆、统一认证系统、人流统计系统等多个系统平台的数据集合。其新馆利用人工智能技术进行读者行为数据的实证研究，重点是读者结构、读者阅读心理、读者阅读需求、读者阅读行为、读者馆内轨迹的研究，建立了比较清晰的读者画像，通过人工智能分析系统总结出近十年该馆读

者的阅读倾向的变化、读者结构的变化、读者阅读习惯的变化等，为业务工作提供了科学依据，也为辽宁省图书馆的创新服务提供了新思路和选择。

智慧图书馆是在移动互联网、云计算、大数据、物联网等高新信息技术的支撑下，实现图书馆实体空间与虚拟空间的有机融合，通过人工智能技术的运用达到馆藏信息资源充分利用，服务高效、便捷，低碳环保运作，体现以人为本的智慧化服务和智慧化管理的新型图书馆。利用新的信息环境下的各种智能设备、智能系统、移动网络等分别对读者、实体图书馆的图书、期刊、座位和数字图书馆的文献资源、智能设备等进行统一智能管理，以提高管理效率。

可以实现智慧化控制及高效管理。传统的图书馆管理更多的是依靠基于人的感知、经验和预判来进行的图书馆管理，受限于个人的能力等因素，具有一定的局限性。人工智能技术可利用数据分析和数据算法，将多维度、多视角的内外部数据紧密结合起来，建立读者服务的模型，帮助智慧图书馆的管理者作出正确的判断。这种基于大数据的人工智能分析可以为图书馆决策者制订图书馆发展策略提供决策参考，可以建立人工智能的服务辅助管理系统，有效拓展图书馆的服务领域，从而提高图书馆的读者服务水平和效能。

五、人工智能可助力智慧图书馆网络的安全管控

人工智能以网络和大数据为依托，保护网络和数据安全是发展人工智能的前提。网络安全是图书馆人工智能服务的必然保障。网络时代，图书馆的读者数据大多数是在读者未授权或者不知情的情况下获取的，有着很强的私密性，如一些读者的搜索数据、借阅数据。读者的一些阅读模型只有研究意义，不具备公开条件。

基于大数据建立起来的人工智能信息分析系统，在数字资源云存储、智能安防方面发挥着举足轻重的作用。首先，可以对所有到馆读者数据进行精准分析，全面掌握各类图书借阅或访问信息及文献利用率情况，为智慧图书馆管理提供重要依据；其次，可获取读者借阅信息，为分析读者阅读兴趣的要求提供了依据，最终实现向读者主动推送所需要的文献资源；再次，可以保护读者数据和隐私；最后，可以建立技术屏障，防止不法入侵数据平台分析系统，免除读者行为数据泄露或被他人窃取。

六、人工智能可助力智慧图书馆打造智慧咨询馆员

智慧图书馆为读者提供更加个性化、全方位的信息服务，需要借助智慧咨询馆员运用人工智能技术，采用新的语义分析技术去分析读者咨询中的对话问题，对馆员要求较高。传统图书馆使用的是 Frequently Asked Questions（FAQ），也是最早的智能服务形式之一。在线咨询馆员服务是将读者咨询频率较高的问题汇集起来形成 FAQ 服务。这是一个人工筛选的过程，需要读者自行到 FAQ 合集里去寻找想咨询的问题。FAQ 虽然比较被动，但服务的确发挥了重要作用。目前很多图书馆除了应用人工智能技术，努力打造智慧咨询馆员外，也引进了智能馆员机器人，完成读者一般性的咨询问题。比如，辽宁省图书馆 2016 年引进了服务机器人，在服务大厅完成读者一般性咨询问题、馆舍功能介绍、读者引路等服务。其后台对接着一个开放性的云语义平台，带给读者的不单单是一个咨询问题的解决，更多的是读者对数字图书馆的一种应用体验。机器人的服务将随着语义分析技术和语义平台技术的进步有进一步的拓展，将来可以完全替代馆员完成导引服务。类似苹果智能"siri"等智能机器人迈入了一个新的发展期，

未来将影响甚至改变图书馆的信息服务工作模式。

第三节　人工智能技术在智慧图书馆中的具体应用

一、基于人工智能机器人的交互服务

（一）模式设计

在图书馆传统交互服务模式下，读者与图书馆之间的交互途径包括馆员对话、OPAC机、目录检索机等。随着人工智能技术逐渐应用于图书馆智慧服务当中，读者对设施应用智能性的要求正在提高。智能机器人作为人工智能领域内的智慧结晶，被各国视为人工智能技术发展情况的综合体现，被广泛应用于军事、商业、服务等多个领域。图书馆作为公共文化传播服务单位，依托自身资源多元化优势，结合社会和自身发展方向，有责任、有必要、有义务应用智能机器人。

首先，使用智能机器人能够与读者进行互动交流，甚至能够解决读者提出的问题，指引读者进行自助服务，缓解图书馆馆员在高峰时段的工作精力，使馆员将更多精力投入重点发展方向；其次，能够为读者提供高智能化服务，提高读者对图书馆的兴趣度和满意度；最后，响应国家发展计划，利用自身特点为其他领域内智能机器人的发展提供参考和借鉴。目前，已有部分图书馆在智慧服务中应用智能机器人，如天津大学图书馆等，国外图书馆也有应用案例，如澳大利亚悉尼科技大学图书馆等。智能机器人是能够体现图书馆交互服务智能化的重要途径之一。为满足读者智能化需求，下面从图书馆交互服务角度出发，构建基于智能机器人的职能交互服务模式，以读者数据与资源数据作为运行数据库，为读者提供不同的交互方式。交互方式分别为读者与馆员交互、读者与图书馆交互、读者与读者交互、馆员与馆员交互。该模式中涵盖了传统图书馆、数字图书馆、智慧图书馆中大多数的交互途径。设备交互和人工交互的服务对象为线下读者，使线下读者能够与馆员或者专家进行交互沟通，也能够满足读者实现自助借还书等基本功能；移动交互的服务对象为线上读者，利用移动技术为读者提供泛在化的交互服务，使读者可以随时随地享受知识服务；智能机器人交互的服务目标分别为线上读者和线下读者，使线上读者能够利用移动端访问移动图书馆、官方网页等进行交互咨询，线下读者则能够进入图书馆内，通过智能机器人进行寻路、交流、咨询等。

（二）模式特点

1.智能性

智能机器人作为人工智能技术的高度智能化产物，能够模拟人类行为与思维，并与读者进行交流，为读者提供决策支持。咨询机器人能够根据读者所提出问题进行分析，清晰地提供多种参考方案，使读者可以根据自身知识需求来进行方案选择，从而进行决策行为，其专业性较强。交互机器人的知识库比较开源，能够与读者进行沟通交流，涉及问题多样化，通过新颖的沟通方式满足读者好奇心，进而提高读者流通率，加强读者黏着度；同时利用有效的宣传手段，提高读者的知识获取兴趣，进一步发挥图书馆自身的文化价值。向导机器人具有引导读者寻找书籍、为读者指引方位等功能，

例如软银公司开发的 EPPERO 交互服务是图书馆与读者之间主要的信息交互途径。应用智能机器人能够提高图书馆智慧服务的智能性。

2.包容性

智慧图书馆是由数字图书馆转型而来的，主要依据新型技术手段。未来的时代必然会有更多新型技术的应用，因此技术手段的包容性是有必要考虑的。在该模式当中，读者能够通过线上线下相结合的方式，分别利用图书馆设备、移动设备、智能机器人、馆员沟通与图书馆进行交互服务，交互方式适用于城市图书馆和高校图书馆，且交互途径多元化，如手机、电脑、OPAC 机等。因此，基于人工智能机器人的交互服务与其他技术相比，包容性较强，便于图书馆再次发展引入新技术手段的应用。

3.本地化

不同地理位置的读者所呈现出的表现特征是有区别的。图书馆获取服务本地读者的数据是十分关键的，有助于图书馆服务工作的开展。现阶段，大多数图书馆利用定位技术结合移动设备对读者数据进行搜集，如读者数据实时分析、自动签到、基于位置的社区交流。

二、基于计算机视觉的传感服务

（一）模式设计

计算机视觉技术能够模仿人类眼睛对物体进行分类、检测、跟踪、识别等。①搜集对象相关特征数据，通过数据分析提取有效信息。如今，在图书馆工作中，计算机视觉技术可以实现图书馆自动化管理，②同时读者数据成为智慧图书馆甚至是智能图书馆中关键的数据指标。如何在不打扰读者的情况下进行读者数据采集是十分关键的，部分学者已经对其在图书馆中的应用进行初步探索。卢章平等人认为，智能技术的规模性应用在智能空间的物理空间建设中起关键性作用。③刷脸支付、刷脸门禁已经被应用于自主图书馆当中，两者使用率较高，这说明计算机视觉应用于图书馆智能传感服务是其发展趋势。为满足读者服务高效化的需求，图书馆构建了基于计算机视觉的智能传感服务模式。智能传感服务平台利用计算机视觉单方面搜集读者数据，经过信息处理，分类存放于数据库中，并生成关系数据，进而对图书馆智慧服务进行数据支撑。另外，馆员和图书馆的信息也会被搜集并置于相应数据库中，确保在某个时间节点所发生的任何事情都能够"有迹可循"。图书馆员根据实际需求对数据参数进行及时调整，对数据库进行实时更新，确保了数据集的准确性与稳定性。智能传感服务平台针对不同服务内容提取对应的所需数据，通过多种工具为读者提供多种服务方式。在不打扰读者的前提下，及时搜集读者数据，预先生成多种备选决策支持方案，并在读者发出知识需求时，第一时间将结果显示给读者。

（二）服务内容

从服务类型来看，基于计算机视觉的传感服务主要分为即时参考咨询、延时参考咨询、专家系统、社区咨询、联合咨询、移动咨询。社区咨询包含微博、博客、图书馆论坛等社区型平台的咨询；联合咨询主要以中国图书馆参考咨询联盟为主；咨询包括 App、公众号等移动平台，使读者能够借助移动设备、互联网进行参考咨询服务，这些对读者而言是十分便利的。专家系统的建立需要对读者问题进行重新梳理并制订专家知识库，这需要图书馆投入大量的人力、物力、财力。如果专家知识库构建出现问题，会直接使输出结果产生偏差，使读者不理解输出结果，这对读者是极为不友好的。因此，加入联合咨询，图书馆能够从中国图书馆参考咨询联盟中提取读者问题数据，进行聚类、分类，进而快速、准确地建立专家知识库，进一步满足读者便利化的需求。

（三）专家知识库的建立与更新

1.专家知识库的建立

专家知识库的建立，首先需要知识抽取，明确图书馆范围可能涉及的问题。该过程中可以选择中国图书馆参考咨询联盟数据作为知识抽取对象，其数据能够使知识的全面性、规则性得到保障，再通过专家访问、专家调查等方法搜集专家处理问题的方法与结果，对结果进行整理归纳，制订知识条款并交于专家审查。将知识条款进行自然语言转化，利用知识编辑器进行翻译并输入知识库中。为保证信息的完整性和一致性，还需对信息进行检测，一方面防止输出结果出现偏差，另一方面防止系统陷入自我循环状态，将所得结果分类存放于专家知识库中。

2.专家知识库的更新

针对在读者参考咨询中产生的新问题，首先要确定问题的合理性。馆员将问题交于领域专家进行解答并将结果转化为数据存放于专家知识库中；针对有争议的问题，馆员须判定是否组织内部商讨，借鉴其他图书馆经验，对问题进行重新分类并进行专家解答，将结果存放于专家知识库中；针对过期问题，馆员须即时将问题从知识库中剔除，减少存储资源浪费。此外，馆员须定期对专家知识库进行维护，确保为读者提供无误的参考咨询服务。

三、基于协同过滤的检索推荐服务

（一）模式设计

检索服务起初用于图书馆信息查找服务，是通过准确的语句输入查询信息的一种方式。而读者不能确保在任何环境下均能够输入准确地表达。在特征关联技术的应用下，模糊搜索逐渐成为主流。推荐服务起源于各大搜索平台的兴起，如谷歌、百度、360等，推荐系统的应用将用户的主动信息获取变为商家的主动信息推送，既满足读者个性化的需求，也符合商家自身价值。随着推荐系统应用于图书馆当中，在保证读者个性化需求的前提下，其知识获取服务也正在逐渐发生转变。图书馆检索服务和推荐服务正趋向于统一，检索服务是读者的输入，而推荐服务是图书馆的输出。例如，浙江图书馆的个性推荐系统将检索与推荐融合在一起，改变了传统向图书馆馆员咨询图书馆编号，再根据指示到指定图书架寻找图书，为读者提供个性化的知识获取服务，同时解放了馆员。因此，为满足读者个性化需求，在调研基础上，笔者构建了基于协同过滤的智能检索推荐服务模式。在该模式下，读者数据库和资源数据库作为基础数据库，通过特征提取对数据进行特征抓取与判定，并将其置于读者特征库和资源特征库当中，利用特征匹配进行关联匹配，结合选定算法确定最优解，确保检索推荐的准确性。读者或读者群体在检索推荐服务过程中，选取符合该项目的资源集合输出，如根据读者特征将资源集合1输出给读者1，完成检索推荐过程。将输出结果存入读者特征库和资源特征库中，保持实时更新。输出结果通过馆内设施、手机端、PC端方式发送于读者。根据反馈协调机制对读者满意度进行搜集,及时对算法进行更新。

(二)服务内容

从读者特征来看,该模式通过对读者或者读者群体的特征进行提取分析,确认读者数据情况,如年龄、职业、位置等信息,通过大量数据的分析,将具有相似特征的读者进行分类划分,将资源集合与之关联匹配。此外,图书馆能够利用划分结果开展活动推广、宣传讲座等工作。该模式的服务方式分为群体推荐、馆员推荐、系统推荐。群体推荐是读者在进行知识获取服务之后,将感兴趣的资源通过社交平台或者线下交流推荐给其他读者;馆员推荐是馆员在掌握读者信息的前提下,根据馆藏资源对读者进行推荐;系统推荐包括检索结果推荐、个人列表推荐、热门推荐、咨询推荐。

(三)模式特点

1.服务个性化

通过对读者数据、馆藏资源数据的特征提取,将读者与资源进行关联匹配,为读者提供可能感兴趣的输出结果,从而实现个性化服务的目的。

2.资源合理利用

一方面,利用特征关联匹配将资源与读者进行匹配,提高资源利用效率;另一方面,馆藏资源难免出现资源浪费的情况,而利用资源特征将资源聚类推荐给读者,能够在一定程度上提高冷门资源的出现频率,从而将冷门资源加入资源流通中。

3.结果准确

由于输出结果是根据读者输入的信息,并结合读者历史数据、相似类型读者,按照降序进行推荐的,因此输出结果具有准确性。

4.服务互动化

读者利用微博、微信、QQ等平台对满意的结果进行再次推荐,进一步提高资源的流通率。馆员根据读者信息,结合馆藏资源对读者进行推荐,能够增加读者与馆员之间的交流。此外,馆员需要定期对资源数据库进行更新,确保实时、准确推荐。

第十章 图书馆网络和电子阅览室建设

在图书馆建筑中应该充分考虑三个流程：物流——加工后的图书文献如何能够以最快最合理路线进入读者可以借阅的路径。读者流——读者如何以最方便的路径到达所需要借阅的文献位置。信息流——图书馆的信息如何以最快的方式传播给最需要的读者。图书馆网络建设就是为了解决信息流问题。因此，在图书馆建筑中应该充分考虑一个符合国际、国家标准的智能化布线系统，构建图书馆信息流的物理基础——网络。

随着网络的日益普及以及图书馆数字资源的收藏比例的增加，更多的文献资源需要通过网络向读者发布，读者也可能通过网络授权的方式，直接在办公室和家庭使用图书馆的文献资源。因此图书馆的网络建设已日益显得重要，成为今后图书馆拓展服务范围的基础设施和现代图书馆的信息神经，建立一个安全、畅通的网络系统是现代图书馆运转的保障。

第一节 图书馆网络系统需求

图书馆的任何一项工作都离不开网络的支持。图书馆业务管理系统现在均采用 C/S 架构或 B/S 架构模式，工作范围也在不断扩大，它必须在网络的支撑下才能工作。图书馆收藏的文献资源并不局限于实体的拥有，而是在逻辑上拥有（可以有权使用），必须通过网络才能获取，和传统的图书馆运行模式有了很大的变化。在信息爆炸的年代，读者获取资源的方式也发生了很大的变化，他们不仅可以在图书馆内获得所需的资源，也可以通过图书馆构建的网络设施获取非图书馆收藏的、范围更广的资源。为了适应时代的发展，图书馆必须构建一个适合读者需求的网络系统。

图书馆的网络主要是以局域网为主，即在图书馆建筑物内，建立起一个能够覆盖业务区、读者区范围的、适应图书馆业务、读者使用的计算机网络。为了考虑图书馆业务以及读者需求和今后发展的需要，图书馆计算机网络的设计应该具有一定的前瞻性和伸缩性，以适应不同发展时期的需要。

高校图书馆计算机网络系统是校园计算机网络中的重要部分，是校园网的一个子网，它的设计实施、设备配置都应该和校园网相适应，否则有可能在网络连接时造成困难。

公共图书馆网络系统相对高校图书馆来讲要更复杂，是一个更完整的网络系统，它直接和不同的网络服务商进行连接以满足各种不同的需求，所需的设备种类和管理难度比高校图书馆大。

一、图书馆管理与服务对网络的需求

（一）自动化管理业务对网络的需求

现代高校图书馆都已经实现了图书采、编、流通的自动化管理，它需要网络连接图书馆的各个业务终端，通过自动化管理软件进行业务运行，如 ilas 系统、汇文系统等。除此之外还有无纸化公文传出系统、学校资产管理系统、电子阅览室管理系统、一卡通系统等，这些自动化管理系统都需要网络的支持。这些网络为了安全，有些都需要建成内部局域网，与互联网进行物理隔断。许多高校建设了新校区，多个校区图书馆网络的互联与安全问题也是自动化管理网络需要考虑的问题。

（二）电子阅览室网络

电子阅览室有大量的读者用计算机，这些计算机需要连接图书馆的数据库、学校校园网和校外的互联网，通过网络为读者提供数据库查阅、电子图书阅读、浏览网络信息等服务。

（三）数字图书馆对网络的需求

数字图书馆的建设使读者可以通过网络查阅图书馆的数字资源。数字图书馆服务是现代图书馆的新兴业务，是图书馆业务的拓展。目前，高校图书馆都建立图书馆的门户网站，作为数字图书馆的信息资源发布平台。读者可通过门户网站查阅馆藏书目信息、借阅记录、网上续借；还可以查阅电子图书、中外文数据库、进行视频点播、进行网上咨询等。这就需要图书馆的相关设备和系统如数据库服务器、WEB 服务器、存储系统等既连接内部网络又连接校园网和互联网。同时由于数据库的知识产权保护，数据库的访问权限都限定在校园网内。为了使读者在回家或出差（校园网外）也能查阅图书馆的电子资源，需要图书馆网络具备专用 VPN（虚拟专用网）通道，这样读者可以随时随地在网上查阅图书馆信息资源，享受数字图书馆提供的网络服务。

二、图书馆网络建设的目标

数字图书馆网络建设的目标应以用户需求、实现功能和未来发展为中心，同时还要正确判断数字图书馆的未来发展和网络技术的更新，对数字图书馆在公共文化服务发展中的位置和作用进行合理定位，使网络建设得以正确实施。在数字图书馆网络建设过程中，应根据数字图书馆的实际需求，选择合适的网络技术和设备，制定合理的网络规划、网络拓扑和数据流向，并要确保网络的安全性、可靠性和稳定性。与此同时，要兼顾技术的发展和读者需求的变化，对未来网络建设的扩展留有余地。围绕上述要点，网络建设的目标细分为以下几点：

一是根据实际需求，合理规划布局，通过引进先进的设备和前沿的技术，建设一个稳定、安全、高效的计算机网络系统。

二是必须满足本馆的自动化系统和日常工作的正常运行。

三是根据本馆的实际使用需求，合理划分网段及宽带流量，并制定安全策略。

四是与外网连接，提供信息的查询、阅览、传递、下载等服务，更好地满足读者需求。

五是参与地区图书馆联盟建设，开通基于统一平台的文献传递、参考咨询、电子图书等馆际服务。

六是实现与国家及全省的 VPN 连接，确保国家数字图书馆丰富的数字资源以及各地特色资源能通过 VPN 实现共享。

三、图书馆网络建设的原则

数字图书馆是公共文化服务系统的重要组成部分，是政府对人民大众提供文化服务的具体体现。要根据读者的实际需求和本馆的具体环境，结合数字图书馆网络的发展方向来具体实施数字图书馆的建设。在建设过程中，应遵循以下原则。

（一）经济性原则

数字图书馆的建设经费主要来自政府专项拨款。由于经费有限，必须坚持经济性原则，充分发挥现有资源的作用，最大限度地利用各种先进的理念和技术来降低网络建设的总体预算。

（二）高可靠性原则

网络运行的稳定性与可靠性是保证系统正常运行的前提，在网络建设中一定要遵循高可靠性原则，尽量选用知名度高的、符合本馆实际需求的网络产品设备，要充分考虑防火、防水、防尘、容错和备份功能，同时要合理设计网络架构，制定可靠的网络备份策略，使网络具有故障自愈能力，最大限度地保证系统的可靠运行。

（三）技术先进性原则

网络建设过程中，一定要坚持技术先进性原则，充分考虑网络应用的发展趋势，并满足其未来发展的需要。

（四）标准性与扩充性原则

标准性与扩充性原则对于网络建设非常重要。我们拟建的网络必须支持国际通用的标准网络协议及网络大型路由动态协议，以保证网络之间的正常连接与通信以及未来顺利的扩容和升级，最大限度地减少对网络架构的调整。

（五）易管理性原则

易管理性原则对于网络建设也非常重要。网络建设后，网络管理员需要对网络的各项指标进行测试、优化与管理，这是一项需要长期进行的工作。为保证网络建成后的易管理性，必须选用先进的网络管理平台，对网络设备、端口等进行管理和流量统计分析，同时对网络进行优化，也利于提高网络的带宽速率和网络的安全性。

四、图书信息网络的主要功能

网络的常规功能有数据传输、信息共享、提高资源访问的可靠性、促进分布式数据处理和分布式数据库的发展、文件传输、远程数据库访问等。但是图书馆网络的建成，不仅要有常规功能，而且还要有更专业的功能。

（一）馆藏文献资源服务

（1）读者登录网络就可以检索图书馆馆藏文献资源数据，已注册的读者还可以进入系统查询自己的图书借阅情况，办理图书预约、图书续借、读者个性化服务等业务。

（2）虚拟化馆藏数据查询功能。读者可以通过网络访问异地馆藏资源信息，如国际图联公司数据、中英文图书和期刊联合目录数据等。

（二）各种数据库检索服务

图书馆拥有众多的中外文电子期刊和电子图书等大型数据库，以及光盘数据库和视频数据库等。图书馆建立了数据库镜像站以后，校园网内的读者就可以利用图书馆网络，方便地使用这些数据库。校外读者可以通过 VPN 等途径访问图书馆的信息资源网站，从而进一步检索数据库中的各项资源。

（三）外部信息资源的共建与共享

图书馆网络的建设，不仅要实现馆内图书和期刊文献资源的采购、编目、借阅、查询、管理等，还要实现本馆与兄弟馆和合作单位的资源共享，如加强馆际互借、联机编目、文献传递等，实现真正意义上的信息资源的共建与共享。

1. 文献信息资源的联合采购

当前出版发行的书刊，种类众多，价格昂贵，任何一个图书馆都不可能收全所有书刊，因此只有多个图书馆联合建设才有办法解决此类通过联合采购和联合存储的方式，各成员馆可以根据本馆的发展方向、收藏和服务的特色等，确定文献信息资源的采购方向，加强收藏，完成各自承担的任务。与此同时，各成员馆还要通过网络及时查看其他成员馆文献资源的采购情况，尽量避免文献资源的重复建设，以有限的经费采购更多、更新的文献资源。然后以此为契机，组建一个较合理的、较完善的文献信息资源保障服务体系。

2. 文献信息资源的联合编目

联机编目是图书馆通过网络进行文献信息资源建设的一个重要途径。依托数据库管理中心的书目数据，各成员馆的编目人员通过网络下载数据，并对其进行加工和修改，以完成数据本馆化的处理，这样可以大大提高编目人员的工作效率。联合编目若要健康、持续地发展，各成员馆必须做到以下两点：①各成员馆提供详细的馆藏文献信息，

而且馆藏书目数据要有规范的格式和统一的排检方法；②各成员馆完成一定数量的文献编目工作，而且提供高质量的联合编目数据供其他成员馆使用，以促进文献信息资源的共享与共建。

3. 文献信息资源的联机检索

联机检索是指成员馆通过网络查询、获取其他的动态文献信息资源。各成员馆提供的网络资源数据库包括馆藏书目数据库、光盘数据库、全文数据库、自建数据库等。联机检索为用户提供统一的、规范的查询页面，操作简单，容易上手，它是图书馆网络建设需达到的基本功能。

4. 馆际互借功能

文献信息资源的共建、共享是网络建设的最重要的目标之一。馆际互借的实现，加速了文献信息资源的共建、共享。馆际互借是指各成员馆之间完成文献资源的相互借阅，包括文献资源的检索、查阅等服务，使得各成员馆中的文献资源可以最大化利用。各成员馆的用户可以通过网络进行文献资源的预约，还可以通过电子邮件、远程登录、文件传输等途径获得所需的文献资源。

第二节　图书馆网络技术应用

一、VPN 技术应用

虚拟专用网（VPN）代表了当今网络发展的最新趋势，它综合了传统数据网络的性能优点（安全和 QoS）和共享数据网络结构的优点（简单和低成本），能够提供远程访问、外部网和内部网的连接，价格比专线或者帧中继网络要低得多。

虚拟专用网依靠 ISP（互联网服务提供商）和其他 NSP（网络服务提供商），在公用网络中建立专用的数据通信网络的技术，它通过特殊设计的硬件和软件直接通过共享的 IP 网所建立的隧道来完成。在虚拟专用网中，任意两个节点之间的连接，并没有传统专用网所需的端到端的物理链路，而是利用某种公众网的资源动态组成的，而且 VPN 在降低成本的同时满足了对网络带宽、接入和服务不断增加的需求，因此，VPN 必将成为未来图书馆扩展服务地域和扩大服务对象的重要工具。

图书馆使用 VPN 技术把图书馆网络向更大的地域空间发展，在公共图书馆可以通过该技术把重点读者直接联入图书馆的局域网，充分利用图书馆拥有的数字资源群。经过授权的读者在馆外任何地点都可以作为图书馆局域网内的计算机获取信息资源。在高校校园计算机网中使用 VPN 技术，可以把教师家庭的电脑联入校园网，无障碍地访问校园网内的各项资源，包括图书馆的数字资源，对学校的教学和科研水平的提高带来极大的帮助。

二、VLAN 技术应用

VLAN 是英文 VirtualLocal Area Network 的缩写，即虚拟局域网。一方面，VLAN 建立在局域网交换机的基础之上；另一方面，VLAN 是局域交换网的灵魂。这是因为通过 VLAN 用户能方便地在网络中移动和快捷地组建宽带网络，而无须改变任何硬件和通信线路。这样，网络管理员就能从逻辑上对用户和网络资源进行分配，而无须考虑物理连接方式。VLAN 充分体现了现代网络技术的重要特征：高速、灵活、管理简便和扩展容易。是否具有 VLAN 功能是衡量局域网交换机的一项重要指标。网络的虚拟化是未来网络发展的潮流。

VLAN 与普通局域网从原理上讲没有什么不同，但从用户使用和网络管理的角度来看，VLAN 与普通局域网最基本的差异体现在：VLAN 并不局限于某一网络或物理范围，VLAN 中的用户可以位于一个园区的任意位置，甚至位于不同的国家。

使用 VLAN 技术对图书馆网络进行组网有以下几个优势。

（1）控制网络的广播风暴：采用 VLAN 技术，可将某个交换端口划到某个 VLAN 中，而一个 VLAN 的广播风暴不会影响其他 VLAN 的性能。

（2）确保网络安全：共享式局域网之所以很难保证网络的安全性，是因为只要用户插入一个活动端口，就能访问网络。而 VLAN 能限制个别用户的访问，控制广播组的大小和位置，甚至能锁定某台设备的 MAC 地址，因此 VLAN 能确保网络的安全性。

（3）简化网络管理：网络管理员能借助于 VLAN 技术轻松管理整个网络。例如，需要为完成某个项目建立一个工作组网络，其成员可能遍及全国或全世界，此时，网络管理员只需设置几条命令，就能在几分钟内建立该项目的 VLAN 网络，其成员使用 VLAN 网络，就像在本地使用局域网一样。

三、网管软件应用

网络规模越来越大的时候，网络管理者不得不付出极大的人力、物力对网络进行管理。如果采用传统的人工分散管理方式，发现一个问题解决一个问题，不仅成本高，而且处理故障的周期特别长。于是，网管软件应运而生，随着图书馆网络规模的不断扩大，需要有合适的网管软件辅助技术部门对网络进行高效、便捷的管理。

网管软件应具备 3 个基本功能：一是准确的反应网络故障：平时，当我们感觉网络速度实在太慢时,才会去和网管联系,而且处理十分被动。因此,网管软件必须能迅速反映问题,还要有一定推理故障根源的能力。此外,还将专家系统、人工智能系统、神经元技术和网络故障、性能管理相结合,使网管系统逐步具备分析决策、能力。二是整合系统管理:随着计算机网络的发展,计算机系统管理和网络管理之间的关系已经越来越密切了,但系统中每个局部的总和并不等于整体,网络管理员最头疼的问题往往是各局部都没有大问题,而业务人员却反映系统有问题或性能低。站在最终用户的角度,科学地从网络和应用层衡量、监测系统的总体性能和故障,是网络管理员迫切需要的。三是支持 Web 网管:当你在另一个地方时,要想完全了解网络的运行状况,那么可以通过基于 Web 的网管模式 WBM(Web-Based Management),网管人员随时了解网络状况。其实现包括两种方式,即代理方式和嵌入方式。第一种可以在任意网内计算机上运行 Web 服务器,并轮流与端点设备通信、浏览器用户与代理端点设备之间通信;第二种是嵌入式,它将 Web 功能嵌入到网络设备中,每个设备有自己的 Weh 地址,管理员可通过浏览器访问并管理该设备。另外,以 WebServer 中心,降低了维护费用,对系统的修改只需在 Weh Server 上进行,无须在客户端做任何修改。

四、无线局域网应用

无线局域网是目前较为热门的一种局域网,特别是自 Intel 推出自带无线网络模块的迅驰笔记本处理器以来,无线局域网给用户带来了更多的便利。无线局域网与传统的局域网主要不同之处就是传输介质不同,传统局域网都是通过有形的传输介质进行连接的,如同轴电缆、双绞线和光纤等,而无线局域网则是采用空气作为传输介质的。正因为它摆脱了有形传输介质的束缚,所以这种局域网的最大特点就是自由,只要在无线网络的覆盖范围内,它都可以随时随地连接上无线网络,与服务器及其他工作站连接,而不需要重新铺设电缆。

无线局域网所采用的是 802.11 系列标准,也是由 EEEE802 标准委员会制定的。目前主要有 4 个标准,分别为:802.11a、802.11g 和 802.11z,前三个标准都是针对传输速度进行的改进,最早推出的是 802.11b,它的传输速度为 11MB/s,因为它的连接速度比较低,随后推出了 802.1la 标准,它的连接速度可达 54MB/S。但由于两者不互相兼容,致使一些早已购买 802.1lh 标准的无线网络设备在新的 802.11a 网络中不能用,所以正式推出了兼容 802.11b 与 802.1la 两种标准的 802.11g,这样原有的 802.11b 和 802.1la 两种标准的设备都可以在同一网络中使用。802.11z 是一种专门为了加强无线局域网安全的标准。因为无线局域网的"无线"特点,致使任何进入此网络覆盖区的用户都可以轻松以临时用户身份进入网络,给网络带来了极大的不安全因素,为此 802.11z 标准专门就无线网络的安全性方面作了明确规定,加强了用户身份认证制度,并对传输的数据进行加密。

无线局域网作为在图书馆的应用,更多的是作为图书馆局域网的一种补充和延伸,满足读者移动获取信息的图书馆移动业务的需要,提升图书馆信息网络应用水平。

图书馆的网络设计和建设是信息技术应用的重要物理基础设施,因此在网络设计中要遵守 5 个原则。

(1)先进性。网络建设应适应图书馆的发展及网络通信技术的更新换代。在主机选择、网络结构设计、网络设备配备、网络管理方式等方面应具有先进性,采用既先进又成熟的技术，发挥最佳的集成效果，以保证整个网络系统在相当一段时期内处于先进水平。

（2）实用性。方案设计时应对本馆现状和需求有充分的了解，既能对已有的设备加以利用，保护原有投资，又能集中财力，提高新购设备的档次，获得良好的性能价格比。

（3）可管理性。采用集成式结构化配线系统、模块化的设计，集中与分散的配置，使网络系统的设备、安全性、数据流量、性能等能得到很好的监控和控制，并可进行远程监管和故障诊断，整个网络系统简单明了，运行、维护及管理成本低。

（4）兼容性。创建一个开放的网络平台。系统产品要符合国际通用的工业标准，支持多种标准协议、传输方式和传输接口，具有良好的扩展性，确保在网络扩充时在结构上不做或少做改动。

（5）安全性。实现内网的安全控制和与外网的安全互联。

五、网络技术在图书馆中的应用

（一）图书馆应用网络技术的优越性

网络技术虽然在我国出现的时间不长但是应用十分广泛，发展也十分迅速。通过网络技术的应用不仅可以大大提高图书馆里的效率和效果，更可以给来到图书馆的人们带来全新的阅读体验。

1.丰富了文献资料的形式

通过网络技术的应用，文献资料可以通过电子形式展现给大家，通过电子设备，人们可以轻松地查阅到各类文献资料，阅读的方式更加便捷，也有利于文献资料的下载和传输。对于图书馆来说，在管理上的难度大大降低，解决了纸质印刷图书在借阅过程中造成损害的现状，使图书的保存更加有效，而且，也大大提高了文献资料的共享能力，无论多少人，都可以通过图书馆的网络系统对所需要的文献资料进行下载和阅读。其次，对于新进文献资料的引进也更加便利，通过与外部网络的融合，图书馆管理人员可以足不出户就对图书馆的文献资料进行补充，从而满足人们的需要。

2.优化了工作流程

网络技术的应用大大缓解了管理人员在管理工作中的压力，图书馆员的管理重点从原来的对图书的管理和对借阅人员的管理，转向了对网络平台的管理、对计算机网络的维护等工作，这使得图书馆在管理工作中，人力的投入大大减少，人员的工作强度也大大降低。与此同时，由于计算机网络极强的运算能力，使得对于图书馆里的准确性也得到了很好的保证，符合当前人们获取知识的需要，也符合当前时代发展的需要。

（二）图书馆网络技术的应用

网络技术对于优化图书馆的管理工作，提升管理效率，增强管理的有序性和准确性作用十分明显，因此将网络技术应用到图书馆的管理工作中，是时代发展的必然要求，所以

应该尽快进行改革，从而为人们提供更加人性化的使用和阅读体验，丰富人们的文化生活。

1.建立完善的图书馆网络平台

实现图书馆网络技术的应用，必须依靠强大完善的网络平台来作为保证，而在建立网络平台时一定要注重对网络技术的深层次运用，将图书管理的各项工作与网络技术的应用完美融合，是网络技术渗透到图书管理的方方面面。一是做好网络平台的图书馆资源整合。网络平台的建立是为了更好地为使用者提供服务而设立的，因此，必须通过先进的网络技术对全部的文献资料进行整合和电子化处理，建立起强大的图书馆资料库，从而满足人们的阅读需要。二是建立网络服务系统，由于网络技术的应用使得图书馆的服务方式发生了改变，服务的重心转向了网络服务，因此，必须建立起完善的网络交流沟通渠道，帮助人们更好地使用图书馆网络系统。

2.建立快捷的搜索引擎系统

图书馆网络技术最大的特点就是能够给使用者带来更加便捷、更加高效的阅读体验。人们来到图书馆只要通过图书馆的网络终端设备，通过搜索引擎可以直接查找自己想要的书籍以及其他与其相关的各类文献资料。因此，在图书馆网络技术的应用过程中，要将搜索引擎的建立作为重点，下大力气，花大价钱，加大对各类设备和专业技术的引进力度。要站在发展的角度考虑问题，是网络系统能够符合未来发展的需要，符合未来升级的需要。

3.建立高素质管理人员的培训力度

由于网络技术的引入，改变了图书馆原来的工作方式和工作法，过多地需要依靠计算机网络技术进行管理，所以，这就对管理人员提出了更高的要求。一是加大操作计算机网络系统的能力的培养。要将能够熟练掌握网络技术作为培训的重点，能够随时解决和处理简单的计算机故障和各类问题，能够熟练地利用计算机给受众提供优质的咨询和解答服务。二是加大对计算机网络安全知识的培训。要培养管理人员掌握一定的计算机安全知识，掌握常规的计算机维护知识，增强对网络安全风险的辨别能力，从而更好地展现网络技术在图书馆管理中的优越性。

4.建立强大的网络共享系统

在网络时代，拉近了彼此的距离，人们可以通过互联网进行更加深层次的交流和沟通，因此，在图书馆网络技术改造过程中，也要将互联网的技术应用其中，从而最大化地为受众提供便利的服务。一是及时通过互联网对图书馆的资源库进行丰富和更新，将更多更新的文献资料纳入资料库中，方便人们的阅读和学习。二是建立网络图书馆，消除时间和地点的约束，只要通过图书馆自己的系统进行注册获取网络图书馆的身份证就可以登录到图书馆系统进行文献资料的查阅和下载。三是丰富图书馆的载体，开发手机登录移动平台，建立移动的图书馆，让人们可以随时随地都享受到，网络技术带来的方便与快捷。

第三节 图书馆网络建设

一、图书馆网络架构设计

由于图书馆网络比较复杂，有多种不同的应用和需求，为了网络的安全，我们从应用性质上把它划分为4个子网。公共子网：它可以分布在图书馆建筑的各个楼层，主要供读者使用移动计算机设备连通网络；业务子网：是图书馆的核心网络，它构筑了图书馆业务管理系统网络；专用子网：如图书馆门禁系统子网、存包柜子网、校园卡子网；电子阅览室子网：为了便于对电子阅览室的大批量计算机进行网络管理，应该将电子阅览室单独划分为一个子网。子网与子网之间可用物理的方式进行分隔，对一些较小的子网可以通过 VLAN 技术对它们进行虚拟分隔。

（一）电子阅览室子网

电子阅览室计算机设备相对集中，当设备数量较多时，可以考虑使用双绞线将计算机设备连接到接入层交换机，然后通过端口上连到汇聚层交换机，最后通过光纤连接至核心层交换机上，这样整个网络架构非常清晰，便于维护和管理。该子网单独分配一段地址，通过核心层交换机直接和中心机房或校园计算机网相连，在电子阅览室形成一个相对独立的局域网，可以通过网管软件进行直接管理。

（二）公共子网

为方便读者使用自备移动计算机设备在馆内使用图书馆网络数字资源，图书馆应在阅览室、大厅开通信息点（或无线网络）供读者使用。它仅允许连接图书馆的数据服务器，而不连接至互联网，形成一个单独的局域网，进一步向读者开放图书馆的数字资源。

（三）业务子网

图书馆的各个业务部门使用，主要用于图书馆的集成管理系统运行。为了保证业务子网的安全，建议将其和其他子网进行物理隔离，避免公共子网的不安全因素入侵而导致图书馆各项业务的瘫痪。为了防止网络广播风暴造成的网络瘫痪，不同的业务部门应划分 VLAN，进行隔离。

（四）专用子网

为了通过网络完成一些特定的服务功能和保证网络上运行数据的绝对安全，立一些封闭型的局域网，如：门禁系统，它通过业务管理系统来读取读者数据，系统应该和图书馆业务系统网络联在一起。如果是使用校园卡系统的读者数据，立一个和校园卡系统连接的专用网络，拒绝其他计算机设备联入该网络。其他还有多个图书馆或校区间的 VPN 网络连接、存包柜专用网等。专用子网不允许上网并与其他网络隔离。

（五）多分馆间连接网

公共馆的总馆与分馆之间和高校多校区图书馆之间，业务处理都使用同一套业务管理系统和共享总馆的数字资源。地理位置上它们处在不同的地域，但为了方便读者，应该通过网络把它们连接起来，成为逻辑上的图书馆。为此，需要构建连接多馆之间的网络系统，两馆之间可以通过租用网络服务供应商的网络设备和光纤，使用 VPN 技术建立一个广域网络。

由于图书馆的数据服务器是为读者提供数据检索，因此需要放在公共子网上才能为大家使用，但为了不让"黑客"透过数据服务器，攻击图书馆的业务服务器，一般建议加设防火墙设备，对图书馆的核心业务网络进行保护。

图书馆网络的总体设计思路是：内外分离，业务子网重点保护，用防火墙隔离但允许上网（NAT）；专用子网（一卡通网络、网管子网）不允许上网并与其他网隔离。

二、设备配置

（一）路由器配置

路由器是根据网络层的信息，采用某种路由的算法，为在网络上传送各种信息提供若干条路径，让它们选择一条到达目的地通路。使用路由器可以实现具有相同或不同类型的网络的互联。路由器适合于具有若干个同时活动的回路或具有冗余通路的大型网络，通常是在一个地区内互联属于不同企业或部门的局域网，或者把局域网与公共网络的互联。

一般使用动态路由器，它可以动态选择协议并经常和其他路由设备交换路由信息，及时更新路由信息，了解新的目的地和现有网络拓扑结构的动态变化，不断更新自己的路由信息表，根据网络的拥挤程度自动地选择替代路径。

（二）交换机配置

交换机是一种在网络系统中完成信息交换功能的设备，是网络中不可或缺的基本设备。它按照网络两端传输信息的需要，用人工或设备自动完成的方法把要传输的信息送到符合要求的相应路由上。

它是集线器的升级换代产品，由于集线器共享介质传输、单工数据操作和广播数据发送方式等很难满足用户对速度、安全的要求。而交换机则完全克服了集线器的上述种种不足，得到业界广泛的认可和应用。近年来交换机技术得到了飞速发展，千兆（G位）级的交换机在骨干网络中早已得到广泛应用。万兆（10G位）级的交换机技术也在快速发展，已经到达了实用阶段。

实际工作中应区别应用需要配置交换机，如电子阅览室由于计算机数量大，使用人数多、使用频率高，计算机系统容易被读者破坏，软件环境根据读者的需求经常需要变化，重装操作系统是电子阅览室的经常性工作。为了便于管理，一般在每台计算机上安装还原卡，以保证计算机的操作系统尽量不被破坏和利用网络的广播传播方式重装系统。考虑到电子阅览室的特殊需要，应配置不带抑制网络广播功能或带有抑制网络广播功能开关的交换机。这样可以利用网络广播功能，通过还原卡快速地重装系统。

三、网络设备选型

因为图书馆的网络结构较为复杂，所以在设计网络方案时，应将网络合理地分为核心层、汇聚层、接入层等。

（一）核心层交换机

馆内宜架设一台具有三层交换功能的千兆（或万兆）模块化交换机，它与学校网络中心的核心交换机互为冗余，两个核心交换机之间用两条单模光纤连接，通过对两条千兆光纤链路的捆绑实现千兆带宽。图书馆的网络设备应当具有很好的可管理性，图书馆的服务和应用较复杂，会干扰正常的数据传输，多层功能的核心交换机，

（二）汇聚层交换机

宜设在各楼层的弱电间。汇聚层交换机应支持全面的网络管理、VLAN、端口镜像、SpanningTree.IEEE802.1x 身份验证等功能。汇聚层可采用中档的三层交换机，汇聚层交换机通过光纤链路与核心交换机相连，汇聚层交换机可通过光纤或双绞接到接入层交换机，并通过其三层交换功能实现与接入层虚网之间的交换。

（三）接入层交换机

接入层交换机采用两层 10/100M 自适应以太网交换机,该交换机采用两层 10/100M 自适应以太网交换机。对于计算机终端较多的区域,可直接通过用多台交换机进行堆叠的方式来满足大量终端接入的需求。堆叠后的交换机可通过光纤连接到核心交换机,并利用虚网中继协议以及 VLAN 的生成树技术实现在冗余线路上的负载均衡和上行线路发生故障时的快速恢复。

第四节 电子阅览室建设

一、产生背景与应用现状

电子阅览室普遍存在于高校图书馆、地方公共馆以及专业图书馆等,它是图书馆现代化、数字化、信息化的重要象征,是用户查找图书馆数字资源的重要场所。当计算机、笔记本电脑、网络等还没有普及时,电子阅览室的建设和发展解决了用户获取数字资源的迫切需求。在一段时间内,电子阅览室也发挥了其应有的作用。随着计算机、网络、手机等移动设备的飞速发展,电子阅览室的利用率逐年下降。究其原因,主要有以下几个因素:①网络的普及,计算机、笔记本电脑、手机等移动设备都可以上网,因此用户上网的途径多了,不必依赖电子阅览室;②用户即使不在图书馆,如在家里,也可通过 VPN 技术、账号认证等方式访问图书馆数字资源;③计算机软件配置和硬件配置无法满足用户的需求,软件升级和更新的速度快,而硬件有一定的使用期限,所以"硬件跟不上软件";④图书馆采购大量的图书、期刊、学位论文等数字资源,由于宣传力度不够,用户对数据库不熟悉,没有认识到数字资源是一个巨大的知识宝库,更不会想到电子阅览室是获得这些资源的重要地方;⑤管理制度不严,工作人员缺乏工作积极性和主动性,服务态度不好,业务能力不强,无法满足用户的需求。

二、电子阅览室的管理

图书馆电子阅览室是一个开放的公共场所,人流量较大,进出人员复杂,而且计算机等设备多。为了给读者营造一个良好的上机环境,电子阅览室需加强对硬件设备、软件系统、上机人员等的管理。另外,还需制定一套完善的管理规则和上机使用制度。

（一）硬件管理

电子阅览室的硬件设备主要包括服务器、计算机、自助复印/打印机、网络设备等。对这些设备的维护主要从系统的稳定和安全着手。影响系统正常运行的主要原因有计算机病毒、黑客、网络攻击、读者或工作人员误操作等。因此,为了保证硬件及其系统的稳定和安全,图书馆维护人员在日常的工作中,可采取以下几种方法进行管理。

（1）将电子阅览室的网络规划、设计成一个独立的网络,直接连在图书馆出口的核心交换机上,在物理上应与图书馆办公网、无线网等隔离。

（2）给服务器、计算机安装杀毒和防火墙软件,及时更新杀毒和防火墙软件,并为操作系统安装补丁和升级程序。例如,将 Windows 操作系统的"手动更新"设置为"自动更新",使服务器和计算机具备较强的抵抗防御能力。

（3）定期对服务器、计算机系统进行杀毒和清理,关闭不需要的服务和端口。为了防止病毒的传播，关闭不需要的磁盘和文件共享。

（4）给系统管理员账号设置复杂的密码，设置计算机的 CMOS 密码，防止读者修改系统配置参数。

（5）给计算机安装硬盘保护卡和系统还原软件（如一键还原精灵、ghost 等），配置网络同传，使计算机系统在无法正常使用的情况下能及时还原。

（6）计算机不配置光驱，关闭大部分计算机的 USB 接口，减少外部存储介质与计算机的连接、通信和传输，降低计算机的中毒概率。为了便于读者进行重要文件或文档资料的传输，可以开放部分计算机的 USB 接口，但对于这些开放了 USB 接口的计算机需严格管控。

（7）防御 ARP 的攻击。电子阅览室内只要有一台计算机感染 ARP，就可能导致整个阅览室局域网瘫痪。为防止 ARP 攻击，具体措施如下：①将计算机的 IP 地址、计算机的网关和网卡的 MAC 地址做双向静态绑定；②使用 ARP 防护软件，如 360ARP 防火墙、小矮人 ARPI 具、安天 ARP 工具等。

（8）不定期地对各服务器内的日志、垃圾等文件进行清理，以便释放内存空间、清除缓存等。

（二）软件和资源管理

（1）常用软件的安装。读者在使用计算机的过程中，有自己的需求，如进行文档处理、查找资料、下载软件、软件开发、图像设计、工程制图、网页制作、听音乐、看视频、上网聊天等，因此我们要安装不同功能的软件，以满足读者不同的需求。下面列举一些常用软件：①办公类软件，如 Office、WPS 等；②常用工具，如解压缩工具（WinRAR、WinZip 等）、阅读器（AdobeReader）、下载工具（Flash、迅雷）、翻译软件（有道词典、金山快译等）等；③软件开发工具，如 BASIC.C++、Java 等；④数据库管理，如 Oracle、SQLServerASybase、DB2、MySQL 等；⑤图像制作，如 Photoshop、CorelDRAW 等；⑥网页制作，如 DreamweaverFireworks、Flash 等；⑦音乐播放器，如千千静听、酷狗音乐、Winamp、QQ 音乐等；⑧视频播放器，如 KMPlayer 播放器、百度影音、WindowsMediaPlayerx 暴风影音等；⑨杀毒软件，如 360 杀毒、瑞星杀毒、卡巴斯基等。

（2）软件需实时检查运行是否正常，以保证读者能正常使用。另外，由于软件厂商会不定期地对软件进行功能的改进或版本的升级，所以要及时对各种软件进行升级和维护。

（3）要不断丰富馆藏电子资源，增加新的特色资源。学生在校期间要进行各类考试，如计算机等级考试、英语四六级考试以及各种非学历的证书考试。因此，图书馆要不断引进与各种等级证书相关的电子资源数据库。在特色资源建设方面，图书馆可加强各种经典视频的制作，如学生喜欢的影视视频、名师讲坛、教育科技等。

（4）通过建立新颖、主题突出的图书馆网站，整合图书馆内的各种资源，为读者提供一站式的检索途径。将图书馆内所有的电子资源和互联网上提供的免费资源整合到一个页面上，读者只需打开这个页面，就可检索各种数据库资源，为教学和科研提供更全面的服务。

（三）人员管理

1.读者的人性化管理

电子阅览室内所有的软件系统和硬件设备对读者来说都是全开放的服务的。管理人员除了要加强对软件系统、硬件设施、环境卫生等的管理，者的管理。电子阅览室的读者流动性很大，而且长时间使用计算机上网、易引发烦躁心理，这给管理人员的管理带来了一定的困难。因此，电子阅览室管理人员要具备良好的素质，树立"以读者为本"的思想，进行人性化的管理，使得电子阅览室的服务能有序进行。

使用电子阅览室的主体是读者，所以管理人员要从读者的角度出发，真正了解读者的需求，向读者提供主动服务。管理人员在长期的工作中，与各种类型的读者都有接触，并且接触的时间较长，所以比较容易了解读者各方面的需求。管理人员要充分了解读者的资源利用情况、上网行为、兴趣爱好、上机目的、资源利用出现的问题等。充分了解读者的习惯和需求，对加强图书馆资源建设、创新服务、提高电子阅览室的利用率都有重要的指导意义。

管理人员要树立服务意识，具备良好的服务态度，与读者建立良好的关系。每位读者都有思想和自尊心，管理人员要尊重读者的思想和自尊心，只有这样，读者才会更加自觉地遵守电子阅览室的有关规定，合理地使用电子阅览室。

管理人员在日常管理中，要加大图书馆电子资源和特色资源的宣传力度，要热心与读者沟通，对那些仅上网、聊天、玩游戏的读者要进行引导和教育。管理人员要加强巡视和监督，发现有不良行为的读者要对其进行引导和教育，让他们明确来电子阅览室上机的目的是学习知识、开阔视野。

2.建设高素质的管理队伍

读者在使用电子阅览室的过程中，如遇到问题和困难，会直接求助于管理人员。因此，图书馆在加强电子阅览室的管理工作中，不能忽视对工作人员的管理。通过提高管理人员的素质和业务能力，明确岗位职责等对管理人员进行人性化的管理，实现电子阅览室的高效、优质服务。具体措施如下。

（1）提高管理人员的素质。从言谈举止等方面，加强素质的培养，建立一支高素质的管理队伍。

（2）提高管理人员的业务能力。业务能力主要表现在：具备图书馆专业知识，掌握计算机常见故障的判断及处理方法，熟悉常用软件的安装和调试，具备实际操作能力，具备较高的参考咨询能力，能及时解决读者在使用过程中出现的各种常见问题。

（3）要让管理人员明确岗位职责，增强工作责任心。管理人员要以身作则，培养良好的服务意识和服务态度。

（4）充分展示图书馆的自身优势，健全各项配套服务。例如，对读者进行各种数据库资源的检索应用培训，提供参考咨询服务，举办数据库检索竞赛等，加强与读者的沟通、交流与合作，引导读者采用正确、高效的方法获取电子资源。

（5）高校电子阅览室的开放，是为学校的教学和科研服务的，是为学生服务的。所以在电子阅览室工作的管理人员应牢记：为读者服务是首要任务，以良好的职业道德和服务态度为读者提供优质的服务。

（四）使用规则与管理制度

（1）向读者提供数字化信息、文献资源、网络资源服务。本校师生、员工及校友需凭工作证、学生证或借书证等有效证件上机。

（2）自觉遵守国务院颁发的《中华人民共和国计算机信息网络国际互联网管理暂行规定（草案）》和《中华人民共和国计算机信息系统安全保护条例》，不观看和下载有损国家尊严、有关色情及反动内容的资料。

（3）首次上机者应听从管理人员的安排、辅导，操作遇有困难时，应及时向管理人员求助。上机前如果发现机器有问题，必须立即报告给管理人员。

（4）请爱护计算机等设备，不得随意用脚去磨蹭机箱，以防损坏主机硬件。严禁擅自删除、修改计算机系统内的文件资料、软件或程序。

（5）浏览网站，参与 BBS 论坛、微博互动、QQ 聊天、收发 E-mail 等均须严格遵守《中华人民共和国计算机信息网络国际互联网管理暂行规定（草案）》。

（6）不得擅自插拔电源插头或牵拉各种电源线，发现问题应及时报告给管理人员。鼠标、键盘、耳机等配件不得私自带离电子阅览室，否则以偷盗论处。

（7）严禁在室内吃、喝、吸烟、喧哗等，严禁携带火源、易燃、易爆、有毒物品入室，维持室内清洁卫生。

（8）管理人员需经常检查电源、电线等，查出隐患应及时处理，需熟悉消防灭火器的放置地点，能熟练操作灭火器。

（9）各种安全防范器材要准备齐全，各种安全设施不得随意借用或挪用。

（10）管理人员下班前应关闭计算机，切断电源，锁好门、窗、柜，做好防火、防盗等安全工作。

三、电子阅览室的功能

电子阅览室应充分利用拥有丰富的馆藏信息资源这一优势，拓展其服务功能。图书馆要充分调动电子阅览室管理人员的积极性，利用电子阅览室的先进设备和优越环境，凭借丰富的馆藏资源和电子资源，为高校的教学和科研提供更加便捷的服务，使图书馆的馆藏文献资源、数据库资源得到最大化利用。另外，电子阅览室管理人员应努力调研学校各院系的教学、科研需求，选择开发网络信息资源，引进各种专题特色数据库，为教学、科研服务。

一个功能齐全的电子阅览室至少应具备网上信息浏览、馆藏书目查询、电子数据库资源检索、多媒体网上教学、远程教育、读者培训等服务功能。虽然，电子阅览室有其独特的功能，但也无法改变残酷的现实，即电子阅览室的利用率在不断下降。未来，高校电子阅览室的发展方向侧重于解决电子类出版物的数据信息共享和综合管理查询技术等问题，为高校的教学、科研提供先进的技术手段，使电子资源、各种馆藏资源能够实现网上查询和检索，读者可以通过题名、作者、索取号、主题词、出版社等多种途径查找所需的各种纸质和电子资源，使电子阅览室成为读者上网学习、获取知识的重要场所。下面详细介绍电子阅览室的各项服务功能。

（一）数据库资源检索服务

数据库资源因信息量大、检索方便，从而备受读者的喜爱，对数据库资源的检索是读者获取最新学术信息的重要来源。数据库资源检索服务是电子阅览室的重要功能之一。

高校图书馆有丰富的馆藏书刊数据，采购了大量的论文期刊和电子图书数据库等，还有自建的特色数据库，为读者获取各种类型的数据提供一站式的服务，这使信息资源检索服务成为主流，如馆藏书刊、电子期刊、电子图书、自建特色数据库等检索服务，以及网上图书、期刊、专利、引文等文献信息资源检索服务。

（二）信息采集服务

随着网络信息技术的广泛应用，网上各种免费的数据库资源和专业信息资源大量涌现，使电子阅览室的信息资源日益膨胀。以丰富的信息资源为基础，电子阅览室管理人员可对信息资源进行采集，并以学科导航的方式，加工、整理成有价值的信息资源，有选择性地向读者提供优质、便捷的信息服务。

（三）馆藏纸质图书和电子图书的检索、借阅服务

利用电子阅览室内的计算机，读者可通过 Web 方式进入馆藏 OPAC 系统，完成馆藏书目信息、个人图书借阅信息、图书续借等的查询。此外，读者还可以进行新书查询、馆际互借查询和图书预约、续借、预借等业务的查询。电子图书由于价格便宜、传播速度快，因此成了当前网络传播信息中最高效、最强大的中流砥柱。电子阅览室的开放，使广大读者可以方便、快捷地检索到他们所需的电子图书资源。

（四）互联网应用服务

电子阅览室的互联网应用服务包括：①读者可以利用多媒体设备进行馆藏书目查询、书刊借阅查询、新书通报、图书续借、参考咨询、浏览电子书刊和各种资源信息；②读者可以利用电子阅览室的计算机设备进行资料文档的下载、打印、传输、发送，促进信息资源的共建和共享；③读者可以通过论坛、QQ、MSN、博客、微博等途径进行交流。

（五）教育培训服务

电子阅览室拥有先进的计算机设备和优质的环境，可以为读者的教育培训提供保障。其一，计算机、网络等技术的飞速发展和广泛应用，一为读者快速、准确地获取资源信息提供基础，二对读者的检索技能提出了新的要求。由于受读者的认知水平和操作技能等因素的影响，所以在数据库查询和信息浏览等方面存在一定的困难。其二，无论是进行信息检索还是全文阅读，读者都需要有一个熟悉的过程，这就需要对读者进行检索方法的教育和培训。其三，由于网络信息资源众多，且没有专门的机构来规范和整

理，所以读者要检索的信息量很大，而且很难找到有价值的信息。因此借助电子阅览室对读者进行教育和培训，不仅可以提高读者检索的技能，而且有利于提高数字资源的利用率。

（六）文化与娱乐休闲服务

电子阅览室不仅是学习、科研的好场所，而且也是文化娱乐、休闲放松的好去处。图书馆的一个重要理念就是学习、阅读、休闲、娱乐为一体。因此，开放电子阅览室的娱乐、休闲服务是图书馆的一项重要服务功能。电子阅览室通过开通"网络电视"等栏目，让读者能够欣赏到经典的电影、音乐、动画、连续剧、名师讲坛等丰富多彩的视频资源。此举不仅丰富了读者的课余生活，而且有利于读者充分地利用网络信息资源，为开辟第二课堂和创新学习提供了平台。

（七）电子商务、网上银行等服务

利用电子阅览室的网络功能，可实现电子商务管理和网上银行交易。例如，广告宣传、业务咨询、商品定购、账户查询、网上支付、转账业务、信贷投资、网上证券、投资理财等服务。

四、电子阅览室管理系统

（一）系统的主要特点与功能

与传统的书刊阅览室相比，电子阅览室在服务、管理、维护方面明显不同。电子阅览室具有先进的设备、丰富的资源和舒适的环境等，所以在人员的管理上就有更高的要求。另外，对于计算机软件、硬件需要有一套先进的、功能完善的管理系统。尽管各馆的电子阅览室的服务资源、服务对象、服务方式各不相同，但都离不开读者上机、计时收费、设备维护、资源访问等方面的管理。

为了对电子阅览室的硬件、软件和上机人员、管理人员进行更有效、更方便的管理，电子阅览室需要有一套技术先进、功能强大的管理软件。一般来说，该管理软件必须具备以下通用功能：用户控制（防止非法使用）、收费管理（按时计费）、网站过滤（如屏蔽非法、不健康、色情等网站）、上网行为控制、屏幕广播与教学、设备管理与资源访问控制、软件运行控制、统计分析（读者上机、管理人员收费与工作量、设备使用与效率等统计分析）、用户信息管理（信息查询、机时费用查询、密码修改）等。

（二）主流管理系统

1.博思特电子阅览室管理系统

博思特系统是由武汉市博思特电脑科技有限公司负责开发的，该系统可应用于大中专院校的计算中心、网络中心、图书馆电子阅览室、实验室等，还可应用于中小学校的电子阅览室机房、企事业单位的网络机房等。它以电子阅览室的管理信息化解决方案为导向，重在解决多校区、跨图书馆的电子阅览室的上机收费、资源访问控制、网络监控等问题，对电子阅览室的人员、设备、数字资源等进行动态、实时、高效的管理和控制。

系统的总体设计智能化、人性化，操作简单，功能强大。系统兼容性强，容易升级、维护和管理。系统的主要模块功能有：①教学管理——实现教学上机、课时调整智能化安排；②上机管理——实现上机的网络化、自动化、流程化管理，及时处理上下机、计时收费等；③账户管理——对学生上机的账户信息、账户存款、退款手续、账户查询、统计等实现模块化管理；④设备管理——对计算机等设备建档管理，如建立设备使用日志档案、设备维修记录档案等；⑤系统功能——对上机参数、系统参数、用户参数、收费标准设置、权限分级控制、用户登录、数据备份等进行合理设置，确保系统的安全性和稳定性；⑥查询统计——查询功能（如综合查询、单项查询、模糊查询等）和统计功能（如统计报表、财务信息、教学上机和个人上机情况等）；⑦远程监控——远程管理和远程监控，如远程注销、远程关机、远程启动、远程上机查询、远程机位查询、远程加锁解锁、远程统计等功能；⑧上网行为管理—禁止QQ聊天、访问日志记录等；⑨程序控制—禁止或允许某些游戏运行、禁止或允许运行某些特定程序和记录程序的运行日志；⑩效能评估——设备维护统计、工作量统计以及设备使用效率分析等。

2.金盘电子阅览室管理系统

金盘电子阅览室管理系统（GDERS）是由北京金盘软件公司开发设计的。系统实现了对人员、经费、设备、本地电子资源和网络资源等进行实时、有效的管理，体现了通用性、开放性和以人为本的原则。系统基于 TCP/IP 协议，实现客户端、服务器模式管理，集计时、计费、记账于一体，可实现远程管理和控制所有计算机终端设备。

GDERS 的用户遍布全国 30 多个省市自治区的各类图书馆，尤其在高校图书馆被广泛应用。GDERS 系统可靠，功能齐全，操作方便，兼容性强。系统的主要功能特点是：①"自助式"服务。在 GDERS 中，有效用户（其账户内存有一定金额）可以在任何一台计算机上登录，离机注销后系统自动计费，不需要人员干预，实现无人值守，节约人力。②管理多个电子阅览室。GDERS 具有分布式管理功能，可同时管理分布在不同区域内的多个电子阅览室，采用双层管理架构，重要数据（如用户账号、财务等）集中在服务器存储，各管理端可分布在各电子阅览室内，执行读者注册、登录管理。③监控管理。实时监视和控制所有客户端，系统在所有客户端内的安装一套"反黑客"程序，实现对内存进程、屏幕显示等的监控，轻松地管理和控制用户的上下机、关机、启动、发送消息、软件升级等行为。④运行、计费安全。系统具有独创的数据库防掉电技术，即使客户端出现死机、停电等问题，数据也会完好无损。此外，系统有完善的数据备份和数据恢复功能，若系统出现异常，甚至崩溃，也能恢复到备份时的状态。系统对各级管理人员赋予相应的操作权限，防止越权，保证系统的安全。⑤系统的安装和配置。服务器安装只需运行相应程序文件即可，配置好服务器 IP 地址，运行客户端程序即可自动安装客户端。用户操作界面提供详细的提示、工具条、菜单，操作简单，容易上手。

3.苏亚星电子阅览室管理系统

苏亚星电子阅览室管理系统是乌鲁木齐新科利华科技有限公司开发的产品。系统的设计理念是：将网络中的设备作为资源对象，通过计算机网络、控制、数据库、网页编程等技术，将这些资源整合为一个"资源库"，对"资源库"的开放运作实行全方位的管理，实现对计算机设备进行编排调度、上网行为管理、上机管理、计时收费、上机记录查询与统计等。

系统的主要功能特点是：①无人管理模式。通过上机编排、预约模块、刷卡机、中心服务器及 Web 自助系统，实现电子阅览室的无人管理。②智能调度管理。通过 3 种级别的调度模式实现计算机的智能利用。首先，通过课表编排，优先满足教学需要。其次，对剩余的计算机可进行现场和远程预约。最后，再对剩下的计算机提供自由上机。③智能监控。通过底层驱动技术实现监控过滤，自动加载监控过滤策略，如监控用户上机行为、配置过滤策略，支持远程开关机、网络广播、设备解锁与加锁、远程文件传输等。④上机管理。支持刷卡上机、教学上机、预约上机、免费上机、计时上机等多种模式，支持校园一卡通，支持按设备编号、大小顺序、随机次序等分配策略，支持广播和信息发送。⑤安全机制。支持客户端的安全策略及灵活配置，采用身份登录、系统隐藏、系统注入、进程保护、屏蔽等手段保证客户端的安全，支持自动关机、IP 地址保护、自动结账、下机提示等安全配置。⑥适应能力。采用 3 层分布式系统架构,即软件系统服务器、数据库服务器、客户端。管理机完全独立运行,支持分布式的权限管理和权限动态配置。⑦查询统计。支持本地、远程等查询统计,支持设备、用户信息等查询统计,支持年报表、月报表查询统计,支持记录、日志查询。⑧信息发布。通过信息处理模块,实现信息自动广播,支持教学、预约、违规等记录的发布。⑨网络空间。通过空间分配实现资源的共建、共享,支持教与学的互动交流,支持文件上传与下载,支持文件目录管理等。

4.万欣机房管理系统

万欣机房管理系统由上海万欣计算机信息科技有限公司设计开发。系统可应用于各高校的计算机机房、图书馆电子阅览室和语音教室等。系统的设计特点是:客户端程序采用汇编言语言开发,实现了BIOS级别的底层登录。当计算机开机检测后,系统启动登录程序,用户登录成功后,客户端程序自动退出,整个过程与操作系统无关,不影响网络速度。

系统的主要特点及功能是:①预约管理。支持计算机的预约使用,支持学生选修课程预约,预约时允许指定课程和任课教师,免费预约,预约结束后自动转为计费模式。允许按班级、课程、时间等途径查询选课信息,可对上机预约次数、上机机时等进行统计。②教学管理机制。系统服务端可动态生成超级密码,当网络故障时,用户可凭此密码使用计算机,网络正常后,在管理端重新生成新密码。除此之外,各种模式(如预约、排课、教学、上机等)间可自由切换,支持各种模式的参数配置,网络故障时计算机不加锁。③数据智能管理。批量创建用户账号和设备名称,用户信息可从外部系统导入,也可从本系统导出。④用户管理。系统可对多个用户账号进行存款、退款、密码变更、加锁、解锁等,可批量进行用户卡的生成、挂失、解挂、信息修改、注销等。⑤设备维护。对有故障的计算机进行标注,可快速查询、统计故障计算机的数量以及故障原因,方便维修人员定位和维修。⑥免登录维护。管理人员在维护计算机时,无须使用账号和密码登录,系统提供免登功能,方便管理人员进入计算机系统进行维护。⑦资产管理。服务器端能自动检测、采集、更新、保存客户端计算机的设备配置信息,可以准确输出计算机等设备的重要信息、变更情况、故障问题、维修记录等。⑧查询统计。可按设备、用户、时间等条件查询用户的上机记录,可查询用户历史、新增用户、新增时间、退卡用户等记录。

5.网亚机房管理系统

网亚机房管理系统是南京网亚计算机有限公司开发的产品,该系统功能独特,操作方便,应用于众多高校图书馆电子阅览室、公共图书馆与中小学校机房。系统具备上机计费管理、权限管理、上网行为管理与监控、授权权问软件与网站等众多功能。

系统采用客户端与服务器端管理模式,其功能与特点如下:①设置网络化。对重要内容的设置,只需在服务器端设置好,所有客户端便可通过网络自动获得设置。管理和监控网络化,效率高。②权限设置。对不同的计算机可设置不同的权限,如应用软件的下载与否、网站的访问与否,可以根据不同年级的学生设置不同级别的权限,如软件的运行、网站的访问等。③远程控制。教师可以远程锁定客户端设备,远程关闭、注销或者重启客户机,远程监控客户机屏幕。④软件运行控制。可利用安装好的软件扫描硬盘各分区,软件利用文件的特征码将分区中的各软件与系统盘软件比对,如果一致则执行操作，否则不允许执行。⑤查询记录功能。查询被监视与未被监视的计算机，记录客户端运行的窗口与软件，记录被访问过的网址，记录用户执行过的复制、粘贴、删除等操作信息，实时监控、记录客户端的网络流量以及用户的上网行为。⑥功能限制。禁止某些软件的安装、运行，禁止访问外部设备，限制计算机的使用时间，对客户端进行锁定，向客户端发送消息，禁止客户端 IP 地址的篡改，支持 MAC 地址与 IP 地址的绑定。⑦监控功能。上网流量监控，实时监控客户端数据的上传和下载，记录流量信息，监控客户端软件的运行，监控客户端执行的进程，监控并记录客户端硬件的配置信息及资源使用情况。⑧计费功能。可按计算机、用户、时间段、访问资源等条件计费或不计费，可按计算机、时间段等分组，给每个组、每个时间段定义不同的收费标准。

6.联创电子阅览室管理系统

（1）公司及产品概况：联创电子阅览室系统是杭州联创信息技术有限公司开发的管理软件。系统广泛应用于各高校的计算机房、计算机中心和图书馆电子阅览室等场所，如北京大学、清华大学、浙江大学等高校图书馆，以及国家图书馆等公共馆。软件采用国家统一标准进行设计和开发，具有功能强大、应用简单、维护方便、性价比高、安全性高、兼容性强等特点。杭州联创公司开发的产品还有机房管理系统、自助服务系统、自助打印复印系统、实验室管理系统、教师助手软件等，均拥有自主知识产权。

（2）系统功能及特点：①多种上机模式：支持账号模式、账号保护模式、刷卡模式、刷卡保护模式，各模式之间可相互切换。②安全性高：客户端程序通过多种防毒、防黑客、防攻击技术，保证计费无误，防止重要进程被终止。在不收费的情况下，客户端如果连不上服务器，系统不锁定客户端，以保证教学正常进行。在收费的情况下，如果用户拔出网线或禁用了网卡，系统将锁定客户端，计费照常进行。③接口开放：系统可与国内主要的校园一卡通（如哈尔滨新中新、浙江正元、福建银达、郑州新开普等）、图书自动化管理系统（如南京汇文、清大新阳、北京金盘等）、教学管理系统（如正方等）对接，实现重要数据的共享，也实现了与学校办公自动化、身份认证识别等系统的对接。

（3）设备管理：计算机的远程开关、禁用和解禁，USB 等设备的禁用，MAC 地址与计算机 IP 地址的自动绑定，跨网段、跨区域管理，计算机可自动关机，关机时费用自动结算，自动记录计算机的使用状态和数量变化。

①智能上机管理：采用实名制上机，可按不同用户、不同设备、不同时间段设置不同的费率，收费灵活、方便，可根据特殊要求实现免费上机，可以规定、控制用户的上机时间。

②软件运行控制：根据不同的时间段对计算机进行不同的控制，如教学时限制计算机的使用，结束后开放计算机的使用，可以随时查看正在某台计算机上运行的软件或执行的操作等，控制游戏软件的使用等，及时保存学生的操作日志和软件的运行记录等。

③上网行为控制：根据不同的时间段控制上网行为和网站的访问，记录用户访问过的网站以及上网的事务日志，以便查询、管理、统计、分析其上网行为。

（4）软件要求：服务器端支持的操作系统有 Windows2000、WindowsXP、Windows2003、Vista、Windows 或以上版本。管理端、刷卡端、学生机、教师机支持各版本的 Windows 操作系统。此外，要求管理端、刷卡端、学生机、教师机等计算机能够与服务器保持通畅。

五、云电子阅览室

（一）传统电子阅览室存在的问题

图书馆电子阅览室的建设始终坚持以保障读者的利益为目标和宗旨，坚持图书文化的先进性，坚持资源共建共享，坚持建设与管理两不误。就现阶段而言，国内高校和公共图书馆等单位的电子阅览室大多数采用个人计算机模式建设。采用个人计算机模式建设，投入成本高、资源浪费严重、维护和升级困难、系统稳定性差、安全性差、系统功耗大。因此，如何构建一个低成本、管理简单、安全性高的电子阅览室，一直是图书馆界与 IT 界人士研究的重点。

（二）虚拟化方案

传统电子阅览室的建设需要大规模部署服务器、计算机、管理软件、交换机、路由器等设备，利用云计算的虚拟化技术，服务端统一用虚拟机管理，对客户端实施简化和集中管理，将客户端从传统的计算机模式转化为瘦型客户机与集中模式管理，实现客户端计算能力的优化与整合，大大降低用户的实施成本。

据消息透露，广东省深圳市宝安区已率先建立了中国首个云计算公共电子阅览室。项目实施主要利用桌面虚拟化技术，采用 SUNDE 云终端部署（SUNDE 是广州辉远电子技术有限公司研发的一款云计算终端产品）。项目的设计理念是：将文化 E 管家接入互联网，部署电子阅览计算机、云终端、数字电视和 iPad，建设一个多媒体图书馆。文化 E 管家提供无线功能，用户可以利用 iPad、智能手机等移动终端接入互联网络，浏览图书、期刊、学术论文、音乐、视频等海量的信息资源。

（三）云终端解决方案的优势

云终端方案与传统计算机方案相比，不仅具备功能强、安全性高、稳定性强等特点，而且总体拥有成本低、系统故障率低。由于云终端的操作系统和软件都集成在云平台上，因此管理方便、维护容易。云方案的主要优势如下。

1. 系统安全、稳定、可靠

C2 级权限设计，管理员统一管理用户权限，系统安全性高。云终端没有存储空间及外部接口，因此系统不易感染病毒、重要数据很难导出、重要资料很难泄露。云终端安装嵌入式操作系统，安全有保障。系统采用容错技术备份，系统一旦出现故障可快速恢复。

2. 管理集中，工作效率高

云系统支持分级监控和管理，所有客户端的系统安装、硬件升级、防黑杀毒、软件升级、账户管理等操作都可以集中到服务器端进行管理和部署，管理员在本地或远程均可对服务器进行维护和管理。由于云终端没有光驱，也无法外接设备，所以用户无法安装私人软件。对终端无须进行过多维护，大大减轻了管理员的负担。

3. 总体拥有成本（TCO）低

云终端解决方案采用主流的安卓系统，而大部分的安卓系统是共享、免费的，因此系统软件成本低。云终端设备无须升级，只需对服务器硬件升级即可提高整个系统的性能，因此硬件成本也低。对整个系统来说，重要的是管理、维护好服务器，而云终端无须进行过多维护，所以系统的维护成本低。据统计，云终端方案比传统 C/S 方案能够节约 50%~80%的成本。

参考文献

[1] 邓润阳. 图书馆阅读服务与现代信息管理. 长春：吉林出版集团股份有限公司, 2022.

[2] 腾和泰. 图书馆阅读推广与信息服务研究. 汕头：汕头大学出版社, 2022.

[3] 朱洪霞，姚丽娟. 现代图书馆读者服务工作创新与研究. 北京：北京燕山出版社, 2022.

[4] 孙建丽. 现代图书馆管理与信息技术应用研究. 沈阳：万卷出版公司, 2022.

[5] 朱丹阳. 图书馆现代化管理与服务创新研究. 长春：吉林大学出版社, 2022.

[6] 魏奎巍. 图书馆信息化建设与服务创新研究. 长春：吉林出版集团股份有限公司, 2022.

[7] 严栋. 智慧图书馆概论. 大连：辽宁师范大学出版社, 2021.

[8] 林立. 智慧图书馆的理论与实践. 福州：福建科学技术出版社, 2021.

[9] 谢福明. 智慧图书馆建设与应用研究. 长春：吉林出版集团股份有限公司, 2021.

[10] 王志红，侯习哲，张静. 智慧图书馆建设与阅读推广研究. 哈尔滨：哈尔滨出版社, 2021.

[11] 王东亮. 智慧图书馆与阅读推广工作研究. 北京：中国国际广播出版社, 2021.

[12] 高桂雅. 大数据时代智慧图书馆科学化服务体系构建. 长春：吉林出版集团股份有限公司, 2021.

[13] 陈群. 互联网+图书馆智慧服务研究. 长春：吉林出版集团股份有限公司, 2022.

[14] 李杏丽. 智慧社会建设背景下大数据与图书馆管理研究. 长春：吉林摄影出版社, 2022.

[15] 陈伟，张霞，王仲皓. 图书馆智慧化服务模式探究. 长春：吉林人民出版社, 2021.

[16] 陶功美. 智慧图书馆建设及新兴技术的应用研究. 长春：吉林人民出版社有限责任公司, 2021.

[17] 张海波. 智慧图书馆技术及应用. 石家庄：河北科学技术出版社, 2020.

[18] 马雨佳，于霏，高玉清. 现代图书馆信息管理及服务研究. 北京：九州出版社, 2018.

[19] 宫昌利. 图书馆服务思维研究. 长春：吉林人民出版社, 2019.

[20] 章先贵. 图书馆管理与信息服务研究. 北京：中国原子能出版社, 2020.